Kohlhammer

Der Autor

Prof. Dr. Wolfgang Lenhard arbeitet am Institut für Psychologie der Universität Würzburg. Sein Werdegang führte über ein Studium der Sonderpädagogik und den dort sehr prominenten Fragestellungen »Diagnose von Lernvoraussetzungen«, »Ursachen von Lernstörungen« und »Auswahl geeigneter Fördermaßnahmen« zur Pädagogischen Psychologie. Seit seinem Abschluss des Diplom-Studiengangs Psychologie 2003 engagiert er sich auf den Themengebieten der Entwicklung psychometrischer Verfahren zur Diagnose schriftsprachlicher und mathematischer Fähigkeiten, der Früherkennung und Prävention von Lernstörungen, der Erfassung zentral-exekutiver Fähigkeiten bei Aufmerksamkeitsproblemen, der computerbasierten Förderung, der Sprachförderung im Vorschulalter und der sprachlichen Entwicklung bilingualer Kinder und Studierender. Einen Arbeitsschwerpunkt bildet das Konzept Leseverständnis, zu dem er als Mitautor eine Reihe an Testverfahren, Buchkapiteln und Zeitschriftenaufsätzen publizierte. 2012 habilitierte er sich im Forschungsfeld intelligenter tutorieller Systeme. Für sein Engagement in der Lehre wurde er 2012 mit dem Preis für gute Lehre des Bayerischen Wissenschaftsministeriums ausgezeichnet.

Wolfgang Lenhard

Leseverständnis und Lesekompetenz

Grundlagen – Diagnostik – Förderung

3., erweiterte und überarbeitete Auflage

Verlag W. Kohlhammer

Dieses Werk einschließlich aller seiner Teile ist urheberrechtlich geschützt. Jede Verwendung außerhalb der engen Grenzen des Urheberrechts ist ohne Zustimmung des Verlags unzulässig und strafbar. Das gilt insbesondere für Vervielfältigungen, Übersetzungen, Mikroverfilmungen und für die Einspeicherung und Verarbeitung in elektronischen Systemen.

Pharmakologische Daten, d. h. u. a. Angaben von Medikamenten, ihren Dosierungen und Applikationen, verändern sich fortlaufend durch klinische Erfahrung, pharmakologische Forschung und Änderung von Produktionsverfahren. Verlag und Autoren haben große Sorgfalt darauf gelegt, dass alle in diesem Buch gemachten Angaben dem derzeitigen Wissensstand entsprechen. Da jedoch die Medizin als Wissenschaft ständig im Fluss ist, da menschliche Irrtümer und Druckfehler nie völlig auszuschließen sind, können Verlag und Autoren hierfür jedoch keine Gewähr und Haftung übernehmen. Jeder Benutzer ist daher dringend angehalten, die gemachten Angaben, insbesondere in Hinsicht auf Arzneimittelnamen, enthaltene Wirkstoffe, spezifische Anwendungsbereiche und Dosierungen anhand des Medikamentenbeipackzettels und der entsprechenden Fachinformationen zu überprüfen und in eigener Verantwortung im Bereich der Patientenversorgung zu handeln. Aufgrund der Auswahl häufig angewendeter Arzneimittel besteht kein Anspruch auf Vollständigkeit.

Die Wiedergabe von Warenbezeichnungen, Handelsnamen und sonstigen Kennzeichen in diesem Buch berechtigt nicht zu der Annahme, dass diese von jedermann frei benutzt werden dürfen. Vielmehr kann es sich auch dann um eingetragene Warenzeichen oder sonstige geschützte Kennzeichen handeln, wenn sie nicht eigens als solche gekennzeichnet sind.

Es konnten nicht alle Rechtsinhaber von Abbildungen ermittelt werden. Sollte dem Verlag gegenüber der Nachweis der Rechtsinhaberschaft geführt werden, wird das branchenübliche Honorar nachträglich gezahlt.

Dieses Werk enthält Hinweise/Links zu externen Websites Dritter, auf deren Inhalt der Verlag keinen Einfluss hat und die der Haftung der jeweiligen Seitenanbieter oder -betreiber unterliegen. Zum Zeitpunkt der Verlinkung wurden die externen Websites auf mögliche Rechtsverstöße überprüft und dabei keine Rechtsverletzung festgestellt. Ohne konkrete Hinweise auf eine solche Rechtsverletzung ist eine permanente inhaltliche Kontrolle der verlinkten Seiten nicht zumutbar. Sollten jedoch Rechtsverletzungen bekannt werden, werden die betroffenen externen Links soweit möglich unverzüglich entfernt.

3., erweiterte und überarbeitete Auflage 2024

Alle Rechte vorbehalten
© W. Kohlhammer GmbH, Stuttgart
Gesamtherstellung: W. Kohlhammer GmbH, Stuttgart

Print:
ISBN 978-3-17-042762-4

E-Book-Formate:
pdf: ISBN 978-3-17-042763-1
epub: ISBN 978-3-17-042764-8

Eine strenge und unumstößliche Regel, was man lesen sollte und was nicht, ist albern. Man sollte alles lesen. Mehr als die Hälfte unserer heutigen Bildung verdanken wir dem, was wir nicht lesen sollten.

Oscar Wilde

Geleitwort

Die nationalen und internationalen Schulleistungsstudien haben die unterrichtsbezogene Lehr-Lern-Forschung in hohem Maße stimuliert und spürbare Innovationen im gesamten Bildungssystem bis hinein in die konkreten unterrichtlichen Praktiken mit sich gebracht. Rund um das Lehren und Lernen hat sich eine interdisziplinär verstandene Empirische Bildungsforschung etabliert, die zu einem besseren Verständnis der Lehr-Lern-Prozesse und zu einer nachhaltigen Förderung individueller Lernpotenziale beizutragen vermag. Die Erziehungswissenschaft, die Fachdidaktiken und die Pädagogische Psychologie sind daran beteiligt. Nun geht es darum, die wissenschaftlichen Erkenntnisse empirischer Forschung für die pädagogische Praxis nutzbar zu machen.

Lehren und Lernen, wissenschaftlich basiert betrieben, kann nur durch das Zusammenspiel pädagogischer, psychologischer, fachwissenschaftlicher und fachdidaktischer Theorien und Befunde befriedigend erklärt, gesteuert und optimiert werden. In der pädagogischen Praxis kann keine Lerntheorie ohne Bezug auf eine konkrete Inhaltsdomäne und keine Lehrmethode ohne Bezug auf ein Curriculum und jeweils individuelle Lernvoraussetzungen erfolgreich sein.

Die je eigenen Perspektiven und Erkenntnisse der Psychologie, der Pädagogik und der beiden schulisch zentralen Fachdidaktiken Mathematik und Deutsch sollen in den einzelnen Bänden dieser Reihe verständlich und kompakt zu einem kohärenten Gesamtbild zusammengeführt werden. Neben der Interdisziplinarität liegt ein besonderer Wert auf einer empirischen Fundierung: Erfahrungswissenschaftlich gewonnene Erkenntnisse zum Lehren und Lernen liegen den jeweiligen Darstellungen zugrunde. Schließlich fokussieren alle Bände der Reihe den Anwendungsbezug: Die entfalteten Themen, Diskurse und Fachgebiete sind jeweils unmittelbar bedeutend für Kindergarten, Schule und Unterricht.

Die vorliegende Reihe adressiert das Lehren und Lernen vom Vorschul- bis zum jungen Erwachsenenalter. Konzipiert ist sie für (zukünftige) Lehrende, aber auch für Pädagoginnen und Pädagogen sowie Psychologinnen und Psychologen in weiteren Anwendungsfeldern im Bildungssystem. Auch für die Fort- und Weiterbildung von Lehrerinnen und Lehrern sind die Bände gedacht.

Nach mehr als 10 Jahren Mitherausgeberschaft ist Renate Valtin (Berlin) im Dezember 2021 ausgeschieden. Die Herausgeber bedanken sich bei ihr und begrüßen Uta Klusmann (Kiel), die ihren Platz eingenommen hat.

Andreas Gold, Uta Klusmann, Cornelia Rosebrock & Rose Vogel

Inhalt

Geleitwort		7
1	**Eine spektakuläre Erfindung**	11
2	**Leseverständnis und Lesekompetenz – Was ist das?**	14
	2.1 Teilprozesse beim Leseverstehen	14
	2.2 Einflussfaktoren und deren Entwicklung	33
	2.3 Begriffe und Definitionen	48
	2.4 Herausforderungen beim Lesen digitaler Inhalte	51
	2.5 Die aktuelle Situation – zentrale Befunde internationaler Schulleistungsstudien	55
	2.6 Schwache Leserinnen und Leser	59
	2.7 Zusammenfassung	71
	Literaturempfehlungen	72
	Fragen und Aufgaben zur Selbstüberprüfung	72
3	**Diagnostik**	74
	3.1 Zentrale Aspekte bei der Anwendung testdiagnostischer Verfahren	75
	3.2 Kompetenzstufen	86
	3.3 Kriteriale Bezugsnormen	90
	3.4 Zentrale Informationsquellen	93
	3.5 Diagnoseverfahren im Überblick	104
	3.6 Zusammenfassung: Wie könnte eine sinnvolle diagnostische Strategie aussehen?	113
	Fragen und Aufgaben zur Selbstüberprüfung	121
4	**Förderung von Leseverständnis und -kompetenz**	122
	4.1 Vorschule	123
	4.2 Beginn des Schriftspracherwerbs	128
	4.3 Grundschule	132
	4.4 Sekundarstufe	143
	4.5 Außerschulische Therapie von Lese-Rechtschreibschwierigkeiten	158
	4.6 Fazit und Gedankenanstoß: Was ist guter Leseunterricht?	159
	Literaturempfehlungen	161

Fragen und Aufgaben zur Selbstüberprüfung 162

Literatur **164**

Stichwortverzeichnis **179**

Glossar zu Anwendung psychometrischer Testverfahren **182**

1 Eine spektakuläre Erfindung

Die Schriftsprache ist wohl eine der bedeutendsten Errungenschaften der Menschheit. Sie hat unsere Kulturgeschichte in einzigartiger Weise geprägt. Diese Erfindung war so spektakulär, dass sie unabhängig voneinander vermutlich nur zwei Mal gelang (vgl. Diamond, 2000, S. 262 f.). Die von den Sumerern entwickelte Keilschrift inspirierte zahlreiche Völker, eigene Schriftsysteme zu entwickeln. Mit großer Wahrscheinlichkeit lassen sich alle Schriften – vom chinesischen Schriftsystem über die ägyptischen Hieroglyphen bis hin zum phönizischen Alphabet – letztlich auf diesen Ursprung zurückführen. Unabhängig davon gelang es vermutlich nur den Inka, völlig eigenständig und unbeeinflusst ein Schriftsystem zu entwickeln.

Der Eintritt der Schrift in eine Gesellschaft markiert eine Zeitenwende, nämlich den Übergang von der Vorgeschichte ohne schriftliche Zeugnisse zur Geschichts*schreibung*. Die frühen Formen der Schriftsprache ermöglichten erstmalig vor ungefähr 5000 Jahren mesopotamischen Kulturen, ihre Gedankenwelt, Meinungen, kulturellen Gebräuche, Mythen und Fakten schriftlich zu fixieren. Die notwendigen Fähigkeiten vorausgesetzt, eröffnet uns die Schriftsprache heute die Chance, diese Bedeutungsinhalte aus den Tiefen der Zeit zu rekonstruieren und in die Gedankenwelt eines lange verschwundenen Volkes einzutauchen. Auf diese Weise werden wir Zeuge der Heldentaten Gilgameschs und seiner Suche nach Unsterblichkeit und wir begleiten Odysseus auf seinen – lange nur mündlich tradierten – Irrfahrten. Wir erfahren, dass das Klagelied der Erwachsenen über das oppositionelle Verhalten und die mangelnde Lern- und Leistungsbereitschaft der Schülerinnen und Schüler von Mesopotamien über das alte Ägypten bis hin zu den griechischen Philosophen reicht und somit vermutlich eine Grundkonstante des Bildungssystems darstellt (siehe z. B. Keller, 2008, S. 9 f.).

Heute ist die Fähigkeit zum Umgang mit schriftsprachlichem Material wichtiger denn je. Schrift kommt praktisch in allen Lebensbezügen vor und gewinnt durch die fortlaufende Verlagerung von Lebensbereichen in digitale Welten nicht weniger, sondern immer mehr an Bedeutung. Die Fähigkeit, Texte zu entschlüsseln und deren Inhalt zu rekonstruieren, hat dabei unter den Kulturtechniken eine exponierte Stellung: Wir lesen erheblich häufiger, als wir schreiben oder rechnen. Im schulischen Bereich ist Leseverständnis eine wichtige Grundfähigkeit in fast allen Unterrichtsfächern und sollte deshalb auch das Ziel aller Fächer und nicht nur des Deutschunterrichts sein: Eine Sachaufgabe in der Mathematik ist nur dann lösbar, wenn der Text nicht nur entschlüsselt, sondern auch ein Situationsmodell daraus aufgebaut (▶ Kap. 2.1) und die Hauptaussage identifiziert werden kann. Die Entschlüsselung eines Diagramms über die Bevölkerungsentwicklung eines Landes im Fach Sozialkunde erfordert die simultane und ineinandergreifende Interpretation von Text und Bild – eine Leistung, die ebenfalls einem (erweiterten) Textverständnisbegriff zugeordnet werden kann. Darüber hinaus behindern mangelnde Leseverständnisleistungen nicht nur das Lösen schulischer Aufgabenstellungen, sie erschweren zudem den selbstständigen Wissenserwerb und tragen somit zu zukünftigen Schulleistungsproblemen bei.

Lesekompetenz ist aber nicht nur eine zentrale Voraussetzung für die schulische und akademische Laufbahn: Fast kein Beruf ist ohne grundlegende Lesefähigkeiten möglich. Klicpera und Gasteiger-Klicpera schätzten 1995 (S. 4f.) den Anteil der Arbeitsplätze, die den Umgang mit schriftlichem Material voraussetzen, auf etwa 90% und die v.a. im Rahmen des Berufs auf das Lesen verwandte Zeit auf durchschnittlich 2.5 Stunden pro Tag. Seitdem dürfte sich dieser Anteil sehr stark erhöht haben, sodass eine mangelnde Lesefähigkeit einen enormen Chancennachteil darstellt. Aber auch außerhalb von Schule und Beruf erschließen sich zahlreiche Lebensbereiche nur mittels der Fähigkeit zum verstehenden Lesen. Für eine Teilhabe am gesellschaftlichen, kulturellen und politischen Leben ist Leseverständnis essenziell (vgl. Artelt et al., 2007, S. 4). Der Anteil der Weltbevölkerung, der das Internet nutzt, betrug 2021 etwa 63% (International Telecommunication Union, 2021). Bereits dieser Umstand zeigt die enorme Bedeutung, insbesondere des digitalen Lesens. Die starke Zunahme des Lesens am Bildschirm und in sozialen Medien bedingt dabei auch neue Kompetenzen: Wir müssen in der Lage sein, unglaubwürdige Texte zu identifizieren und die Inhalte unterschiedlicher Dokumente zu integrieren. Kulturelle Teilhabe beginnt nicht etwa erst beim Lesen von Goethes Originalwerken. Vielmehr fängt sie bereits bei so profanen Dingen wie der Suche nach passenden Serien in einer Mediathek oder dem Recherchieren eines Schminkkurses für heranwachsende Mädchen in einem Online-Videoportal an.

Lesekompetenz kann aus unterschiedlichsten Perspektiven betrachtet werden. Es spielen nicht allein die Fähigkeiten des Individuums und dessen Bereitschaft zum aktiven Lesen eine Rolle. Auch die Fähigkeiten des Verfassers oder der Verfasserin sind wichtig: Ist er oder sie z.B. in der Lage, Aussagen kohärent und klar darzustellen, oder werden lange, verschachtelte Sätze verwendet? Wird die Struktur eines Textes deutlich? Darüber hinaus kommt es darauf an, zu welchem Zweck gelesen wird, da sich hieraus unterschiedliche Verstehensanforderungen ergeben: Geht es darum, auf Anweisung der Lehrkraft einen schwierigen, literarischen Text zu erarbeiten, oder versucht ein Jugendlicher, eine Karte zu interpretieren, da er sich auf der Suche nach einem bestimmten Veranstaltungsort befindet?

An dieser Stelle wird deutlich, dass verschiedene Aspekte des Leseerwerbs sich gegenseitig beeinflussen: Im ersten Beispiel wird unter Umständen eine niedrige Motivation resultieren, im zweiten Fall eine hohe. Zudem ist nicht jeder Text für jede Person gleichermaßen gut geeignet. Vielmehr kommt es auch auf die Passung des Textes mit dem bereichsspezifischen Vorwissen, dem Wortschatz, der Dekodierfähigkeit usw. an. Darüber hinaus bedingt die Leseanforderung die Aktivitäten der lesenden Person, wie beispielsweise den zielgerichteten und an das Textmaterial angepassten Einsatz von Lesestrategien. Abschließend sei betont, dass sich Lesen häufig auch in einem sozialen Kontext abspielt, z.B. wenn Jugendliche über Online-Communities mit ihren Peers kommunizieren, oder wenn sich gesellschaftliche Gruppierungen über die Inhalte von Printmedien austauschen.

Zusammenfassend lässt sich sagen: So schillernd und faszinierend die Welt des geschriebenen Wortes ist, so komplex sind die Bedingungen, Einflüsse und Voraussetzungen für verstehendes Lesen auf individueller Ebene. Dieses Buch hat das Ziel, diese Faktoren zu erarbeiten (▶ Kap. 2) und zu erörtern, wie man sie diagnostizieren kann (und wie man besser nicht vorgehen sollte; ▶ Kap. 3). Daran schließen sich allgemeine Ansätze zur Gestaltung einer anregenden Leseumwelt und Interventionen auf individueller Ebene oder im Klassenkontext (▶ Kap. 4) an. Abgerundet wird das Buch durch ein Stichwortverzeichnis und ein Glossar mit Schlüsselbegriffen aus der Anwendung von pädagogisch-psychologischen Testverfahren.

Ein Lehrwerk zum Thema Leseverstehen wäre wohl ein ziemlicher Kunstfehler, wenn es selbst schwer verständlich geschrieben wäre. Da Leseverstehen – wie oben erwähnt – nicht allein eine leserseitige Dimension hat, sondern gleichermaßen von der Fähigkeit des Autors abhängt, bemühe ich mich, die dargestellten Theorien auch durch Abbildungen besser verständlich zu machen. Jedes der folgenden Kapitel verfügt über eine feste Struktur, an der Sie sich beim Lesen orientieren können:

- Zunächst finden Sie stets einen kurzen Inhaltsüberblick.
- An diesen schließt sich der konkrete Inhalt an.
- Abgerundet werden die Kapitel mit einer Zusammenfassung und
- Literaturempfehlungen.
- Zum Schluss gibt es Fragen zur eigenen Wissensüberprüfung.

Sie sollten dieses Buch nicht allein als theoretische Abhandlung, sondern auch als Arbeitsbuch verstehen. Ich lege Ihnen ans Herz, die Fragen zur Wissensüberprüfung für eine eigenständige Erarbeitung der Inhalte zu nutzen.

Abschließend möchte ich gerne denjenigen Personen danken, die mich beim Verfassen dieses Buches unterstützt haben, zuallererst meiner Frau Dr. Alexandra Lenhard für ihre fachliche Expertise, die bereichernden Diskussionen und für ihre unschätzbare Hilfe bei der Erstellung und Verbesserung der Abbildungen. Mein Dank gilt der konstruktiven Kritik durch das Herausgebergremium und der versierten Tätigkeit der Lektorinnen und Lektoren des Kohlhammer-Verlags.

2 Leseverständnis und Lesekompetenz – Was ist das?

Der Prozess des Lesens und der Rekonstruktion von Bedeutungen aus Texten ist sehr komplex und erfordert zahlreiche Teilfähigkeiten. Dieses Kapitel skizziert, wie sich Lesen und Leseverständnis quantitativ entwickeln und welche verschiedenen Voraussetzungen und Teilfähigkeiten relevant sind, um zu einem geübten Leser zu werden. Hierdurch werden Ansatzpunkte für Diagnostik und Förderung auf individueller Ebene deutlich. Nach einem Blick in die großen Schulleistungsstudien und dem Versuch einer Abgrenzung der vielfältig verwendeten Begriffe fokussiert das Kapitel auf Gruppen von Kindern und Jugendlichen, die ein erhöhtes Risiko für schwache Leseverständnisleistungen haben.

2.1 Teilprozesse beim Leseverstehen

Beim Lesen greifen zahlreiche Teilprozesse ineinander, bis schließlich ausgehend von der Wortoberfläche eines Textes ein geistiges Abbild des Inhalts entstanden ist. Das vorliegende Teilkapitel beschreibt diese Prozesse näher. Weitere individuelle Voraussetzungen werden im darauffolgenden Teilkapitel (▶ Kap. 2.2) behandelt.

Es existieren viele Modelle, die zu beschreiben versuchen, wie der Leseprozess abläuft. Dabei fokussieren die einzelnen Modelle jeweils meist auf bestimmte Aspekte (vgl. Lenhard & Artelt, 2009). Die Theorie der verbalen Effizienz (Perfetti, 1989) geht beispielsweise davon aus, dass das Leseverstehen vor allem von Prozessen auf Ebene der Worterkennung abhängt. Je sicherer und schneller ein Mensch Wörter erkennt, desto besser ist gemäß dieser Theorie das Leseverständnis. Eine Gegenposition nimmt der *Simple-View-of-Reading* (Gough & Tunmer, 1986) ein, nach dem das Leseverstehen vor allem vom Hörverstehen, bzw. den allgemeinen Fähigkeiten zur Sprachrezeption abhängt. Die Leseflüssigkeit stellt in diesem Modell lediglich einen limitierenden Faktor dar. Interaktionistische Ansätze wiederum betonen, dass basale und hierarchiehohe Prozesse stark ineinandergreifen und sich gegenseitig beeinflussen (vgl. Christmann & Groeben, 1999; Richter & Christmann, 2002).

Unabhängig von der konkreten Modellvorstellung besteht jedoch Konsens über die wesentlichen Prozesse, die beim Lesen ablaufen (▶ Abb. 2.1). Auf niedriger Hierarchieebene lassen sich all jene Aspekte subsumieren, die damit zu tun haben, die Wörter oder die Syntax zu entschlüsseln (Rekonstruktion der Tiefenstruktur eines Satzes), Sätze und Satzteile über sogenannte Kohäsionsmittel miteinander in Bezug zu setzen und Wortbeziehungen zu identifizieren. Auf *hoher Hierarchieebene* werden diese Bedeutungen unter Verwendung des eigenen *bereichsspezifischen Vorwissens* in eine übergeordnete Makrostruktur oder eine Rahmenhandlung eingefügt (Aufbau eines Situationsmodells oder mentalen Modells), ein Prozess, der als *globale Kohärenzbildung* bezeichnet wird. Dabei spielen die Fähigkeiten, den eigenen Verständnisprozess zu überwachen (*Selbstregulation*) und über den Text hinausgehende Schlussfolgerungen zu ziehen (*Inferenzbildung*) eine große Rolle. Aufbauend auf diesen Prozessen entsteht eine mentale Repräsentation, das sogenannte *Situationsmodell*, das eine stark verdichtete, durch eigenes Vorwissen und Schlussfolgerungen angereicherte und in eigenen Worten reproduzierbare Zusammenfassung des Textinhaltes darstellt.

	Situationsmodell			
Hierarchiehohe Prozesse	Aktivierung von Vor- & Textformatwissen	Selbstregulation	Globale Kohärenzbildung	Ziehen von Inferenzen
	Hinzuziehung von Vorwissen; Einbettung des Textinhaltes und Interpretierung auf der Basis des Vorwissens	Anwendung von Lesestrategien und Kontrolle des eigenen Verständnisprozesses (= „Monitoring", „Selbstkontrollstrategien")	Bildung von Makrostrukturen: Verdichtung von Propositionsfolgen und Herstellung eines globalen Zusammenhangs	„Lesen zwischen den Zeilen": Ziehen von Schlussfolgerungen, die über den Text hinausgehen
Hierarchieniedere Prozesse	Rekodieren	Dekodieren	Propositionsbildung	Erkennen von Kohäsionsmitteln
	Stückweises „Erlesen" Buchstabe für Buchstabe	Erkennen ganzer Wörter oder größerer Wortbestandteile	Extraktion elementarer Bedeutungseinheiten/Beziehungen zwischen Wörtern	Nutzung von sprachlichen Bindegliedern zwischen Sätzen oder Satzteilen
	fehlerfreie und schnelle Worterkennung		Lokale Kohärenzbildung: syntaktische Analyse und satzübergreifendes Lesen	
Allgemeine kognitive Voraussetzungen	Arbeitsgedächtniskapazität, bereichsspezifisches Vorwissen, Sprachverständnis (Wortschatz, syntaktische Fähigkeiten …), Geschwindigkeit des Zugriffs auf das semantische Lexikon, phonologische Bewusstheit, schlussfolgerndes Denken			

Abb. 2.1: Teilprozesse im Leseverständnis. Im Sinne der Übersichtlichkeit wurden die Prozesse in hierarchiehohe und hierarchieniedere Prozesse unterteilt. Vermutlich besteht während des Lesens aber keine strenge Abfolge. Stattdessen ist anzunehmen, dass viele Prozesse parallel ablaufen. Auch variieren das Zusammenspiel der verschiedenen Komponenten und deren Wechselwirkung mit der Leseanforderung und der Komplexität des Textmaterials (vgl. Christmann & Groeben, 1999).

2.1.1 Hierarchieniedere Prozesse

An unterster Stelle besteht Schrift zunächst schlicht aus Buchstaben oder – wie im Fall des »sch« – aus mehrgliedrigen Schriftzeichen bzw. Graphemen. Leseanfänger begegnen dabei einer Reihe von Schwierigkeiten: Er oder sie muss a) unabhängig vom verwendeten Schriftsatz, der Farbe und der Größe die Schriftzeichen (bzw. zumindest die meisten davon) identifizieren, b) wissen, welche Laute den Schriftzeichen meist zugeordnet werden sowie die Ausnahmen von diesen Regeln beherrschen, c) den einzelnen Graphemen eines Wortes Laute zuordnen, d) diese gleichzeitig und in richtiger Reihenfolge in der phonologischen Schleife des Arbeitsgedächtnisses ablegen, e) die Silbengrenzen innerhalb des Wortes erkennen, f) im Gedächtnis nach einem Wort suchen, das möglichst gut auf die Lautfolge im Arbeitsgedächtnis passt und g) die bereits gelesenen Wörter des Satzes nicht vergessen.

Wenn man sich all diese Anforderungen bewusst macht (und es sind vermutlich längst nicht alle), dann erscheint bereits die unterste Ebene des Leseprozesses eine schier unüberwindliche Hürde darzustellen. Schließlich unterscheiden sich Laute im Wortkontext darüber hinaus deutlich von Einzellauten, die Zuordnungsregeln zwischen Schriftzeichen (Graphemen) und bedeutungsunterscheidenden Lauten (Phonemen) sind alles andere als eindeutig, und all diese Anforderungen müssen auch noch gleichzeitig beachtet werden, um am Ende das geschriebene Wort entschlüsselt zu haben. Es ist nicht verwunderlich, dass Kinder auf zusätzliche Hilfen wie beispielsweise das leise Mitsprechen zurückgreifen – ein Effekt, den man auch bei Erwachsenen in der Regel beobachten kann, wenn diese einen gespiegelten Text entschlüsseln sollen.

Die einzige Möglichkeit, diese hohen kognitiven Anforderungen parallel und flüssig zu bewältigen, besteht in der Automatisierung der einzelnen Prozesse. Tatsächlich fängt diese bei deutschsprachigen Kindern in der Regel innerhalb des ersten Schuljahrs an. Sofern sie gelingt und Wörter (oder zumindest Wortteile) nicht mehr mühsam entschlüsselt werden müssen, sondern die Wortbilder den Lautfolgen und Bedeutungsinhalten unmittelbar zugeordnet werden können, wird der Leseprozess sehr stark erleichtert. Der geübte Leser kann schließlich flexibel auf beide Strategien zurückgreifen: a) die direkte Zuordnung von Lautfolgen zu geschriebenen Wörtern oder b) die indirekte Erkennung mittels der Zuordnung von Schriftzeichen zu Lauten (*Zwei-Wege-Theorie*; Coltheart & Rastle, 1994; ▶ Abb. 2.2).

Die Zwei-Wege-Theorie ist vermutlich die bekannteste Theorie in der Forschung zur visuellen Worterkennung. Sie gilt auf kognitiver Ebene und auch im Hinblick auf die Aktivierungsmuster im Gehirn als sehr gut belegt (vgl. Dehaene, 2010, S. 116 f.). Beide Wege manifestieren sich in voneinander unabhängigen neuronalen Netzwerken unseres Gehirns und werden bei geübten Leserinnen und Lesern parallel aktiviert. Da die Erkennung ganzer Wörter bei ausreichender Automatisierung wesentlich schneller erfolgt als die Rekodierung der Einzellaute, kommt in der Regel die direkte Route zum Zug. Darüber hinaus wird bei der Aktivierung derjenigen Hirnstrukturen des linken Schläfenlappens, die mit der Lautfolge eines Wortes assoziiert sind, unmittelbar die Bedeutung des Wortes zugänglich, wohingegen im Falle der indirekten Route erst in einem weiteren Schritt nach der Bedeutung der Lautfolge gesucht werden muss. Beobachtet man Kinder am Beginn des Schriftspracherwerbs in ihren Mühen bei der Entschlüsselung der Schrift, so fallen die immer wieder auftretenden »Aha-Erlebnisse« ins Auge, wenn eine Buchstabenfolge erfolgreich entschlüsselt wurde.

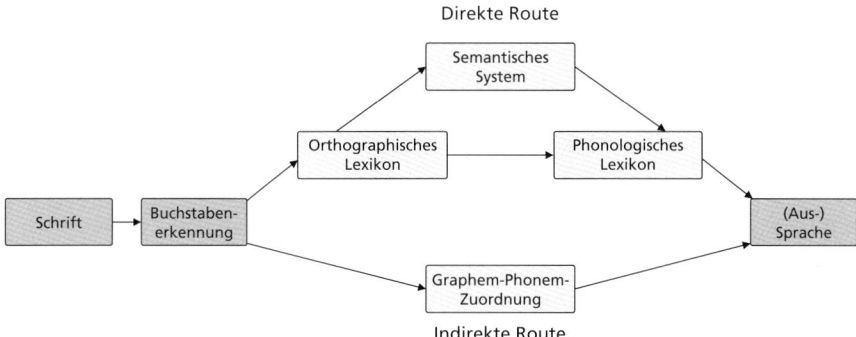

Abb. 2.2: Geübten Leserinnen und Lesern stehen mindestens zwei verschiedene Routen beim Lesen von Wörtern zur Verfügung: 1. Bei der direkten Route wird die Aussprache schriftlich fixierter Wörter direkt aus dem Gedächtnis abgerufen. Dabei ist auch der Sinn des Wortes schnell verfügbar. 2. Bei der indirekten Route werden Schriftzeichen in Laute übertragen und aus der Lautfolge die Aussprache erschlossen. Die Erfassung der Wortbedeutung gelingt diesem Modell entsprechend bei der indirekten Route nicht oder nur über Umwege (Grafik entspricht dem *Dual Route Cascaded Model* nach Coltheart et al., 2001).

Ohne Zweifel stellt die visuelle Worterkennung eine Grundlage für das verstehende Lesen dar. Doch bereits auf dieser basalen Ebene lässt sich zeigen, dass das Lesen keine strenge Abfolge verschiedener hierarchischer Prozesse sein kann, sondern dass sich verschiedene Teilkomponenten wechselseitig beeinflussen. Bietet man einer Versuchsperson beispielsweise verschiedene willkürlich erstellte Zeichenketten (Pseudowörter) dar und weist einem Teil dieser Zeichenketten zufällig eine Bedeutung zu, dann kann diese Versuchsperson diese Zeichenketten schneller lesen als sinnlose Zeichenketten. Gleichermaßen können Schriftzeichen schneller gelesen werden, wenn sie in ein sinnvolles Wort eingebettet sind im Vergleich zu einer isolierten Darbietung oder einer Einbettung in sinnlose Zeichenketten. Dieser Effekt wird *Wortüberlegenheitseffekt* genannt und wurde erstmals von Cattell (1886; siehe auch Balota, 1990, und Beispiel 2.1) beschrieben.

Beispiel 2.1: Aus der Forschung – Der Wortüberlegenheitseffekt

An einem Bildschirm werden Zeichenketten dargeboten. Zunächst erscheint für kurze Zeit ein Hinweisreiz in der Mitte des Bildschirms, der nach einigen 100 ms wieder verschwindet. Anschließend wird extrem kurz die Zeichenkette eingeblendet und nach 60 ms wieder überschrieben. Die Darbietungszeit ist so kurz, dass auch geübte Leser nicht in der Lage sind, diese bewusst zu lesen. Man nennt diese Darbietungsform tachistoskopische oder subliminale Darbietung, da die

Darbietungszeit unterhalb der Wahrnehmungsschwelle liegt. Die Aufgabe für die Versuchsperson besteht nun darin zu entscheiden, ob ein bestimmter Buchstabe in der Zeichenkette vorhanden war oder nicht. Beispielsweise könnten unsinnige Wörter wie »fankt« versus »fonkt« dargeboten werden. Wenn einem der beiden Wörter vorab in vorangegangenen Untersuchungsdurchläufen ohne zeitbegrenzte Darbietung eine willkürliche Bedeutung zugewiesen wurde, dem anderen aber nicht, so kann im Untersuchungsdurchlauf mit zeitbegrenzter Darbietung erheblich zuverlässiger entschieden werden, ob im Wort beispielsweise ein »n« vorgekommen ist, auch wenn die Versuchsperson das Wort nicht bewusst wahrgenommen hat.

Auch die Einbettung von Wörtern in einen passenden Kontext erleichtert das Lesen, weil dadurch Bedeutungen voraktiviert werden (Oakhill & Garnham, 1988, S. 84): Erfahrene Leserinnen und Leser nutzen diesen kongruenten Kontext automatisch und erhöhen dadurch ihre Worterkennungsgeschwindigkeit und reduzieren Lesefehler. Es spielt folglich eine Rolle, in welches Textmaterial die einzelnen Wörter eingebettet sind. Üblicherweise handelt es sich dabei um Sätze. Sätze sind aber mehr als nur die Summe der einzelnen Wortbedeutungen. Sie verfügen zusätzlich zur *Oberflächenstruktur*, also zur Reihenfolge der konkret verwendeten Wörter, über eine syntaktische Struktur (*Tiefenstruktur*), die die verschiedenen Wörter und Satzteile miteinander in Beziehung setzt. Der Sinn eines Wortes kann sich dabei verändern, je nachdem mit welchen anderen Wörtern es in Beziehung steht. Während des Lesens wird vermutlich zeitgleich sowohl die syntaktische Struktur des Satzes entschlüsselt als auch der Bedeutungsgehalt von Wörtern miteinander in Beziehung gesetzt (Christmann & Groeben, 1999; Richter & Christmann, 2002). Es entsteht eine *propositionale Struktur* des Satzes, d. h., nicht mehr die einzelnen Wörter stellen die grundlegenden Informationseinheiten dar, sondern Gruppen von Wörtern. Letztere sind über ihren semantischen Gehalt, aufgrund von syntaktischen Strukturen oder über eine Kombination beider Aspekte miteinander verbunden. Dieser Prozess wird *lokale Kohärenzbildung* genannt (siehe Beispiel 2.2). Die Frage, wie sich Syntax und Semantik bei der Verarbeitung eines Satzes gegenseitig beeinflussen, ist nach wie vor Gegenstand kontroverser Debatten und hängt vermutlich von der Lesekompetenz und der Komplexität des Textes ab (siehe Lenhard & Artelt, 2009).

Beispiel 2.2: Stichwort »Lokale Kohärenzbildung«

Stellen Sie sich einen Erzähltext über den Besuch eines 10-jährigen Mädchens Paula in einem Ferienzeltlager vor. Die Geschichte dreht sich um die Erlebnisse im Laufe des 10-tägigen Zeltlagers. An einem späten Abend wird eine Nachtwanderung gemacht. Inmitten dieses Erlebnisberichts taucht der Satz auf: »Der dunkle Nachtwald war voller Geräusche und Paula fürchtete sich ein wenig im Dunkeln.«

Bei diesem Satz, der in eine größere Rahmenhandlung eingebettet ist, wird zunächst der erste Halbsatz, danach der zweite gelesen. Beide stellen relativ unabhängige Strukturen dar, die durch die Konjunktion »und« lose miteinander verknüpft sind. Die syntaktische Struktur des Satzes (Tiefenstruktur) lässt sich stark vereinfacht folgendermaßen darstellen:

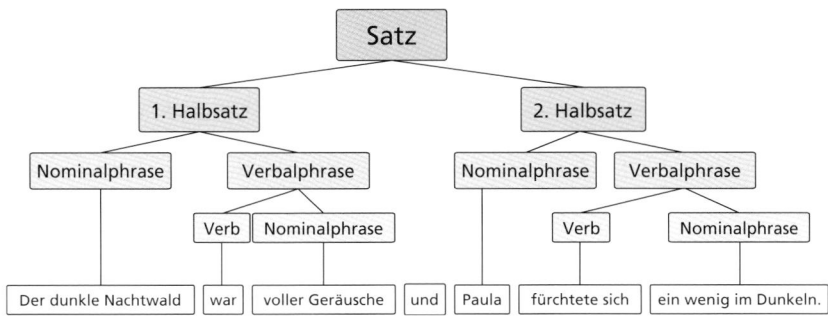

Abb. 2.3: Beispiel für die syntaktische Struktur (Tiefenstruktur) eines Satzes.

Jeder Teilsatz besteht aus einer Nominalphrase und einer Verbalphrase. Letztere setzt sich wiederum selbst aus einem Verb und einer Nominalphrase zusammen. Den Vorgang der Entschlüsselung der Syntax eines Satzes nennt man *parsing*.

Aus den semantischen und syntaktischen Beziehungen der Wörter des Satzes ergeben sich – stark vereinfacht – die folgenden, grundlegenden Wortbeziehungen (*Propositionen*). Innerhalb des ersten Halbsatzes gibt es im Wesentlichen zwei verschiedene Propositionen, nämlich [Nachtwald, dunkel] und [Nachtwald, voller Geräusche]. Der zweite Halbsatz enthält die Propositionen [Paula fürchtet sich], [fürchtet sich ein wenig] und [fürchtet sich im Dunkeln]. Diese Propositionen geben jeweils einen kleinen, lokalen Teil der Information des ganzen Satzes wieder, weswegen man diese Ebene als *lokale Kohärenzbildung* bezeichnet.

Diese Fähigkeit zur Entschlüsselung der Struktur eines Satzes und der Bildung lokaler Kohärenzen leistet einen wichtigen Beitrag zum Sprachverstehen: Einerseits sind Kinder mit gutem Sprachverständnis leichter in der Lage, syntaktische Fehler in grammatikalisch komplexen Sätzen zu erkennen (Waltzman & Cairns, 2000). Andererseits haben die syntaktischen Fähigkeiten darüber hinaus einen deutlichen Einfluss auf das Leseverständnis, wie insbesondere bei anderssprachig aufwachsenden Kindern gezeigt werden kann (Martohardjono et al., 2005; Gabriele et al., 2009). Aufgrund dieser gegenseitigen Beeinflussung können Sprachverständnis und syntaktische Fähigkeiten nicht voneinander getrennt betrachtet werden. In Bezug auf die Schule – und hierbei vor allem mit Blick auf den Elementarbereich, – darf nicht vergessen werden, dass der Schriftspracherwerb in einem Alter stattfindet, in dem auch die Sprachentwicklung noch nicht abgeschlossen ist. Insbesondere Konjunktionen sind für Grundschulkinder noch schwer verständlich. So können 8-jährige Kinder andere Konjunktionen als »dann« und »danach« häufig noch nicht produktiv einsetzen (Oakhill & Garnham, 1988, S. 52).

Im vorangegangenen Abschnitt wurde beschrieben, wie aus Wörtern mithilfe eines Satzgefüges Bedeutung entsteht. Doch auch die Sätze stehen nicht isoliert voneinander, sondern werden durch sogenannte *Kohäsionsmittel* verknüpft

(Christmann & Groeben, 1999), die man quasi als sprachliche Klebstoffe umschreiben könnte. Diese gewährleisten, dass Sätze nicht lose nebeneinander stehen, sondern inhaltlich aufeinander bezogen werden können. Es gibt sehr viele verschiedene Kohäsionsmittel. Zu diesen gehören die bereits angesprochenen Konjunktionen, aber auch

- das Wiederaufgreifen von spezifischen Wörtern (= Rekurrenz; z. B. »Mutter ist in *Pommerland. Pommerland* ist abgebrannt.« → »Mutter befindet sich in einem abgebrannten Land.«),
- Vor- und Rückverweise (z. B. »In *seiner* Rede betonte *der Bundeskanzler* …«),
- Pro-Formen wie z. B. Pronomen (z. B. »*Mike* hat sein Studium geschmissen. *Er* ist sehr niedergeschlagen.«),
- Ellipsen (= Auslassungen; z. B. »Ich habe so Hunger!«, »Ich *(habe)* auch *(Hunger)*!«)

und viele andere Stilmittel. Auch in dieser Hinsicht ist die Sprachentwicklung zum Schuleintritt noch lange nicht abgeschlossen. Vielmehr werden die sichere Verwendung und das Verständnis für Kohäsionsmittel erst mit der Zeit gefestigt. Und nicht zuletzt muss auch beachtet werden, dass es Unterschiede in den Konventionen zur Verwendung dieser Stilmittel zwischen gesprochener und geschriebener Sprache gibt, die erst gemeistert werden müssen. Während geschriebene Sprache eine höhere sprachliche Komplexität aufweist und stärker formalisiert ist, zeichnet sich gesprochene Sprache durch syntaktische Brüche und häufige Wiederholungen aus, kodiert aber mittels Prosodie Inhalte oft eindeutiger. In den folgenden Beispielen gäbe es bei mündlichem Sprachgebrauch durch Pausen und Betonungen kaum Mehrdeutigkeiten, wohingegen in der Schrift auf die Markierung syntaktischer Strukturen durch Satzzeichen und die Markierung von Wortarten mittels Groß- und Kleinschreibung zurückgegriffen werden muss, ohne die Mehrdeutigkeiten vollständig kompensieren zu können:

- »Das Kind sieht Dir ungeheuer ähnlich.« versus »Das Kind sieht Dir Ungeheuer ähnlich.«
- »Komm, wir essen Opa.« versus »Komm, wir essen, Opa.«
- »Du musst das Hindernis umfahren.« (Die wechselnde Betonung des Verbs verwandelt es in sein eigenes Antonym.)

Letztlich klären sich viele dieser Verständnisprobleme erst durch die Einbettung in den Kontext, sodass hierarchiehohe Verständnisprozesse (▶ Kap. 2.1.2) nicht alleine auf basaleren Prozessen aufbauen, sondern auch auf diese zurückwirken.

2.1.2 Hierarchiehohe Prozesse

In Abgrenzung zu visueller Worterkennung, syntaktischem *Parsing* von Sätzen, der Erarbeitung der kleinsten Propositionen und der Verknüpfung von Sätzen werden alle jene Prozesse, die bei der Erarbeitung größerer Texteinheiten zum Zuge kommen, als hierarchiehohe Prozesse bezeichnet (vgl. Richter & Christmann, 2002). Die

Wahl der Begriffe legt fälschlicherweise nahe, dass diese Prozesse anspruchsvoller, verarbeitungsintensiver oder in irgendeiner Weise höherwertig sind als hierarchie*niedere* Verarbeitungsprozesse. Hierüber kann aber im eigentlichen Sinn keine Aussage getroffen werden, da die unterschiedlichen Mechanismen in wechselseitiger Abhängigkeit stehen und vermutlich in den meisten Fällen zeitgleich ablaufen. Tatsächlich handelt es sich lediglich um Prozesse, die komplexeres – weil längeres – Material verarbeiten und ein höheres Abstraktionsniveau erreichen: Basierend auf den Propositionsfolgen wird der Inhalt größerer Textstellen verknüpft, verdichtet und in ein mentales Abbild, ein sogenanntes *mentales Modell* oder *Situationsmodell*, überführt, das von der konkreten Wortfolge des Textes unabhängig ist (vgl. van Dijk & Kintsch, 1983). Kennzeichnend für hierarchiehöhere Prozesse ist zudem ihr potenziell strategisch-zielorientierter Charakter. Im Gegensatz zu den überwiegend automatisch ablaufenden Prozessen auf hierarchieniederer Ebene sind sie leichter bewusst zugänglich und können u. U. vom Leser selbst beschrieben oder sogar gezielt gesteuert werden.

Die dominante Theorie auf diesem Gebiet ist das sogenannte *Model of Discourse Comprehension* (Kintsch & van Dijk, 1978; van Dijk & Kintsch, 1983) bzw. das später weiterentwickelte *Construction-Integration Model* (Kintsch, 1998; für eine Übersicht siehe Solso, 2001, S. 334 f.). Stark verkürzt geht diese Theorie von zwei Prozessen beim Textverstehen aus:

1. Der *Konstruktionsprozess* hat das Ziel, die Bedeutungsinhalte eines Textes in propositionaler Form zu extrahieren (siehe Beispiel 2.3). Zeitgleich wird das entstandene Netzwerk durch die Aktivierung benachbarter Wissensknoten des Langzeitgedächtnisses angereichert und durch lokale Schlussfolgerungen (*Inferenzen*) miteinander verknüpft (vgl. Nieding, 2006, S. 31 f.). Die Inferenzen bewirken einerseits, dass die Inhalte verdichtet werden, z. B. indem Zusammenhänge zwischen Textaussagen erkannt werden. Andererseits erweitern (*elaborieren*) sie die Inhalte, indem Schlussfolgerungen auf der Basis des *bereichsspezifischen Vorwissens* gezogen werden. Letzteres findet auf diese Weise Eingang in den Prozess des Textverstehens: Je mehr Vorwissen wir auf einem Gebiet haben, desto dichter ist unser semantisches Netz im Langzeitgedächtnis und desto mehr Knoten werden beim Lesen aktiviert. Das propositionale Netzwerk im Arbeitsgedächtnis wird durch mehr Vorwissen zusätzlich angereichert und es lassen sich wiederum leichter Inferenzen bilden (zur Bedeutung des Vorwissens im Verständnisprozess siehe Solso, 2001, S. 339 f.; siehe auch Beispiel 2.3).

Beispiel 2.3: Stichwort »Semantische Netze«

Wissen ist in Form sogenannter semantischer Netze organisiert. Begriffe bilden die Knoten des Netzwerks und die Verbindungslinien stellen Verknüpfungen dar. Wird ein Begriff aktiviert, so kommt es zur Ausbreitung der Aktivierung auch auf die mit dem Begriff verknüpften Nachbarknoten. Wenn Sie beispielsweise das Wort »Sommer« lesen, dann werden auch andere Begriffe aktiviert, z. B. »Sonne«, »Ferien«, »heiß«, »baden«, »Sonnenbrand«, je nachdem wie bei Ihnen das Netzwerk strukturiert ist. Je mehr Knoten und Verbindungen existieren, desto stabiler ist die Aktivierung und desto leichter können Anknüpfungspunkte für neues Wissen gefunden werden.

2. *Die Integrationsphase:* Das im Arbeitsgedächtnis entstehende propositionale Netzwerk enthält erst noch unwichtige Details und logische Widersprüche. Es ist zunächst relativ chaotisch strukturiert und die einzelnen Knoten sind zum Teil nur schwach miteinander verbunden. Diese Schwächen werden in der *Integrationsphase* eliminiert und das Netz wird in eine stabile, kohärente Form übergeführt. Es entsteht eine einheitliche Bedeutungsrepräsentation des Textes: das *Situationsmodell* (▶ Abb. 2.4). Im Gegensatz zur Textoberfläche, d. h. der konkreten Abfolge der Wörter des gelesenen Textes und der textbasierten Propositionen (sog. *Textbasis*), enthält das *Situationsmodell* Assoziationen und Schlussfolgerungen, die über den Text hinausgehen. Gleichzeitig geht in der Regel die Erinnerung an die konkret gelesenen Wörter und ihre strenge Abfolge verloren. Wenn wir den Sinn eines Textes entnehmen, dann bleibt uns – anders als beim Auswendiglernen eines Gedichtes – der Sinn präsent und nicht die Textoberfläche.

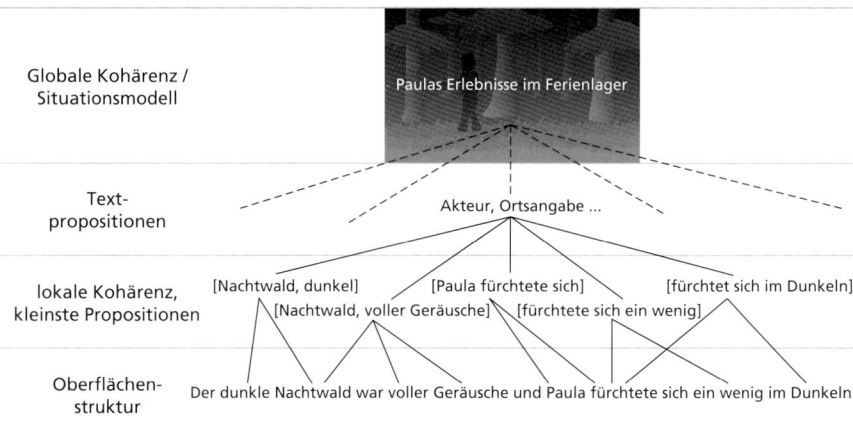

Abb. 2.4: Beispiel des Prozesses der Konstruktion und Integration von Propositionen im Sinne des *Model of Discourse Comprehension* (van Dijk, Kintsch 1983; Kintsch, 1998; Grafik Alexandra Lenhard). Zunächst werden aus der Textoberfläche Propositionen extrahiert, mit Vorwissen angereichert und schließlich zu einer mentalen Repräsentation verdichtet, die losgelöst von den eigentlich verwendeten Wörtern die Quintessenz eines Textes enthält.

Zum Schließen von Verständnislücken und zum Ziehen von Schlussfolgerungen wird nicht allein inhaltliches (bereichsspezifisches) Vorwissen herangezogen. Auch Kenntnisse über Struktur und Aufbau eines Textes (sog. *Geschichtengrammatiken*) oder über prototypische Abläufe des Alltagslebens (sog. Schemata) erleichtern die Rezeption (vgl. Lenhard & Artelt, 2009; siehe auch Beispiel 2.4):

- Textinhalte werden vorstrukturiert.
- Typische Abläufe oder Argumentationsfolgen sind bereits bekannt.
- Die Unterscheidung wichtiger und unwichtiger Informationen gelingt leichter.
- Die Leserin bzw. der Leser kann sich insgesamt leichter orientieren.

Beispiel 2.4: Das erste Semester – auch in punkto Leseverständnis ein Sprung ins »kalte Wasser«

Erstsemesterstudierende der Psychologie (von Dozierenden und älteren Studierenden liebevoll »Erstis« genannt) begegnen in der Regel einer ihnen bis dato unbekannten Textgattung: dem zumeist in englischer Sprache verfassten empirischen Fachartikel. Solche Texte stellen für viele Studierende zunächst eine enorme Herausforderung dar: a) Sie behandeln komplexe Themengebiete, über die auf Studierendenseite nur wenig Vorwissen vorhanden ist, b) die Struktur des Textes ist unbekannt und c) der Text ist in einer Sprache geschrieben, die in der Regel nicht die Muttersprache des Lesers oder der Leserin ist. Das Erschließen des Textes, um beispielsweise die Inhalte als Kurzreferat präsentieren zu können, erfordert deshalb eine große Anstrengung. Häufig versuchen Studierende das Dilemma zu lösen, indem sie wörtlich übersetzen, um aus ihrer Übersetzung dann schließlich den wesentlichen Inhalt zu extrahieren. Diese Herangehensweise ist nicht nur immens zeit- und arbeitsintensiv, sondern führt in der Regel zu eher schlechten als rechten Ergebnissen, da nicht zuverlässig zwischen zentralen Aussagen und unnötigen Details unterschieden werden kann. Haben die Studierenden aber den stets identischen Aufbau der Artikel verinnerlicht (1. Einleitung und Herleitung der Fragestellung, 2. Untersuchungsmethodik, 3. Ergebnisse und 4. Diskussion), dann gelingt es ihnen viel leichter, gezielt Inhalte zu erschließen. Üblicherweise betrachten geübte Leser empirischer Fachartikel zunächst genauer die Theorie und die Diskussion der Ergebnisse, bevor (falls überhaupt) die Details der Durchführung einer Studie (Methodik) und die statistische Auswertung (Ergebnisse) entschlüsselt werden. Weitere Referate gelingen den Studierenden zunehmend besser. Sie benötigen immer weniger Hilfestellungen und können auch zunehmend schwierigere Texte selbstständig erarbeiten.

Die Kenntnis des typischen Aufbaus und der Intention einer Textgattung hilft dabei, eine Erwartung über den Inhalt des Textes aufzubauen und Vorwissen zu aktivieren. Geübte Leserinnen und Leser wissen intuitiv, dass beispielsweise ein Sachtext meist mit einer Definition oder einem kurzen Umriss des Themengebietes beginnt, bevor auf verschiedene Aspekte der Thematik in Unterkapiteln oder Textabschnitten eingegangen wird. Weist ein Text große Kohärenzlücken und widersprüchliche Informationen auf, so gleichen geübte Leserinnen und Leser die erinnerten Inhalte häufig sogar sehr stark ihren verfügbaren Schemata an (vgl. klassisches Experiment von Bartlett zu »War of the Ghosts«, siehe Solso, 2001, S. 333 f.). Sie formen in diesem Fall Inhalte so um, dass diese ihrem Vorwissen und ihren Erwartungen entsprechen (siehe Beispiel 2.5).

Beispiel 2.5: Erinnern als Prozess der Rekonstruktion von Bedeutungen – »War of the Ghosts«

In einem klassischen Experiment legte Bartlett 1932 Versuchspersonen eine fiktive indigene Geschichte vor, die gravierende Inkonsistenzen und Kohärenzlücken aufwies. Sie handelte von einem Ausflug junger Krieger zu einem Fluss. Es begegnete ihnen dort ein Kanu, dessen Insassen vermutlich Geister auf dem Weg in den Krieg waren. Einer der Krieger wurde dazu eingeladen, mitzukommen. Er verstarb am Ende der Geschichte.

Die Geschichte weist viele Kohärenzbrüche auf und ist schwer verständlich. Nach dem Lesen der Geschichte mussten die Versuchspersonen diese in eigenen Worten nacherzählen. Es zeigte sich, dass die Versuchspersonen die logischen Inkohärenzen und Lücken in der Geschichte durch eigene Interpretationen auffüllten und inkonsistente Details ignorierten. Erinnern ist also ein Prozess, in dem die ursprünglichen Inhalte umgeformt und rekonstruiert werden.

Als letzter zentraler Punkt der hierarchiehohen Prozesse wird nun *Selbstregulation* und *Metakognition* thematisiert. Metakognition ist ein Sammelbegriff für Phänomene, die mit dem Wissen über die eigenen Lernvorgänge sowie deren Planung und Steuerung zu tun haben (Hasselhorn, 2010, S. 541). Im Gegensatz zu anderen kognitiven Aktivitäten wie beispielsweise dem Lesen stellen sie keine unmittelbare Auseinandersetzung mit der Umwelt (z. B. einem Text) dar, sondern eine Reflexion über andere kognitive Prozesse. Metakognitive Aktivitäten sind potenziell bewusst und können zum Teil auch artikuliert werden. Das Nachdenken darüber, wie Lesen funktioniert, welche Schwierigkeiten dabei auftreten können und was man alles machen kann, um einen Text besser zu verstehen oder sich die Textinhalte merken zu können, stellt beispielsweise eine solche metakognitive Aktivität dar. Aufgrund seines hohen Grades an Bewusstheit kommt dem metakognitiven Wissen eine besondere Stellung bei der Planung, Steuerung und Kontrolle der eigenen Lernprozesse zu: Das Wissen um die Steuerbarkeit eröffnet die Möglichkeit, Lernprozesse zielgerichteter und effektiver zu gestalten, Verständnisprobleme zu entdecken und bewusste Maßnahmen zu ergreifen, um diese zu beheben.

Die Literatur und Modellbildung auf diesem Gebiet ist äußerst vielfältig. Ausgehend von den Forschungsarbeiten von Flavell (1979) wird bis heute zwischen zwei grundlegenden Aspekten der Metakognition differenziert (siehe Renkl, 2009, S. 5):

1. *Deklaratives metakognitives Wissen*: Unter dieser Kategorie wird das Wissen darüber zusammengefasst, wie kognitive Prozesse ablaufen und für welche Ziele eine spezielle Lerntechnik geeignet ist. Es handelt sich also um Faktenwissen darüber, wie (und warum) man konkret den eigenen Lernprozess plant, steuert und kontrolliert. Dazu gehört es auch zu wissen, wann die Anwendung einer Lernstrategie effektiv ist und wann nicht. Da dieses Wissen meist gut verbalisierbar ist, kann man es leicht durch konkretes Befragen erfassen. Beispielsweise könnte man einen Jugendlichen der 9. Klasse um den folgenden Rat bitten (vgl. Beispiel 2.6):

2.1 Teilprozesse beim Leseverstehen

Beispiel 2.6: Verbalisierbarkeit deklarativen metakognitiven Wissens

»Stell dir vor, ein Junge aus der 6. Klasse kommt zu dir. Er muss als Hausaufgabe einen schwierigen Text über den Zusammenhang zwischen der Einschleppung von Katzen auf Südseeinseln und dem gleichzeitigen Verschwinden dort heimischer Eidechsenarten lesen und möglichst viel davon behalten. Wie soll dieser Junge an den Text herangehen? Was würdest du ihm empfehlen?«

2. *Prozedurale (exekutive) Metakognition*: Hierzu zählt die Anwendung des deklarativen metakognitiven Wissens, also die Fähigkeit, den Lernprozess in der konkreten Lernsituation tatsächlich zu planen, zu steuern und zu überwachen. Die prozedurale Metakognition ist im Gegensatz zum deklarativen metakognitiven Wissen implizit bzw. nicht bewusst und kann deswegen auch nur schwierig artikuliert werden (McElvany & Schneider, 2009).

Beispiel 2.7: Unterschied zwischen deklarativem metakognitivem Wissen und prozeduraler Metakognition

Verwenden wir für den Leseverständnisprozess im übertragenen Sinn eine motorische Aktivität, wie z. B. das Fahrradfahren, und wenden wir zur Verdeutlichung die Begriffe darauf an. Das Fahrradfahren soll an dieser Stelle im übertragenen Sinn den Leseverständnisprozess darstellen. Die Begriffe sind eigentlich nicht in dieser Weise auf eine motorische Aktivität anwendbar. Das Beispiel dient lediglich der Illustrierung.

Stellen Sie sich vor, Sie möchten lernen, Fahrrad zu fahren. Das Wissen über die verschiedenen Bestandteile des Fahrrads und deren Funktionen sowie über die Bewegungen beim Fahren lassen sich dem deklarativen metakognitiven Wissen zuordnen. Dieses Wissen allein garantiert aber nicht, tatsächlich auch fahren zu können. Die konkrete Tätigkeit muss – möglicherweise unterbrochen von schmerzhaften Abstürzen – solange geübt werden, bis die Tätigkeit automatisiert ist. Wenn Sie das Fahrradfahren schließlich beherrschen (prozedurale Metakognition), dann müssen Sie nicht mehr über die einzelnen Bewegungsabläufe nachdenken. Vermutlich können Sie nicht einmal beschreiben, welche Muskeln Sie in welcher Reihenfolge aktivieren. Bezogen auf das Leseverstehen stellt das Fahrrad den kognitiven Apparat dar, der verschiedene Teilprozesse des Lesens und verschiedene Lesestrategien bereithält. Die Beherrschung des Fahrens entspricht der gezielten Planung, der Erarbeitung eines Textes und dem Einsatz von Strategien, wie z. B. der Strategie des Zusammenfassens oder der Selbstkontrolle.

Eine bereichsspezifisch auf das Lesen bezogene Form von metakognitivem Wissen ist das *Lesestrategiewissen*, also das Wissen über sinnvolle Techniken zur Erschließung von Textinhalten und die Rahmenbedingungen ihres Einsatzes. *Selbstregulation* schließlich ist die Fähigkeit von Schülerinnen und Schülern, diejenigen Strategien auszuwählen, die am besten zu den jeweiligen Verstehensanforderungen passen, sie in geeigneter Weise zu kombinieren und aufeinander abzustimmen (Artelt et al., 2007, S. 28 f.).

Vorschulkinder verfügen häufig weder über das notwendige bereichsspezifische Wissen noch über die metakognitiven Fähigkeiten, den eigenen Verständnisprozess zuverlässig zu überwachen. Wenn Lücken im Verständnis entstehen, dann werden diese Lücken zwar in der Regel mental ergänzt, bisweilen ergeben sich hierdurch allerdings überaus skurrile Situationsmodelle. So kommt es bereits beim Hörverstehen im Kleinkindalter zu unzähligen Stilblüten, die von Eltern, Erziehern und Erzieherinnen weitergegeben werden. Hier zwei Beispiele:

- »Im Schnee da saß ein armer Mann, hat Kleider nicht, hat Lumpen an. So hilf mir doch in meiner Not, sonst ist der bitt're Frosch mein Tod« (Auszug aus dem Lied, das in dieser Form voll Inbrunst von einem Kindergartenkind an einem Sankt-Martins-Zug im Herbst 2008 mitgesungen wurde).
- »Stille Nacht, heilige Nacht, Gottes Sohn Owi lacht« (weit verbreiteter »Verhörer«, der vielfach im Internet und von Hacke, 2004, berichtet wird).

Solche Verständnisprobleme treten in großer Zahl auf. Sicher wissen die meisten Leserinnen und Leser von ähnlichen Begebenheiten aus der eigenen Kindheit zu berichten. Ein Grund hierfür liegt vermutlich in den unterschiedlichen Enkodierstrategien von Kindern und Erwachsenen: Kinder verinnerlichen Inhalte stärker auf Oberflächenebene, Erwachsene erinnern eher unabhängig von der Wortoberfläche die Bedeutungsinhalte (*Fuzzy-Trace-Theorie*, ▶ Kap. 2.2.2). Ein weiterer Grund ist folgender: Häufig fehlt das nötige Wissen, um Probleme beim Hörverstehen identifizieren zu können. Schließlich ist es durchaus denkbar, dass a) giftige Pfeilfrösche aus dem Amazonasgebiet bitter schmecken und deren Verschlucken zum Tod führt, b) es vergnügte Sprösslinge von Göttern gibt, die mit Vornamen Owi heißen. Auch Erwachsene müssen hin und wieder Verstehensprobleme überwinden. Ihr größeres bereichsspezifisches Vorwissen ermöglicht es ihnen, das Gehörte oder Gelesene auf Plausibilität zu prüfen. Außerdem haben sie effektivere Strategien, korrekte Informationen einzuholen und in das Situationsmodell zu integrieren.

Metakognitives Wissen ist folglich ein bedeutender Einflussfaktor für das Sprachverstehen im Allgemeinen und deshalb natürlich auch für das Leseverständnis als spezielle Form des Sprachverstehens. Die Anwendung von Kontrollstrategien, also die Überwachung des eigenen Leseverständnisprozesses, korrelierte in der PISA-Studie von 2009 im Mittel mit $r = .28$ mit der Lesevertehensleistung (Artelt, Naumann & Schneider, 2010, S. 90). Dieser Zusammenhang war zudem in allen OECD-Staaten nachweisbar (▶ Kap. 2.2 und ▶ Kap. 2.4). Da metakognitives Wissen leicht gelehrt werden kann, ist die Vermittlung von Lesestrategien seit Mitte der 1970er Jahre deshalb ein viel diskutierter Schwerpunkt im Hinblick auf die Förderung des Leseverständnisses. Allerdings verbessert die Vermittlung von Strategiewissen die Leseverständnisleistung nur unter bestimmten Umständen (Hasselhorn, 2010, S. 543 f.; ▶ Kap. 4.4.1).

Zusammenfassend lässt sich sagen: Auf individueller Ebene hängt das verstehende Lesen von vielen Teilprozessen ab. Hierbei können hierarchieniedere und hierarchiehohe Prozesse voneinander unterschieden werden. Alle Teilprozesse müssen nahtlos zusammenspielen, damit ein Text sicher verstanden werden kann. Die Bedeutung der verschiedenen Teilfertigkeiten konnte empirisch sehr gut abgesichert werden. Kontrolliert man statistisch den Einfluss von Vorwissen und Inferenzbildung, dann tragen flüssige Dekodierung einzelner Wörter, Entschlüsselung syntaktischer Strukturen auf Satzebene sowie satzübergreifendes Lesen und Kohärenzbildung unabhängig voneinander und bedeutsam zur Leseverständnisleistung bei (Klauda & Guthrie, 2008; ▶ Kap. 2.2.1).

2.1.3 Die Interaktion leserbezogener und textseitiger Faktoren

Im vorangegangenen Abschnitt ist deutlich geworden, dass verstehendes Lesen keineswegs eine passive Rezeption von im Text kodierten Inhalten ist, sondern einen hochgradig aktiven Prozess der Rekonstruktion von Bedeutungen darstellt. Das Situationsmodell, das während des Lesens aufgebaut wird, ist stark durch Wissen und Schlussfolgerungen der lesenden Person angereichert und durch deren Aktivitäten während des Lesens – insbesondere Selbstregulation – bestimmt. Merkmale und Aktivitäten der Person beeinflussen also maßgeblich das Leseverstehen und den Aufbau der mentalen Repräsentationen der Bedeutungsinhalte. Es spielen aber auch Merkmale des Textes und die Leseanforderung eine wichtige Rolle (▶ Abb. 2.5). Diese textbezogenen Aspekte werden im Folgenden thematisiert (für eine Übersicht siehe auch Artelt et al., 2007, S. 20 ff.).

Die Frage danach, welche Aktivitäten eine lesende Person entfalten muss, um sich einen Text zu erschließen, wird sehr stark von den konkreten Anforderungen mitbestimmt. Diese ergeben sich wiederum zum Teil aus den Merkmalen des Textes, wie z. B. der Textgattung, Textstruktur usw. Anders ausgedrückt: Beim Lesen geht es um das Zusammenspiel von Lesestoff und Leseabsicht (Artelt et al., 2007, S. 20), woraus wiederum spezifische Leseanforderungen resultieren.

Lesen als problemlösendes Verhalten

Ein aktuelles Modell, das dieses Zusammenspiel aus Leseinhalt und Lesezielen beschreibt, ist das sog. *Reading as Problem Solving-Modell* (RESOLV) von Rouet, Britt und Durik (2017, siehe auch Britt & Rouet, 2024). Es ist besonders auf die Anforderungen des Lesens im digitalen Zeitalter ausgerichtet und erklärt, welche Entscheidungen Leserinnen und Leser vor und während des Lesens treffen. Wenn wir (digitale) Texte lesen (▶ Kap. 2.4), dann steht beispielsweise häufig gar nicht im Vordergrund, ein umfassendes Situationsmodell zu bilden, sondern wir machen uns auf die Suche nach der Antwort auf ganz bestimmte Fragen oder nach Detailwissen. Abhängig von unserem Ziel wählen wir entsprechende Strategien aus und dabei kann auch ein sehr oberflächliches, aber dafür schnelles Lesen, zielführend sein, sofern der Leseanlass dies erfordert.

Das RESOLV-Modell umfasst zwei Repräsentationen, nämlich (1) das *Kontextmodell* und (2) das *Aufgabenmodell*. Wenn wir lesen, dann spielen unsere Vorerfah-

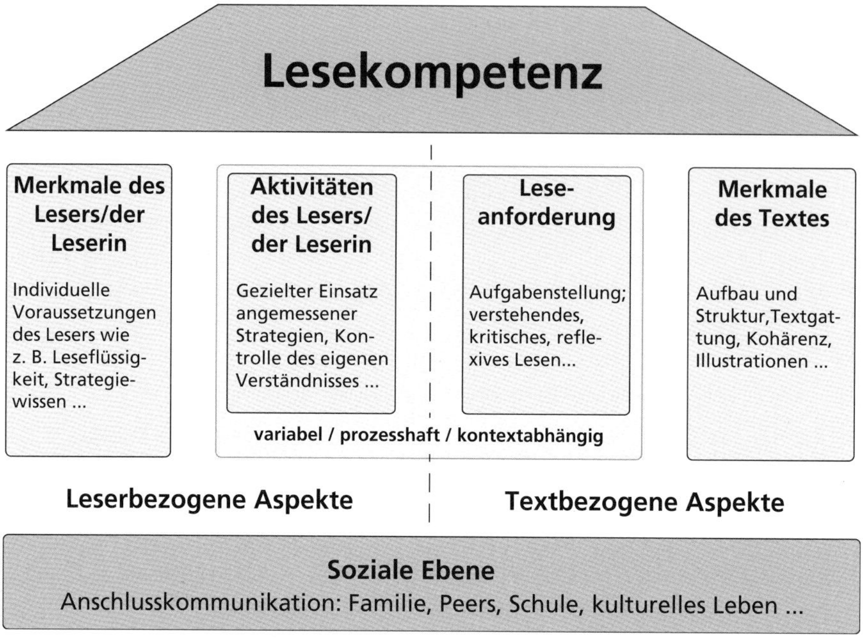

Lesekompetenz

Merkmale des Lesers/der Leserin	Aktivitäten des Lesers/der Leserin	Lese-anforderung	Merkmale des Textes
Individuelle Voraussetzungen des Lesers wie z. B. Leseflüssigkeit, Strategiewissen ...	Gezielter Einsatz angemessener Strategien, Kontrolle des eigenen Verständnisses ...	Aufgabenstellung; verstehendes, kritisches, reflexives Lesen ...	Aufbau und Struktur, Textgattung, Kohärenz, Illustrationen ...

variabel / prozesshaft / kontextabhängig

Leserbezogene Aspekte | **Textbezogene Aspekte**

Soziale Ebene
Anschlusskommunikation: Familie, Peers, Schule, kulturelles Leben ...

Abb. 2.5: Merkmalsklassen der Lesekompetenz (Synthese der Modelle von Artelt et al., 2007, S. 12, und Rosebrock & Nix, 2012, S. 11). Das Verständnis ist nicht allein von den individuellen Merkmalen des Lesers und der Bereitschaft zum aktiven Lesen abhängig. Auch die Aufgabenstellung und die Beschaffenheit des Textes spielen eine Rolle. Darüber hinaus ist das Lesen von Texten meist in einen sozialen Rahmen eingebettet.

rungen mit einer spezifischen Lesesituation eine Rolle. Diese prägen unsere Erwartung, ob wir erfolgreich sein werden, wie sehr wir uns dafür anstrengen müssen und welche Strategien wir einsetzen. Wir lesen anders in der Freizeit, als wenn wir unter Zeitdruck eine alternative Zugverbindung in einer Smartphone-App recherchieren oder wir uns in einer Prüfungssituation befinden. Diese Einschätzung – das Kontextmodell – bilden wir sehr schnell und intuitiv. Es umfasst die *Aufgabenanforderung* (z. B. Recherche, Prüfungssituation, Lesen zum Genuss ...), die *Person, die die Aufgabe stellt* (z. B. die Lehrkraft), die *Person, die das Ergebnis erhält* (z. B. das eigene Kind beim Erzählen einer Gute-Nacht-Geschichte), die *verfügbaren Ressourcen und erwarteten Schwierigkeiten* (z. B. die Einschätzung des eigenen Vorwissens) und die *Repräsentation des eigenen Selbst*.

Basierend auf den verfügbaren Schemata und Vorerfahrungen übersetzen wir das Kontext- in das Aufgabenmodell, welches den erwünschten Zielzustand und die dafür eingesetzten Leseaktivitäten enthält. Das Aufgabenmodell ist dynamisch und wird fortlaufend angepasst. Es bestimmt, *wie* und *was* wir lesen, und *ob* wir überhaupt mit dem Lesen beginnen. Beispielsweise können wir uns entscheiden, lediglich nach Informationen zu suchen, um dann beim Überfliegen des Textes beim relevanten Abschnitt tiefer einzusteigen oder auch das Lesen abzubrechen und nach einem anderen Text zu suchen. Wir bewerten unbewusst, ob wir unser Ziel erreicht haben und das Lesen beenden usw.

Die Bedeutung der Textgattung

Maßgeblich geprägt wird die Leseanforderung durch die Textgattung. Sie ist ein sehr bedeutsames Textmerkmal, das in der Literatur häufig thematisiert wird. Im angloamerikanischen Bereich wird grundlegend zwischen erzählenden (narrativen) und erklärenden (expositorischen) Texten unterschieden und stark auf ihre Struktur fokussiert. In der deutschen Literaturdidaktik ist dagegen eine funktionsorientierte Kategorisierung gebräuchlicher. Texte werden hier grundlegend in Sachtexte und literarische Texte gegliedert (Rosebrock, 2007, S. 50ff.). Die primären Ziele der Sachtexte liegen darin, deklaratives Wissen zu vermitteln (Lehrtexte), zu überzeugen (Persuasionstexte) oder prozedurales Wissen weiterzugeben (Instruktionstexte). In der Regel finden sich bei Sachtexten diese Kategorien nicht isoliert. So hat beispielsweise dieses Buch nicht allein das Ziel, deklaratives Wissen zu vermitteln. Ich hoffe darauf, dass ein Teil anwendbar ist oder zumindest zur Verbesserung des Leseverständnisses von Kindern und Jugendlichen beiträgt (prozedurales Wissen).

In Bezug auf das verstehende Lesen von Sachtexten wurde in der älteren didaktischen Literatur meist von Sinn- oder Informationsentnahme gesprochen (Artelt et al., 2007, S. 21). Da Lesen eine sehr aktive Rekonstruktion von Bedeutungsinhalten darstellt (▶ Kap. 2.1.2), gilt diese Bezeichnung heute als veraltet. Man könnte stattdessen von sinnorientierter Informationsverarbeitung sprechen. Man geht davon aus, dass beim Lesen von Sachtexten v. a. das bereichsspezifische Vorwissen und die Kenntnis der Textstruktur wichtig sind. Mit Sachtexten gehen meist die folgenden Leseanforderungen einher (Kategorien nach Artelt et al., 2007, S. 21; didaktische Anmerkung in Anlehnung an Rosebrock, 2007):

1. *Verstehendes Lesen:* Es erfordert die Verknüpfung von Aussagen, den Aufbau eines Situationsmodells und das Ziehen von textnahen Schlussfolgerungen. Auf lesedidaktischer Seite muss vor dem Einsatz eines Textes gefragt werden, ob schülerseitig das notwendige bereichsspezifische Vorwissen vorhanden ist und ob der Text an dieses Vorwissen anknüpft.
2. *Kritisches Lesen:* Hier ist die Bewertung der im Text enthaltenen Aussagen hinsichtlich der Begriffsbedeutungen, der logischen Abfolge von Argumenten und der inhaltlichen Gültigkeit gefragt – eine Anforderung, die insbesondere beim Lesen von Persuasionstexten notwendig ist. Aus didaktischer Sicht stellt sich die Frage, ob Schüler und Schülerinnen beispielsweise in der Lage sind, für die Interpretation eines politischen Kommentars ihr eigenes Vorwissen heranzuziehen, die Menge der Argumente und ihre Qualität zu beurteilen sowie zwischen affektiven und sachlichen Inhalten zu differenzieren.
3. *Reflexives Lesen:* Hierbei ist es notwendig, die über den Text hinausgehenden Schlussfolgerungen abzuleiten und sich selbst zu reflektieren. Im Fall von Instruktionstexten ist es zudem notwendig, die Textinhalte in Handlungen überzuführen und somit einen realweltlichen Bezug herzustellen.

Im realweltlichen Bezug liegt auch der zentrale Unterschied zwischen Sachtexten und literarischen Texten (Rosebrock, 2007, S. 55): Während Sachtexte Informationen über die reale Welt vermitteln, regen literarische Texte »die innerliche Konstruktion von möglichen Welten« an. Für ihre Rezeption und Interpretation ist die Kenntnis kulturspezifischer Konventionen notwendig. Hierzu gehören zum einen die *Polyvalenzkonvention* und damit einhergehend das Wissen über die Mehrdeutigkeit literarischer Texte. Zum anderen folgen diese Texte der *Ästhetikkonvention*: Sie unterstreichen durch formelle Gestaltung und den bewussten Einsatz von Stilmitteln den Inhalt, unterscheiden sich unter Umständen syntaktisch und semantisch deutlich von der Alltagssprache und erheben für sich den Anspruch, nicht unmittelbar auf die reale Welt bezogen sein zu müssen. Durch ihren Charakter als Alternativentwurf zur Realität entsteht auf Leserseite die Anforderung, diese zu deuten und auf ihren Bezug zur Realität zu prüfen. Neben den bereits genannten Leseanforderungen kann insbesondere beim Lesen von literarischen Texten eine weitere Leseanforderung in Erscheinung treten: das *involvierte Lesen*. Hierunter versteht man die emotionale Beteiligung beim Lesen, die zu einer Versunkenheit und dem Erleben von *Flow* führen kann. Literarische Texte können Spannung erzeugen und Spaß machen. Zwar kann involviertes Lesen gleichermaßen bei der Rezeption von Sachtexten auftreten, insbesondere, wenn die Thematik uns sehr stark interessiert und wir einen persönlichen Bezug dazu haben, bei literarischen Texten ist die Involviertheit jedoch tendenziell stärker ausgeprägt (Rosebrock, 2007, S. 64).

Diese Unterscheidung in die prototypischen Kategorien Sachtexte und literarische Texte ist natürlich stark vereinfachend und keine der beiden Arten von Texten ist per se leichter oder schwerer zu verstehen. Beide Gattungen weisen eine hohe Vielfalt an unterschiedlichen Strukturen auf. Literarische Texte können je nach Genre unterschiedlichen Erzählstrukturen folgen. Bei einem Sachtext gibt es ebenfalls eine große Vielzahl von Möglichkeiten, wie man diesen aufbauen könnte und darüber hinaus gibt es »zahlreiche Textsorten ›auf der Grenze‹« (Rosebrock, 2007, S. 67), also Mischformen zwischen Sachtexten und literarischen Texten.

Aufbau des Textes und Organisation des Inhaltes

Im Hinblick auf den Aufbau des Textes haben sich in der Forschung drei wesentliche Aspekte herauskristallisiert, die die Verständlichkeit eines Textes maßgeblich beeinflussen (Artelt et al., 2007, S. 23 ff.):

1. **Kohärente Inhaltsorganisation**
   Je klarer und deutlicher ein Text aufgebaut ist und je mehr Hinweise gegeben werden, welche Textteile sich aufeinander beziehen, desto leichter fällt Leserinnen und Lesern die Herstellung lokaler Kohärenz. Fehlen diese Hinweise, so entstehen beim Lesen Kohärenzlücken, die durch Vorwissen ergänzt, mittels Schemata geglättet oder durch Inferenzen geschlossen werden müssen. Darüber hinaus erleichtern kausale Verknüpfungen (z. B. »weil«, »deshalb«) wiederum das Ziehen von Inferenzen. Die globale Kohärenzbildung profitiert dagegen stark von einer klaren Strukturierung des Textes, z. B. mittels Zwischenüberschriften

und anderer Mittel zur Textgestaltung. Ein rein sprachliches Mittel der Textgliederung stellen sogenannte Topic-Indikatoren dar. Hierunter werden Textelemente verstanden, die ein neues Thema ankündigen oder einen logischen Abschnitt im Text deutlich machen. Auch Bilder können den Aufbau von Situationsmodellen erleichtern, insbesondere, wenn sie die Beziehungen von im Text dargestellten Sachverhalten verdeutlichen.

2. **Hierarchisch-sequenzieller Aufbau**
Es hat sich gezeigt, dass Texte, die kontinuierlich aufgebaut sind, zu einer höheren Verstehensleistung führen als Texte, die häufige thematische Sprünge aufweisen. Günstig ist es, wenn zunächst ein Thema allgemein eingeführt und ausreichend lange besprochen wird, bevor ein Wechsel auf konkretere Darstellungsformen wie Beispiele etc. stattfindet. Das trifft vor allem für Themengebiete zu, auf denen der Leser bzw. die Leserin bereits über bereichsspezifisches Vorwissen verfügt. Ist ein Thema unvertraut, so ist die gegenteilige Anordnung nutzbringend: Einleitende Beispiele erleichtern den Einstieg in eine Thematik und können als Grundlage für spätere, abstraktere Gedanken dienen. Auch Superstrukturen spielen in diesem Zusammenhang eine große Rolle (siehe auch Beispiel 2.4, ▶ Kap. 2.1.2). Ist die Grundstruktur eines Textes bekannt und wird diese durch die Textgestaltung deutlich gemacht, so verbessert sich nachweislich die Behaltensleistung.

3. **Aktivierung von bereichsspezifischem Vorwissen**
Das Vorwissen kann durch bestimmte Textelemente aktiviert werden, wie z.B. *Advance Organizer* (dem Text vorangestellte Strukturhilfen, die den Inhalt des folgenden Kapitels grafisch vorskizzieren; z.B. in Abbildung 2.1 [▶ Abb. 2.1]), aber auch *Metaphern*, *Beispiele* und *Analogien*. Analogien scheinen insbesondere dann wirksam zu sein, wenn sie aus entfernten Inhaltsgebieten stammen. Betrachten Sie hierzu Beispiel 2.7, ▶ Kap. 2.1.2): Dieses illustriert die Unterscheidung zwischen deklarativem und prozeduralem metakognitivem Wissen anhand des Fahrradfahrens. Die Inhalte wurden also an einem Beispiel aus dem nichtkognitiven Bereich erklärt und anschließend auf das Themengebiet Metakognition übertragen.
Die Voraktivierung von Wissensinhalten erleichtert das Verständnis, weil das Wissen so leichter für die Kohärenzbildung nutzbar ist und das neue Wissen leichter in das Vorwissen integriert werden kann.

Ob eine Maximierung der Verständlichkeit durch starke Strukturierung sinnvoll ist oder nicht, wird maßgeblich durch den Grad an Vorwissen, das Fähigkeitsniveau und die Vertrautheit mit der Textstruktur bestimmt (Artelt et al., 2007, S. 28): Je weniger bereichsspezifisches Vorwissen und Vertrautheit vorhanden sind, desto notwendiger sind eine klare Struktur und eine hohe Kohärenz des Textes. Bei sehr leistungsstarken Leserinnen und Lesern mit großem Vorwissen kann sich zu starke Kohärenz jedoch bisweilen sogar negativ auswirken: Diese Leserinnen und Leser wären sehr leicht in der Lage, Kohärenzlücken durch eigenes Vorwissen und Inferenzen zu füllen, und würden hierdurch eher angeregt als im Verständnisprozess behindert. Da ein zu niedriger Schwierigkeitsgrad des Textes aber eine Unterforderung darstellt, kann die Lesemotivation dadurch sinken. Als Folge davon sinkt in diesem Fall letzten Endes auch die Leseverständnisleistung (McNamara et al., 1996).

Schwierigkeitsgenerierende Merkmale auf der Textoberfläche

Die Überschrift verdeutlicht bereits den Inhalt des Teilkapitels. Hätte ich geschrieben: »Wie erhöhen Satzbau und Wortwahl die Schwierigkeit von Texten?«, so wäre sie erheblich leichter zu lesen gewesen. Das Wort »schwierigkeitsgenerierend« ist demgegenüber ein eher selten vorkommendes und langes Wort, das aus diesem Grund das Verständnis erschwert.

Die Lesbarkeit eines Textes wird einerseits von Eigenschaften des Wortmaterials beeinflusst. Hierzu gehören z. B. die Anzahl von Buchstaben und Silben pro Wort, deren Häufigkeit (Frequenz) und Bekanntheit. Zum anderen haben Eigenschaften von Sätzen, insbesondere die durchschnittliche Satzlänge und die Komplexität des Aufbaus einen deutlichen Einfluss (siehe z. B. Rosebrock et al., 2011, S. 66 f.). Auch wenn es sich hierbei um stark vereinfachende Heuristiken handelt, so lassen sie sich dennoch relativ leicht heranziehen, um zumindest eine ungefähre Einschätzung der Lesbarkeit eines Textes zu ermöglichen.

Einer der ersten auf diese Weise ermittelten Lesbarkeitsindizes wurde von Flesch (1948) vorgeschlagen. Seitdem wurden verschiedene Formeln entwickelt, die insbesondere im anglo-amerikanischen Raum eine weite Verbreitung gefunden haben, wie z. B. das *Lexile Framework*, das die Satzlänge und Wortfrequenz berücksichtigt. Praktisch alle Schulbuchtexte und Publikationen aus dem Bereich der Kinder- und Jugendliteratur werden bereits vor der Publikation hinsichtlich ihrer Textoberfläche bewertet. Auf diese Weise ist möglich, für ein Kind basierend auf dessen Leseverständnis passende Lektüre vorzuselektieren.

Im deutschen Sprachraum fehlen vergleichbar ausgearbeitete Systeme. Hier wird vornehmlich der auf dem skandinavischen *Läsbarhetsindex* (Björnsson, 1968) basierende und von Bamberger und Vanecek (1984) für die deutsche Sprache angepasste *Lesebarkeitsindex (LIX)* verwendet. Der LIX berücksichtigt ausschließlich die durchschnittliche Satzlänge und den Prozentsatz an Wörtern mit mehr als sechs Buchstaben. Diese werden zu einem Gesamtwert verrechnet und mit Erfahrungswerten unterschiedlicher Textgattungen verglichen.

Einschränkend sei angemerkt, dass es keineswegs immer das Ziel sein muss, einen Text möglichst einfach zu gestalten. Es hängt auch hier von der Zielgruppe ab: Werden ausschließlich sehr leichte Wörter und kurze Sätze verwendet, dann können gute Leserinnen und Leser unter Umständen unterfordert und wenig motiviert sein. Bei der Erstellung der Materialien für schwache Leserinnen und Leser ist es dagegen sinnvoll, bewusst auf eine einfache Sprache zu achten.

Zusammenfassend lässt sich sagen: Es gibt keine universellen Kriterien für einen perfekt gestalteten Text. Stattdessen gibt es Texte, die besonders gut (oder schlecht) auf die jeweilige Zielgruppe zugeschnitten sind. Darüber hinaus stehen die Aktivitäten beim Lesen (investierte Anstrengung, Einsatz von Kontrollstrategien etc.) in Zusammenhang mit der Leseanforderung und den individuellen Fähigkeiten. Eingebettet ist dieser Prozess in den sozialen Rahmen: Der soziokulturelle Hintergrund beeinflusst die Fähigkeiten des Kindes oder der Jugendlichen (▶ Kap. 2.2.1) und der konkrete soziale Anlass bestimmt die Auswahl von Texten und die konkrete Verstehensanforderung (z. B. Literaturarbeit im Deutschunterricht der Sekundarstufe I) sowie darauf basierend wiederum die Aktivitäten der Lesenden. Rosebrock et al. (2011, S. 71) empfehlen, bei der Auswahl von Texten die folgenden Leitfragen zu berücksichtigen, um eine gute Passung zwischen Text und Leser herzustellen:

1. *Sprachliche Komplexität:* Enthält der Text nur wenige seltene oder unbekannte Wörter? Ist die Komplexität der Satzstruktur und die Länge der Sätze angemessen?
2. *Textaufbau:* Ist der Text klar strukturiert und der Aufbau vorhersehbar?
3. *Vertrautheit:* Handelt der Text von Themen, die für die Leser nicht völlig unbekannt sind? Entstammt die Thematik der Lebenswelt der Kinder und Jugendlichen?
4. *Motivation:* Ist der Text informativ, baut er Spannung auf? Ist er unterhaltend?

> **Tipp!**
>
> Für Personen, die weiterführende Informationen zu diesem Thema suchen (Lesbarkeit von Texten; gezielte Vereinfachung von Texten durch Umgestaltung der Textoberfläche), bieten Rosebrock et al. (2011) zahlreiche, konkrete Anknüpfungspunkte. Der Lesbarkeitsindex LIX kann für deutschsprachige Texte unter www.psychometrica.de/lix.html berechnet werden.
>
> Die gezielte Vereinfachung von Texten und die Anpassung der Schwierigkeit auf eine bestimmte Zielgruppe lässt sich mittlerweile sehr einfach und schnell mit den großen Sprachmodellen aus dem KI-Bereich vornehmen (möglicher Prompt: »Vereinfache den folgenden Text für Kinder der vierten Jahrgangsstufe. Der Einsatzbereich ist der Sachunterricht in der Grundschule. Verwende dabei einfache Wörter und kurze Sätze (max. 10–12 Wörter pro Satz), aktive Verben und direkte Ansprache, Aufzählungen oder Zwischenüberschriften zur besseren Übersicht und einen freundlichen, ermutigenden Ton. Behalte die Hauptideen bei. Kürze den Text auf etwa die Hälfte und erkläre ggf. schwierige Begriffe in einfachen Worten.«). Auf diese Weise lassen sich für die Leistungsdifferenzierung in der Klasse sogar schnell verschiedene Varianten generieren.

2.2 Einflussfaktoren und deren Entwicklung

Wie bereits in Kapitel 2.1 deutlich geworden sein sollte, wird das Leseverständnis auf individueller Ebene durch eine ganze Reihe von Prozessen beeinflusst (▶ Kap. 2.1). Im Folgenden wird erörtert, wie sich diese Faktoren entwickeln und wie sie die

Leseverstehensleistung bestimmen (*determinieren*). Außerdem werden weitere Einflussfaktoren diskutiert.

2.2.1 Determinanten des Leseverständnisses

Einflussfaktoren (*Determinante*n) auf das Leseverstehen wurden im Rahmen großer Schulleistungsstudien vorwiegend anhand von querschnittlichen Daten untersucht. Bei dieser Vorgehensweise werden in der Regel bei sehr vielen Kindern gleichzeitig und auf der Basis theoretischer Vorannahmen verschiedene Leistungen erhoben und deren Beziehungen in einem theoriebasierten Modell beschrieben. Solche Modelle lassen sich anschließend mit statistischen Methoden (sog. lineare Strukturgleichungsmodelle, SEM) darauf prüfen, ob bzw. wie gut sie mit den Daten übereinstimmen. Während sich Beziehungen zwischen verschiedenen Variablen mit dieser Herangehensweise sehr gut analysieren lassen, können Aussagen über ursächliche Zusammenhänge anders als in längsschnittlichen Untersuchungen oft nicht einfach getroffen werden. In die dargestellten Modelle sind deshalb theoretische Zusatzannahmen geflossen, weswegen eine kausale Interpretation nur vorsichtig erfolgen kann. Aufgrund der Fülle der Untersuchungen sollen hier exemplarisch drei Modelle vorgestellt werden. Zunächst wird auf ein Entwicklungsmodell eingegangen (Ennemoser et al., 2012), das die Auswirkung vorschulischer Merkmale auf das Textverständnis am Ende der Grundschule illustriert. Anschließend fokussieren wir auf die Zusammenhänge in der Sekundarstufe: Schaffner (2009) beschreibt auf der Basis der Daten der nationalen Zusatzuntersuchung von PISA 2000 bei 15-jährigen Schülern und Schülerinnen die Zusammenhänge verschiedener Variablen. Als nächstes betrachten wir das sogenannte DIME-Modell (*Direct and Inferential Mediation Model*, Cromley & Azevedo, 2007), das Ergebnisse aus der US-amerikanischen Forschung zusammenfasst und stärker auf individuelle Determinanten fokussiert. Beide Modelle beschreiben die Zusammenhänge beim Textverstehen von Schülern und Schülerinnen im Alter von etwa 15 Jahren.

Bereits im Vorschulalter lässt sich eine Reihe von Fähigkeiten herauskristallisieren, die das Textverstehen in der Grundschule beeinflussen (Ennemoser et al., 2012). Da zu Beginn des Schriftspracherwerbs das Lesen nicht automatisiert ist, stellt das schrittweise »Übersetzen« von Buchstaben in Laute eine hohe Belastung für das Gedächtnis und für die Sprachanalysefähigkeiten (phonologische Bewusstheit) dar: Schriftzeichen müssen erkannt und Lauten zugeordnet, das Wort durchgliedert und schließlich ein zugehöriges Lautbild im Langzeitgedächtnis gefunden werden. Aus diesem Grund wirken sich die (vorschulisch erhobenen) Variablen Benennungsgeschwindigkeit, Intelligenz, Arbeitsgedächtnis und die phonologische Bewusstheit (Fähigkeit, Silben und Laute zu erkennen und zu manipulieren) deutlich auf die Lesegeschwindigkeit in der 1. Klasse aus. Abbildung 2.6 zeigt die Zusammenhänge zwischen diesen Variablen und ihren Einfluss auf die Lesegeschwindigkeit in der 1. Klasse (▶ Abb. 2.6). Da die Ergebnisse aus zwei unterschiedlichen Studien stammen, dennoch aber in der gleichen Weise modellierbar sind, zeigt, dass diese Modellvorstellung sehr robust ist. Zugleich fällt die unterschiedliche Höhe des Einflusses der phonologischen Bewussheit auf, die offensichtlich je nach verwendeten Untersuchungsinstrumenten variiert und deren Bedeutung insgesamt niedriger ist, als frühere Publikationen nahelegen.[1] Dennoch ist sie ein unverzichtbarer Mosaikstein in der Vorhersage der Textverständnisleistungen und ein Steigbügelhalter für den Einstieg in die Schriftsprache. Sie wirkt sich besonders stark auf die Rechtschreibleistung aus, wohingegen der schnelle Abruf aus dem Langzeitgedächtnis und damit verbunden die Benennungsgeschwindigkeit für den Leseerwerb bedeutsamer sind.

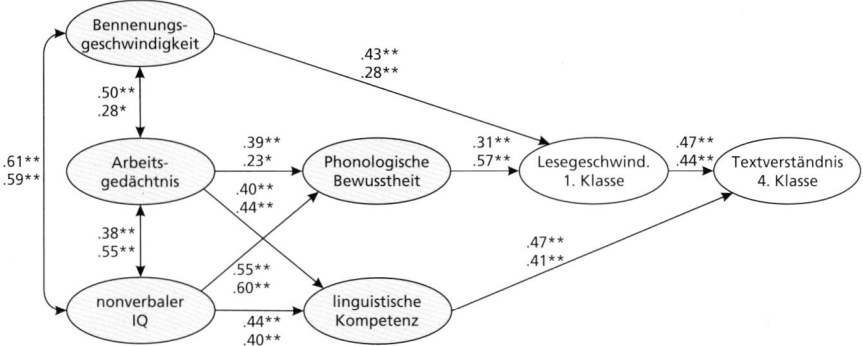

Abb. 2.6: Vorhersage des Textverständnisses am Ende der Grundschule durch Leistungen im Vorschulalter und der 1. Klasse (Ennemoser et al., 2012). Das Modell wurde anhand der Daten zweier unterschiedlicher Studien berechnet (jeweils obere und untere Zeile der Koeffizienten). Die vorschulisch erfassten Fähigkeiten wurden grau hinterlegt.

Das Textverständnis am Ende der 4. Klasse wird im Wesentlichen durch die Lesegeschwindigkeit (1. Klasse) und durch die linguistischen Kompetenzen (Wortschatz, Sprachverständnis und syntaktische Fähigkeiten; erhoben im Vorschulalter) vorhergesagt.

Aufgrund der hohen Stabilität der Unterschiede der Lesefähigkeiten zwischen Personen über die Zeit hinweg, zeigen sich die frühen Fähigkeitsunterschiede oft noch viele Jahre später (▶ Kap. 2.2.2). Dementsprechend spiegeln sich frühe Fähigkeitsunterschiede, gemessen im Kindergarten, auch noch zu viel späterer Zeit wider. In einer finnischen Studie (Manu et al., 2020) klärten die im Kindergarten erhobenen Prädiktoren phonologische Bewusstheit, Benennungsgeschwindigkeit,

---

1 Das Konzept *phonologische Bewusstheit* bzw. die umfassendere *phonologische Informationsverarbeitung* galt lange Zeit als der Schlüsselbegriff zur Früherkennung und Prävention von Lese-Rechtschreibschwierigkeiten. Neuere Metaanalysen zeigten, dass im deutschsprachigen Bereich Fördereffekte niedriger ausfallen als auf der Basis englischsprachiger Untersuchungen erwartet (Fischer & Pfost, 2015; Wolf, Schroeders & Kriegbaum, 2016). Aufgrund der relativ hohen Übereinstimmung zwischen Schrift- und Lautsprache (sog. transparente Orthografie) gibt es einen deutlich begrenzteren Bestand an phonetischen Strukturen, die schließlich in Schrift umgewandelt werden müssen. Im englischsprachigen Bereich müssen dagegen deutlich größere Einheiten identifiziert werden, welche dann verschriftet werden können. Hierdurch ergibt sich ein deutlich größerer Bestand phonetischer Strukturen, der gelernt werden kann (sog. *Grain-Size-Hypothese* nach Ziegler & Goswami, 2005).

Buchstabenkenntnis, Wortschatz und Hörverstehen 27 % der Varianz[2] der Leseverständnisleistung in der PISA-Erhebung in der neunten Klasse auf. Dabei handelt es sich um einen extrem großen Effekt, insbesondere, wenn man den langen Vorhersagezeitraum von 9 Jahren in Betracht zieht. Der Einfluss der phonologischen Bewusstheit ist jedoch weitgehend auf die frühen Phasen des Schriftspracherwerbs begrenzt und sie spielt später kaum mehr eine Rolle, wenn vorwiegend automatisiert gelesen und geschrieben wird (vgl. Direkte Route der Zwei-Wege-Theorie, ▶ Kap. 2.1.1, Abb. 2.2). Ab Mitte der Grundschule ist es deshalb nicht mehr sinnvoll, phonologische Fertigkeiten zu fördern, wenn das Ziel ein Transfer zur Schriftsprache ist. Schaffner (2009) unterscheidet in ihrem Modell zwischen Hintergrundvariablen (soziokulturellen Status- und Prozessmerkmalen) und den individuellen Faktoren, die das Leseverstehen bedingen (▶ Abb. 2.7). *Soziokulturelle Merkmale* wie der Migrationsstatus einer Familie, das Bildungsniveau der Eltern und der sozioökonomische Status bilden den allgemeinen Hintergrund für Bildungsprozesse innerhalb der Familie. Ihre Wirkung auf das Leseverstehen ist relativ unspezifisch und entfaltet sich vor allem indirekt, vermittelt über die konkreten Bildungsprozesse in den Familien (*prozessbezogene Merkmale*). Der Anteil der Varianzaufklärungder soziokulturellen Merkmale lag in der PISA-Studie bei 25 % (alte Bundesländer) bzw. 12 % (neue Bundesländer; Watermann & Baumert, 2006; siehe auch Schaffner, 2009). Unter prozessbezogenen Merkmalen versteht Schaffner Variablen, die mit konkreten Erziehungsprozessen in Zusammenhang stehen, also die verfügbaren Kulturgüter und Bildungsressourcen sowie der Kommunikationsstil. Sie bilden den konkreten Hintergrund für die Entwicklung eines Kindes und beeinflussen die Entwicklung der Fähigkeiten und Interessen. Hierzu gehören auch die Fähigkeiten von Eltern, eine anregungsreiche Umwelt zu gestalten oder dem Kind bei Problemen effektive Kompensationsmöglichkeiten zu bieten, den schulischen Lernprozess im Elternhaus zu begleiten, angemessene Bildungseinrichtungen auszuwählen etc. Von großer Bedeutung sind bestimmte Vorwissensinhalte, wie beispielsweise *Wortschatz, Vorerfahrungen mit Schrift* etc., die eine wichtige Voraussetzung für den schulischen Schriftspracherwerb darstellen und die zum Teil im Elternhaus erworben werden. Besonders gut untersucht sind die Effekte elterlichen Vorlesens, sowohl was die Quantität als auch die Qualität angeht (▶ Kap. 4.4.1). Zusammen mit den soziokulturellen Merkmalen erklärten die prozessbezogenen Merkmale in PISA 35 % bzw. 26 % der Varianz des Leseverstehens (alte versus neue Bundesländer; Schaffner, 2009).

Auf der Basis dieses sozialen Hintergrunds entwickeln sich individuelle Eigenschaften des Kindes. Schaffner (2009) betont an dieser Stelle die *kognitiven Grundfertigkeiten* und die *intrinsische Lesemotivation*. Wichtig für die Entstehung einer intrinsischen Lesemotivation ist das Erleben von Autonomie (z. B. die Möglichkeit,

---

[2] Der Anteil aufgeklärter Varianz ist ein statistisches Maß dafür, welcher Anteil der Fähigkeitsunterschiede innerhalb einer Personengruppe durch einen bestimmten Einflussfaktor erklärt werden kann. Eine Varianzaufklärung von 100 % bedeutet, dass alle Unterschiede zwischen Personen erklärbar sind und es sich folglich um eine vollständig determinierte Eigenschaft handelt. 0 % würde bedeuten, dass kein Einfluss bekannt ist und die Leistungsunterschiede entweder völlig zufällig zustande kommen oder nicht erklärbar sind.

selbst attraktive Texte auszuwählen) und Kompetenz. Hierdurch entwickelt sich erstens ein positives lesebezogenes Selbstkonzept, also die Überzeugung, ein guter Leser zu sein, und zweitens lesebezogene Selbstwirksamkeit, also die Überzeugung, Texte erfolgreich zu bewältigen. Beide Aspekte begünstigen langfristig die Herausbildung von Lesegewohnheiten und damit die Tendenz, aus eigenem Antrieb – mithin intrinsisch motiviert – zu lesen. Umgekehrt führen häufige Misserfolge und Schwierigkeiten beim Lesen dazu, dass aufgrund mangelnder Anreize langfristig Leseunlust entwickelt wird. Zwar konnten bedeutsame Zusammenhänge zwischen intrinsischer Lesemotivation und Leseverstehen häufig nachgewiesen werden, jedoch ist die Richtung des Zusammenhangs vom Leseverstehen zur Lesemotivation vermutlich stärker als in die Gegenrichtung (▶ Beispiel 2.8). Eine hohe Lesemotivation kann zu einer Steigerung der Lesemenge führen, die aber keineswegs zwangsläufig auch in eine Verbesserung der Dekodierfähigkeit mündet. Vermutlich ist dies bei den ohnehin leistungsstarken Leserinnen und Lesern der Fall, die auf diese Weise zusätzlich auch Wortschatz und Vorwissen erwerben. Da leistungsschwache Leserinnen und Leser nicht unbedingt Lesefehler bemerken, schlägt sich bei ihnen die Lesemenge nicht auf einen Kompetenzerwerb durch. Beispielsweise ist nachgewiesen, dass die Lesemenge nur bei bildungsnahen Schichten zu einer Zunahme der Lesekompetenz führt (Pfost, Dörfler & Artelt, 2011).

An dieser Stelle kommt auch das Geschlecht des Lesers oder der Leserin ins Spiel. Da sich Jungen und Mädchen in der Regel für unterschiedliche Inhalte und Textgenres interessieren, hängt die Herausbildung der Lesemotivation, z. B. im schulischen Unterricht, maßgeblich von der Textauswahl ab (zu den Geschlechterunterschieden in Bezug auf das Leseverstehen ▶ Kap. 2.6.3): Insgesamt weisen Mädchen eine höhere Lesevielfalt und ein höheres Leseinteresse auf als Jungen, wohingegen Jungen eine höhere Präferenz für elektronische Texte und Online-Medien haben (Artelt, Naumann & Schneider, 2010, S. 88 f.). Jungen nehmen mehr als doppelt so häufig wie Mädchen an Diskussionen in Online-Foren teil.

Beispiel 2.8: Aus der Forschung: Skill-Development versus Self-Enhancement – begünstigt eine hohe Lesemotivation die Entwicklung von Lesekompetenz, oder umgekehrt?

Eine wichtige Frage der Unterrichtsforschung bezieht sich auf die Rolle der Motivation für die Entwicklung von Fähigkeit und Leistung. Die Annahme, eine hohe Motivation würde die Leistungsentwicklung günstig beeinflussen, wird als *Self-Enhancement* bezeichnet, die Annahme, dass dagegen eine hohe Fähigkeit zu einer hohen Motivation führen würde, als *Skill-Development* (Helmke, 1992). Beides schließt sich nicht gegenseitig aus und beide Wirkrichtungen wurden in längsschnittlichen Studien nachgewiesen. Allerdings sind die Effekte von der Leistung auf die Motivation deutlich stärker ausgeprägt als in umgekehrte Richtung. Gute Fähigkeiten führen also dazu, dass eine Tätigkeit mehr Spaß macht. Eine hohe Motivation hat dagegen nur geringe Effekte auf die Leistungsentwicklung und sie geht zudem schnell verloren, wenn Verbesserungen ausbleiben und die Tätigkeit mühsam bleibt. Für die Leseforschung ist diese Frage besonders wichtig, insbesondere da viele Lehrkräfte die Steigerung der

Lesemotivation (sog. »Leseanimation«) als zentralen Ansatz zur Verbesserung der Lesefähigkeiten ansehen und umfassende Konzepte wie z. B. CORI (Guthrie et al., 2004) Lesemotivation ins Zentrum der Fördermaßnahmen rücken. Und in der Tat kann man deutlich beobachten, dass motivierte Schülerinnen und Schüler meist die besseren Leserinnen und Leser sind und sich schneller entwickeln. Es erscheint daher logisch, die Lesemotivation als zentralen Einflussfaktor für das Leseverständnis zu sehen und sie als besonders wertvoll zu betrachten und zu fördern.

In Deutschland wurden drei umfangreiche Längsschnittuntersuchungen zu diesem Thema durchgeführt (Becker, McElvany & Kortenbruck, 2010; Hebbecker, Förster & Souvignier, 2019; Schaffner, Philipp & Schiefele, 2016). Die Ergebnisse dieser Studien zeigen konsistent, dass das Leseverständnis die zukünftige Motivation erheblich beeinflusst, insbesondere die intrinsische Motivation. Die zukünftige extrinsische Motivation wird dagegen kaum beeinflusst oder die Pfade sind sogar negativ. Wenn einem also das Lesen leichtfällt und man Texte gut versteht, ist die Bereitschaft, weiterhin zu lesen, größer, da es mehr Spaß macht. Man hat das Gefühl, vom Lesen zu profitieren und es stellt sich dabei vielleicht sogar Flow ein. Eine höhere extrinsische Motivation scheint dagegen die zukünftigen Lernerfolge eher zu behindern, auch wenn dieser Zusammenhang nicht immer signifikant ist. Externe Anreize wie z. B. Belohnungen oder Wettbewerbe wirken sich somit potenziell negativ auf die Leistungsentwicklung aus. Der mit weitem Abstand stärkste Prädiktor für das zukünftige Leseverständnis ist das aktuelle Leseverständnis (siehe auch ▶ Kap. 2.2.2).

Vom Blickwinkel der Interventionsforschung her werfen diese Befunde die Frage auf, ob die Steigerung der Lesemotivation und der Lesemenge sich langfristig auf die Verbesserung des Leseverständnisses auswirkt. Motivierung stellt ein wichtiges Element des Unterrichts dar. Daran sollte jedoch nicht die Hoffnung geknüpft werden, hierdurch die Lesefähigkeiten zu verbessern. Stattdessen können wir Kinder vor allem dadurch zu motivierten Leserinnen und Lesern machen, wenn wir ihnen sehr gute Lesekompetenzen vermitteln. Darüber hinaus spricht nichts dagegen, Lesemotivation als Wert an sich zu sehen und nicht nur als Steigbügelhalter für die Leistungsentwicklung.

Die allgemeine kognitive Grundfähigkeit, also die Intelligenz, wirkt sich ebenfalls auf das Leseverstehen aus. Dies geschieht einerseits vermittelt über eine Reihe von spezifischen Fähigkeiten, insbesondere das bereichsspezifische Vorwissen und metakognitive Fähigkeiten (siehe Schaffner, Schiefele & Schneider, 2004, S. 229). Andererseits konnte auch ein starker direkter Einfluss nachgewiesen werden (vgl. Beispiel 2.8). Im Hinblick auf das Verstehen von Sachtexten betrug die Varianzaufklärung der allgemeinen kognitiven Fähigkeiten (direkte und indirekte Anteile) 20.7 %, wobei allein der direkte Einfluss mit einer Korrelation von $r = .44$ (Varianzaufklärung 19.4 %) sehr stark ausgeprägt war.

2.2 Einflussfaktoren und deren Entwicklung

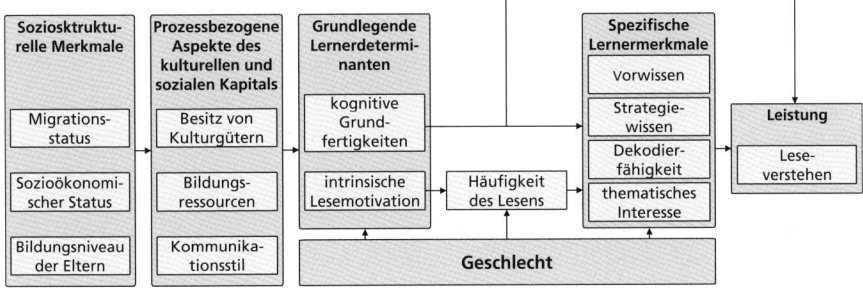

Abb. 2.7: Zusammenspiel familiärer und individueller Determinanten beim Leseverstehen (nach Schaffner, 2009[3])

Die spezifischen Lernermerkmale schließlich stellen all jene Fähigkeiten dar, die unmittelbar für das Lesen in einer konkreten Situation relevant sind. Hierzu zählen die bereits thematisierten Faktoren (▶ Kap. 2.1) Dekodierfähigkeit (Schaffner, 2009, zählt hierzu nicht allein die Worterkennung, sondern auch die lokale Kohärenzbildung), das Vorwissen (bereichsspezifisches Vorwissen, Wortschatz, Wissen über formale Textmerkmale), das metakognitive Strategiewissen und das thematische Interesse an einem Text.

Um das genaue Zusammenspiel dieser spezifischen Lernermerkmale auf das Leseverstehen zu erläutern, möchte ich an dieser Stelle auf ein zweites Modell zurückgreifen, nämlich auf das *Direct and Inferential Mediation Model* (DIME-Model) nach Cromley und Azevedo (2007). Das Modell entstand auf der Basis einer breiten Literaturrecherche zu den nachgewiesenen Einflussfaktoren auf die Lesekompetenz und beinhaltet die fünf Faktoren Hintergrundwissen, Leseflüssigkeit, Lesestrategien, Wortschatz und Inferenzbildung (▶ Abb. 2.8). Die Zusammenhänge und Wechselwirkungen wurden auf der Basis von 177 Jugendlichen der 9. Klassenstufe überprüft. Das Modell erklärt insgesamt 66 % der Varianz im Leseverstehen.

Die einzelnen Variablen wirken wie folgt zusammen:

1. **Hintergrundwissen**

   Das Hintergrundwissen wirkt sich unmittelbar positiv auf das Leseverstehen aus und trägt auch über die Strategieanwendung und das schlussfolgernde Denken dazu bei. Schwache Leser werden durch Lücken im Vorwissen zusätzlich behindert. Das Hintergrundwissen steht in wechselseitiger Beziehung zum Wortschatz und zur Leseflüssigkeit. Über die Ursache muss an dieser Stelle spekuliert werden: Offensichtlich erwirbt jemand, der viel liest, einen größeren Wortschatz und mehr Hintergrundwissen und automatisiert seine Lesefähigkeiten stärker.

---

3 Im ursprünglichen Modell von Schaffner (2009) wird statt »Individuelle Determinanten« der Begriff »Psychologische Determinanten« verwendet. Da der Begriff »psychologisch« nicht ganz treffend ist (Geschlecht bezeichnet im Modell das biologische Geschlecht; die anderen Determinanten stellen psychische und nicht psychologische Faktoren dar), wurde ein allgemeinerer Begriff gewählt.

2 Leseverständnis und Lesekompetenz – Was ist das?

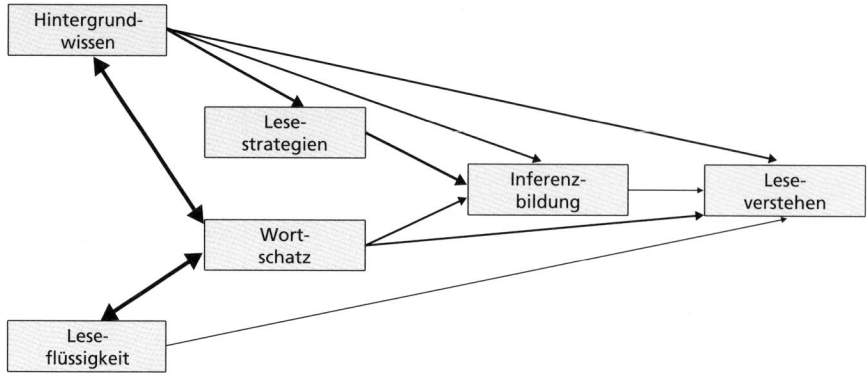

Abb. 2.8: Das *Direct and Inferential Mediation Model* (*DIME-Model*) nach Cromley und Azevedo (2007, S. 319). Die Stärke der Zusammenhänge wurde durch die Liniendicke verdeutlicht. Linien mit einem Pfeil stellen kausale Zusammenhänge, Linien mit zwei Pfeilen Korrelationen dar.

Gleichermaßen macht Lesen auch umso mehr Spaß, je leichter es fällt. Bei schwachen Lesern sind in der Regel hingegen alle drei Variablen schwach ausgeprägt (Cromley & Azevedo, 2007).

2. **Leseflüssigkeit**
Konsistent mit den Ergebnissen der PISA-Studie (Schaffner, Schiefele & Schneider, 2004) hat die Leseflüssigkeit auch bei Neuntklässlern noch einen direkten – wenn auch kleinen – Einfluss auf das Leseverstehen. Eine fehlende Automatisierung auf Ebene der basalen Worterkennung bindet Verarbeitungskapazitäten, die für den Verständnisprozess nicht mehr zur Verfügung stehen. Darüber hinaus beeinflusst die Leseflüssigkeit das Verstehen indirekt über den Wortschatz. Beide Faktoren bedingen sich wechselseitig: Eine höhere Leseflüssigkeit geht mit einem größeren Wortschatz einher und umgekehrt. Es ist anzunehmen, dass dieser Zusammenhang über Drittvariablen wie z. B. die Lesehäufigkeit und -motivation erklärt werden muss.

3. **Wortschatz**
Der verfügbare Wortschatz hat einen sehr starken unmittelbaren Einfluss auf das Leseverstehen. Lücken im Wortschatz behindern also den Leseprozess direkt. Da zudem bei schwachen Lesern auch die Leseflüssigkeit und das Hintergrundwissen eingeschränkt sind, kumulieren sich diese Effekte. Auch beeinflusst der Wortschatz die Fähigkeit, Schlussfolgerungen zu ziehen und entfaltet hierdurch eine zusätzliche Wirkung.

4. **Lesestrategien**
Lesestrategien beeinflussen das Leseverstehen nur sehr schwach. Sie sind in erster Linie dann anwendbar, wenn bereits Vorwissen auf dem jeweiligen Themengebiet existiert. Es gibt keinen signifikanten direkten, sondern lediglich einen über die Inferenzbildung vermittelten Einfluss.

5. **Inferenzbildung**
Die Fähigkeit, Schlussfolgerungen zu ziehen, führt dazu, eine verlässlichere Re-

präsentation des Textinhaltes aufzubauen. Die Inferenzbildung selbst hängt vom Hintergrundwissen, dem Wortschatz und dem Strategiewissen ab.

Zur besseren Übersicht wurde die Stärke der direkten und indirekten Pfade in Tabelle 2.1 aufgelistet (▶ Tab. 2.1). Cromley und Azevedo (2007) konnten keine Hinweise darauf finden, dass bei schwachen Lesern einzelne Einflussfaktoren dominierten. Tatsächlich hatten schwache Leser oft bei allen Variablen Probleme. Für die Förderung bedeutet dies, dass eine isolierte Herangehensweise in der Regel nur bedingt wirken kann. Von besonderer Bedeutung sind zudem die grundlegenden Determinanten Wortschatz, Leseflüssigkeit und Hintergrundwissen, die über ihre direkten und indirekten kausalen Wirkungen das Leseverstehen praktisch determinieren.

Tab. 2.1: Stärke direkter und indirekter Determinanten des Leseverstehens (Cromley & Azevedo, 2007, S. 319)

Variable	direkt	indirekt	gesamt
Hintergrundwissen	.234*	.109*	.343
Inferenzbildung	.192*	–	.192
Lesestrategien	.026	.099*	.125
Wortschatz	.366*	.040*	.406
Leseflüssigkeit	.151*	–	.151

Anmerkung: Die Tabelle gibt die Stärke des Einflusses der einzelnen Faktoren auf das Leseverstehen wieder. Die Spalte »direkt« listet die Stärke der Pfeile, die von einer Variablen direkt auf das Leseverstehen ausgehen. In der Spalte »indirekt« werden die Einflüsse quantifiziert, die vermittelt über andere Faktoren wirken. Die Spalte »gesamt« beschreibt den gesamten Einfluss einer Variablen auf das Leseverständnis. Signifikante Pfade sind durch * gekennzeichnet.

2.2.2 Entwicklung

Bei der Entwicklung des Leseverständnisses stehen vor allem folgende qualitativen und quantitativen Fragen im Vordergrund, wobei sich »qualitativ« auf grundlegende Unterschiede in der Art der Informationsverarbeitung bezieht und »quantitativ« auf die Leistungsfähigkeit:

1. *qualitativ:* Wie repräsentieren Menschen Textinhalte in Abhängigkeit vom Alter?
2. *quantitativ:* Wie entwickelt sich die Leistung? Gibt es Altersbereiche mit besonders starken Zunahmen oder ist der Verlauf linear?
3. *quantitativ:* Wie entwickeln sich die einzelnen Komponenten und Determinanten?
4. *quantitativ:* Wie hoch ist die Variabilität der Entwicklungsverläufe auf individueller Ebene, insbesondere wenn die Determinanten stabil bleiben? Lassen sich Entwicklungsverläufe positiv beeinflussen?

2 Leseverständnis und Lesekompetenz – Was ist das?

Die zuerst genannte Frage versucht die sogenannte *Fuzzy-Trace-Theorie* zu beantworten (Reyna & Brainerd, 1995; siehe auch Nieding, 2006, S. 59 f.). Gemäß dieser Theorie entstehen beim Enkodieren von sprachlichem Material zwei verschiedene, unabhängige Repräsentationsformen, die wortwörtliche Repräsentation (*verbatim*) und die Bedeutungsrepräsentation (*gist*). Die Exaktheit der erinnerten Information bewegt sich in einem Kontinuum zwischen diesen beiden Polen, mit der wortwörtlichen Gedächtnisspur (*verbatim trace*) auf der einen und der Gedächtnisspur der Bedeutungsinhalte (*fuzzy trace*) auf der anderen Seite. Im Vergleich zur wortwörtlichen Gedächtnisspur ist die *fuzzy trace* stabiler und auch langfristig abrufbar, da sie stark reduziert ist (Nieding, 2006, S. 60) – schließlich enthält sie nur die Kerngedanken eines Textes. Laut *Fuzzy-Trace*-Theorie sind beide Gedächtnisspuren neurologisch unterscheidbar, getrennt gespeichert und stets gleichzeitig aktiv. Allerdings ändert sich die Präferenz für die beiden Spuren im Laufe des Alters: Kinder im Vorschulalter präferieren eher die wortwörtliche Repräsentation, da z. B. auch der in diesem Alter sehr stark voranschreitende Spracherwerb auf ein stark ausgeprägtes Oberflächengedächtnis angewiesen ist. Darüber hinaus können Kinder in diesem Alter noch weniger auf bereichsspezifisches Vorwissen und metakognitive Regulation zurückgreifen, sodass sie sich viel stärker auf Oberflächenmerkmale verlassen müssen. Dass Kinder sich Texte tatsächlich häufig Wort für Wort merken, können viele Eltern bestätigen, die ihren Kindern im Vorschulalter allabendlich Gute-Nacht-Geschichten vorlesen. Kinder wünschen sich häufig immer wieder dieselben Geschichten. Wenn den Eltern während des Vorlesens dieser Geschichten versehentlich Fehler unterlaufen, werden sie postwendend mit dem Einspruch ihrer Sprösslinge konfrontiert: Tatsächlich bemerken Letztere in der Regel jedes auch noch so kleine falsche oder fehlende Wort. Offenbar haben die Kinder allein durch Zuhören eine oft viele Seiten umfassende Geschichte wortwörtlich memoriert. Erwachsene erinnern sich hingegen nur an die wesentlichen Bedeutungsinhalte eines Textes. Hier dominiert also die abstrakte Repräsentation der Bedeutung in einem Situationsmodell (▶ Kap. 2.1.1 und ▶ Kap. 2.1.2). Eventuell resultiert der Wunsch von Vorschulkindern danach, die gleiche Geschichte immer und immer wieder zu hören, gerade daraus, dass die Konstruktion eines solchen Situationsmodells nur schwierig vonstattengeht. Zwischen dem Alter von 6 und 9 Jahren findet ein Wechsel der Präferenz von der Oberflächen- zur Bedeutungsebene statt (sog. *Verbatim-Gist-Shift*, Nieding, 2006, S. 63). Dieser Wechsel ist vermutlich durch die Zunahme von bereichsspezifischem Vorwissen bedingt, sodass ältere Kinder, Jugendliche und Erwachsene schließlich beim Textverstehen zunehmend leichter auf die Bedeutung fokussieren können. Das bedeutet zugleich, dass in der Zeit, in der auch wichtige Phasen des Schriftspracherwerbs stattfinden, bedeutsame Umstrukturierungen im Hinblick auf das Textverständnis ablaufen.

Die zweite Fragestellung ist die nach der quantitativen Entwicklung des Leseverstehens. Zahlreiche internationale Studien dokumentieren auf der Basis quer- und längsschnittlicher Daten eine deutliche Zunahme des Leseverstehens über die gesamte Schulzeit hinweg (vgl. Philipp, 2011, S. 73 f.). Da in einem so großen Altersbereich in der Regel das Testverfahren mehrfach gewechselt werden muss (siehe auch Klicpera & Gasteiger-Klicpera, 1993, S. 110), sind besondere methodische Herangehensweisen notwendig, um die Entwicklungsverläufe zu modellieren.

Aufgrund des hohen Aufwands wird aus diesem Grund oft auf querschnittliche Daten, z. B. aus Testnormierungen zurückgegriffen. Entsprechend solcher Daten vollzieht sich die quantitative Entwicklung des Leseverstehens im Wesentlichen linear, mit einer etwas dynamischeren Entwicklung in den ersten Schuljahren und einer Abflachung der Zuwächse mit steigender Klassenstufe bis zum 12. Jahrgang (vgl. Philipp, 2011, S. 74). Die gleichen Schlüsse lassen sich auch aus den Normdaten deutscher Schultests ableiten, zumindest in den für sie gültigen Altersbereichen (▶ Abb. 2.9 bis ▶ Abb. 2.11).

Ein ähnliches Bild ergibt sich, wenn man zusätzlich die Entwicklung einzelner Determinanten des Leseverständnisses betrachtet (Frage 3), insbesondere die Entwicklung der Leseflüssigkeit und des Sprachverstehens. Auch hier zeigt sich eine deutliche Zunahme über die Grundschulzeit hinweg, die zunächst etwas dynamischer verläuft und zur siebten Jahrgangsstufe hin leicht abflacht. Abbildung 2.9 gibt die querschnittlichen Daten der Normierungsstichprobe der Skalen des Leseverständnistests ELFE II (W. Lenhard, Lenhard & Schneider, 2017) wieder (▶ Abb. 2.9). Die Worterkennung (im Lesetest ELFE II als »Wortverständnis« bezeichnet) steigert sich vom Ende der 1. bis zum Anfang der 7. Klasse um den Faktor 3.0, im Bereich syntaktische Fähigkeiten/lokale Kohärenzbildung (Untertest »Satzverständnis« aus ELFE II) beträgt der Faktor 5.1 und im Bereich Textverständnis sogar 5.8. Die Variabilität der Leistungsverteilungen innerhalb eines Jahrgangs ist enorm. Sie nimmt über die Grundschulzeit hinweg in allen Bereichen leicht zu und bleibt dann annähernd konstant. Die leistungsstarken Kinder am Ende der ersten Klassenstufe (Prozentrang 95) weisen ein Leistungsniveau auf, welches die leistungsschwachen Personen (Prozentrang 5) erst in der sechsten Klasse erreichen. Im Falle des Satzverständnistests wird das Leistungsniveau selbst bis zum Beginn der 7. Klasse nicht erreicht.

Betrachtet man die allgemeinen sprachlichen Fähigkeiten und das Textverstehen, so zeigt sich in beiden Bereichen eine Zunahme über die Grundschulzeit hinweg. Anhand der Normierungsdaten von *Knuspels Leseaufgaben* (Marx, 1998; vgl. Marx & Jungmann, 2000) lassen sich das Hör- und das Leseverstehen miteinander vergleichen, da die beiden Leistungen in getrennten Skalen erhoben werden: In der Skala zum Hörverstehen müssen Kinder auditiv dargebotene Instruktionen ausführen (z. B. »Mache ein Kreuz in das dritte Kästchen von links«). In der Skala zum Leseverstehen werden die gleichen Instruktionen dagegen schriftlich dargeboten. Die Diskrepanz beider Leistungen ist zu Beginn der Schulzeit noch sehr groß. Hierbei wirken am Ende der 1. Klasse die verhältnismäßig gering automatisierten basalen Leseprozesse als ein begrenzender Faktor (▶ Abb. 2.10). Bereits ab der 2. Klasse korrelieren Hör- und Leseverstehen sehr hoch miteinander (über $r = .6$; siehe Marx & Jungmann, 2000, Tab. 2) und lassen sich schließlich psychometrisch kaum mehr voneinander unterscheiden.

Als letztes stellt sich die Frage nach der Variabilität der individuellen Entwicklungsverläufe. Zwar ist auch nach der Grundschulzeit von einer Weiterentwicklung basaler Leseprozesse auszugehen, jedoch scheint sich dieser Verlauf bei den Kindern unterschiedlicher Leistungsfähigkeit wie auch in den verschiedenen Leistungsbereichen annähernd parallel zu vollziehen. Diese Frage verfolgten Hulslander, Olson, Willcutt und Wadsworth (2010) in einer längsschnittlichen Untersuchung an 324

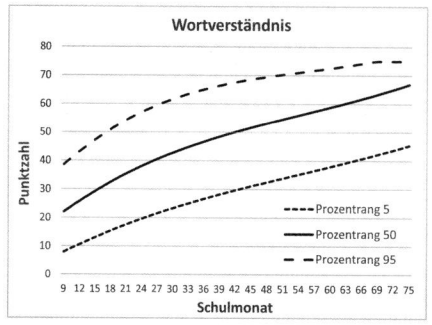
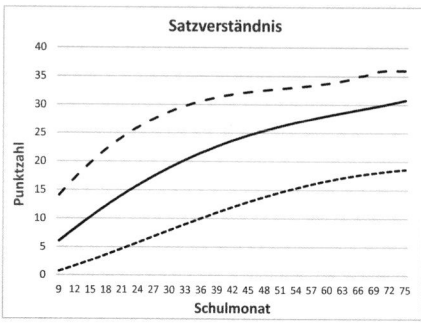
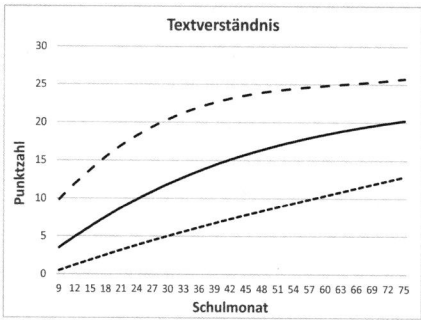

Abb. 2.9: Anzahl richtiger Lösungen pro Klassenstufe im Leseverständnistest ELFE II (Reanalyse der Daten von W. Lenhard, Lenhard & Schneider, 2017). Die Daten basieren auf den Ergebnissen von 5 073 Schülerinnen und Schülern aus 9 Bundesländern Deutschlands aus den Jahren 2015 und 2016.

Kindern und Jugendlichen, bei denen im Alter zwischen durchschnittlich 10 und 16 Jahren eine Bandbreite unterschiedlicher Leistungsmaße erhoben wurde.[4] Dazu gehörten neben verschiedenen Intelligenzfacetten die schnelle Benennung von Objekten (*rapid naming*), eine Reihe von phonologischen Fertigkeiten, Pseudowortlesen, Worterkennung, Rechtschreibfähigkeiten und Leseverständnis. In allen diesen Maßen zeigte sich zwischen dem ersten und zweiten Messzeitpunkt eine erhebliche Verbesserung. Insbesondere nahmen die Worterkennung, das Dekodieren, die sprachgebundenen kognitiven Leistungen und die schnelle Benennung stark zu. Auch das Leseverständnis stieg im Gruppenmittel an, wenngleich die Unterschiede zwischen den individuellen Verläufen bei dieser Variablen stärker ausgeprägt waren als bei den anderen. Eine starke Zunahme des Leseverständnisses war also nicht bei jedem Kind deutlich zu beobachten. Der Grund hierfür lag darin, dass vor allem bei jüngeren Kindern das Leseverständnis stark durch Unterschiede der Leseflüssigkeit bestimmt war. Letztere stellt in der Grundschulzeit also einen stärker limitierenden Faktor dar als im Jugendalter.

---

4 Die Daten stammen aus einer Reanalyse eines größer angelegten Forschungsprojekts der Zwillingsforschung. Zwischen erster und zweiter Messung lagen konstant 5 Jahre und 6 Monate. Das konkrete Alter zum Zeitpunkt der ersten Messung variierte zwischen 8 und 13.5 Jahren und lag im Schnitt bei 10.2 Jahren.

2.2 Einflussfaktoren und deren Entwicklung

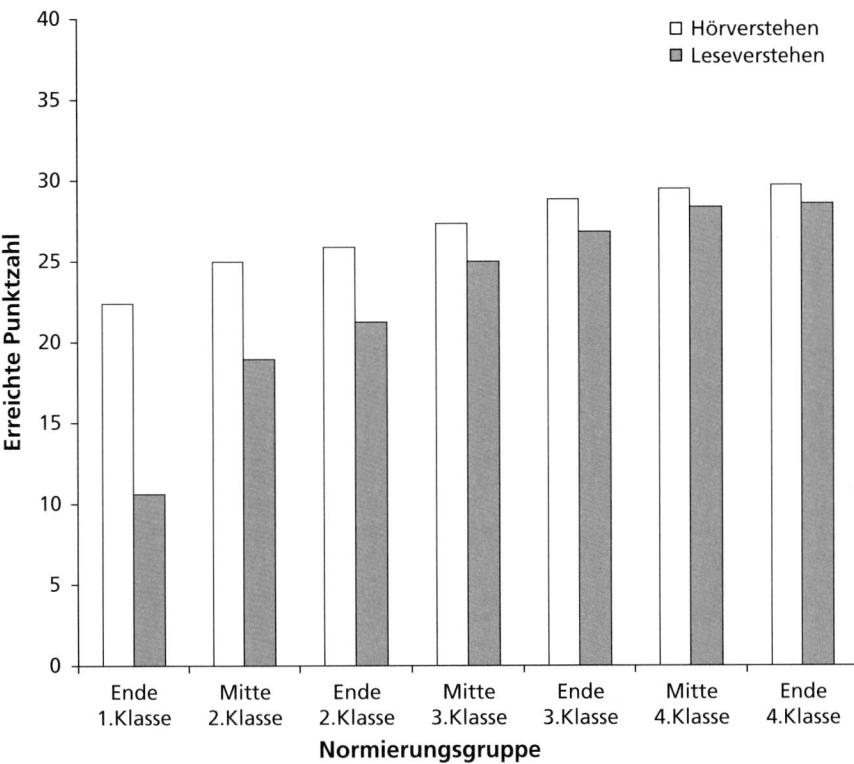

Abb. 2.10: Entwicklung von Hör- und Leseverstehen in *Knuspels Leseaufgaben* (Marx, 1998) im Laufe der Grundschulzeit (nach Marx & Jungmann, 2000). Sowohl Hör- als auch Leseverstehen sind mit aufsteigendem Jahrgang stärker ausgeprägt. Die Entwicklung des Leseverstehens verläuft steiler, sodass sich beide Leistungen zum Ende der Grundschulzeit stark annähern.

Um herauszufinden, welche Variablen zur Entwicklung des Leseverständnisses beitragen, berechneten die Hulslander et al. (2010) ein Strukturgleichungsmodell. Mit Hilfe dieses Modells konnte rechnerisch ermittelt werden, inwiefern sich alle Variablen parallel entwickeln oder ob es noch Variabilität in den Entwicklungsverläufen gibt, anhand derer unterschiedliche Entwicklungen im Leseverständnis erklärt werden können. Die Entwicklungsverläufe erwiesen sich dabei als so stabil, dass die Autoren quasi von einer Determiniertheit der Entwicklung ausgingen. Lediglich die sprachgebundenen kognitiven Leistungen folgten der Parallelität der anderen Variablen weniger streng und erklärten damit noch einen winzigen Anteil von 1 % in den Entwicklungsverläufen des Leseverständnisses. Es lässt sich also feststellen, dass die Entwicklung des Leseverständnisses durch die Ausgangswerte der Messung zum Zeitpunkt 1 in den verschiedenen Determinanten nahezu vollständig vorhergesehen werden konnte.

Ein ähnliches Bild ergibt sich, wenn man die Entwicklungsverläufe unterschiedlicher Leistungsgruppen getrennt betrachtet. Klicpera und Gasteiger-Klicpera (1993) untersuchten in der Wiener Längsschnittstudie die Entwicklung schriftsprachlicher Fähigkeiten zwischen der 1. und 8. Klasse an 120 Kindern. Anhand der Fähigkeit am Ende der ersten Klasse wurden Leistungsgruppen gebildet und ab Mitte der zweiten Klasse über den Zeitraum von sieben Jahren beobachtet (▶ Abb. 2.11). Es zeigte sich zum einen ein immenser Unterschied in der Leseflüssigkeit zwischen leistungsstarken und leistungsschwachen Kindern bereits zur Mitte der 2. Klasse: Während die leistungsschwachen Schüler zu diesem Zeitpunkt etwa 20 Wörter pro Minute lesen konnten, erreichten leistungsstarke Schüler etwa 80 Wörter pro Minute – ein Niveau, das die leistungsschwachen Schüler erst in der 8. Klasse erreichten! Über die Grundschulzeit hinweg drifteten die Schülergruppen sogar weiter auseinander: Die Lesegeschwindigkeit der leistungsschwachen Kinder entwickelte sich im Laufe der ersten vier Jahre kaum, wohingegen leistungsstarke Kinder sich rasch weiterentwickelten.

Schaut man sich die Zuordnung zu den Leistungsgruppen im Verlauf der Zeit an, so zeigt sich wie bei Hulslander et al. (2010) eine enorm hohe Stabilität: Nur ein einziges jener Kinder, die zum Messzeitpunkt 1 als sehr schwache Leser eingestuft worden waren, erreichte in der 8. Klasse eine durchschnittliche Lesegeschwindigkeit. Gleiches galt für die Gruppe der schwachen Leserinnen und Leser. Von den anfänglich leistungsstarken Kindern fiel hingegen bis zur 8. Klasse kein einziges Kind unter ein altersspezifisch durchschnittliches Niveau der Lesegeschwindigkeit zurück (Klicpera & Gasteiger-Klicpera, 1993, S. 56). Für diesen Befund, der in der Leseforschung sowohl im deutschen Sprachraum als auch im internationalen Bereich immer wieder nachgewiesen werden konnte, führte Stanovich (1986) den Begriff Matthäus-Effekt[5] (*matthew effect*) in die Leseforschung ein. Hierdurch wird ausgedrückt, dass die Kompensation anfänglicher Leistungsunterschiede im regulären Schulunterricht oftmals nicht gelingt, sondern meist eine Scherenentwicklung, also ein Auseinanderdriften der Leseleistungen vorliegt (für eine weiterführende Diskussion siehe Philipp, 2011, S. 74; Pfost, Dörfler & Artelt, 2011).

Fazit:

- Während Kinder im jungen Alter stärker Oberflächenmerkmale von Texten erinnern, werden Textinhalte ab einer hinreichend guten Lesefähigkeit hauptsächlich als Situationsmodelle rekonstruiert und gespeichert. Wann dies bei einer Person passiert, hängt von der individuellen Entwicklung ab. Häufig ist dies ab der Mitte der Grundschule der Fall.
- Sowohl die Determinanten des Leseverständnisses als auch das Leseverständnis selbst entwickeln sich über die Schulzeit hinweg sehr schnell.
- Die Entwicklungsverläufe sind unter den herkömmlichen Unterrichtsbedingungen hochgradig stabil.
- Innerhalb der einzelnen Altersgruppen gibt es eine enorme Variabilität, jedoch bleibt die Rangreihe der Kinder über die Zeit hinweg annähernd gleich: Kinder, die zu Beginn der Schulzeit leistungsschwach sind, werden ohne gezielte Förde-

---

5 Der Begriff ist dem Gleichnis von den anvertrauten Gütern aus dem Matthäus-Evangelium (Mt 25,29) entlehnt: »Denn wer da hat, dem wird gegeben werden, und er wird die Fülle haben; wer aber nicht hat, dem wird auch, was er hat, genommen werden.«

2.2 Einflussfaktoren und deren Entwicklung

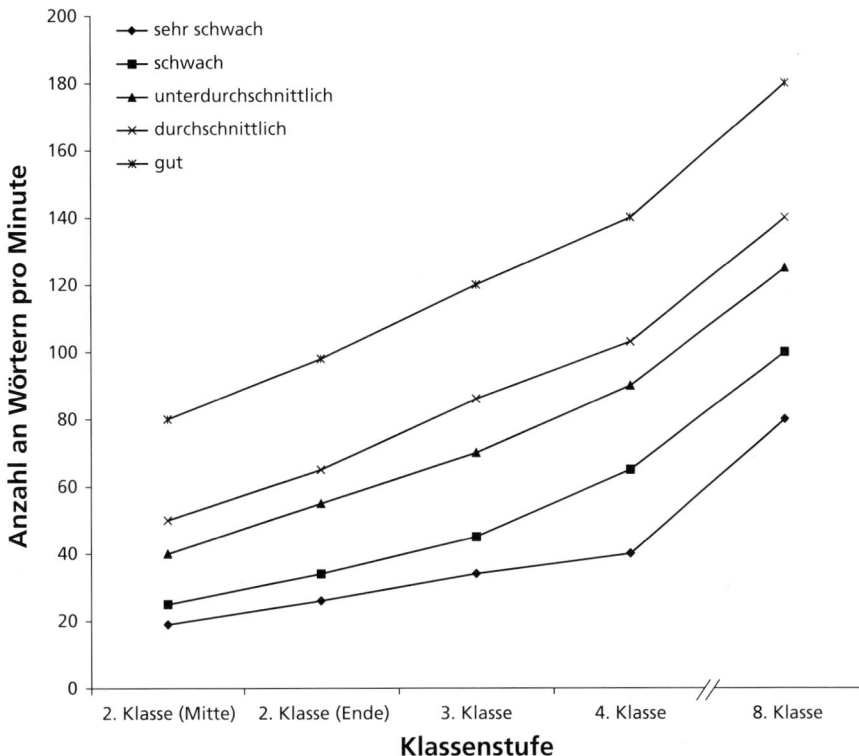

Abb. 2.11: Zunahme der Lesegeschwindigkeit (lautes Vorlesen von Wortlisten) in verschiedenen Leistungsgruppen zwischen der 2. und der 8. Klasse (nach Klicpera & Gasteiger-Klicpera, 1993, S. 54). Leistungsschwache Schüler erreichen in der 8. Klasse das Niveau leistungsstarker Schüler der 2. Klassen.

rung mit großer Wahrscheinlichkeit auch gegen Ende der Schulzeit zu den leistungsschwachen Schülern gehören. Leistungsstarke Schüler behaupten dagegen ihren Vorsprung oder bauen diesen sogar noch aus.

Trotz dieser in pädagogischer Hinsicht auf den ersten Blick ernüchternden Ergebnisse zur langfristig stabilen ungünstigen Situation leistungsschwacher Leserinnen und Leser besteht Grund zu Optimismus: Erstens vollzieht sich bei allen Kindern eine sehr starke Entwicklung. Zweitens darf die in den oben präsentierten Daten suggerierte hohe Stabilität der interindividuellen Unterschiede nicht darüber hinwegtäuschen, dass Leseverstehen effektiv förderbar ist (▶ Kap. 4). Wenn alle Kinder – leistungsschwache wie leistungsstarke – gleichermaßen gefördert werden, so zeigen sich zwar hochgradig stabile, parallele Verläufe. Das heißt aber gleichzeitig, dass auch die Fähigkeiten von leseschwachen Schülern deutlich zunehmen. Darüber hinaus zeigen die Ergebnisse, wie wichtig es ist, so früh wie möglich kompensatorisch einzuwirken.

2.3 Begriffe und Definitionen

Nach der Lektüre der vorangegangenen Teilkapitel haben Sie in der Zwischenzeit sicherlich bereits eine relativ präzise Vorstellung davon, worum es in diesem Buch geht. Sie kennen bereits die wichtigsten Einflussfaktoren und haben auch etwas über deren Entwicklung erfahren. Was ich Ihnen bislang jedoch schuldig geblieben bin, ist eine genaue Definition des Konstrukts, über das Sie die ganze Zeit lesen. Der einfache Grund hierfür liegt darin, dass die in der Literatur verwendete Begrifflichkeit alles andere als eindeutig ist. So finden sich in Bezug auf verstehendes Lesen zumindest drei verschiedene Begriffe, nämlich *Leseverständnis*, *Lesekompetenz* und – angelehnt an die *Literacy*-Konzeption aus dem englischsprachigen Bereich – *Literalität* (► Abb. 2.12). Die drei Begriffe überlappen sich in ihrer Bedeutung sehr stark und sind deshalb nur schwer voneinander abzugrenzen. Sie stammen jeweils aus unterschiedlichen Theorietraditionen, was letztlich zu einer unterschiedlichen Schwerpunktsetzung und Terminologie geführt hat. Hinzu kommt, dass unterschiedliche Disziplinen die Begriffe teilweise verschieden handhaben und somit eine gewisse Unschärfe gegeben ist. Von diesem Problem ist der Begriff Lesekompetenz vermutlich am stärksten betroffen. In der Tendenz ist Leseverständnis am engsten gefasst, wohingegen Literalität sehr viele Aspekte beinhaltet und weit über die individuelle Fähigkeit zum verstehenden Lesen hinausweist. Im Folgenden werde ich versuchen, die drei Begriffe voneinander abzugrenzen. Da sie in verschiedenen Fachdisziplinen unterschiedlich verwendet werden, ergeben sich zwangsläufig Unschärfen in dieser Charakterisierung:

1. **Leseverständnis**
   Der Begriff bezeichnet die allgemeine Fähigkeit und den Prozess, Textinhalte zu rekonstruieren. Er hat einen starken Bezug zur kognitiven Psychologie und zur experimentellen Leseforschung (z. B. Kintsch, 1998) und fokussiert auf die beim Lesen ablaufenden Teilprozesse. Es existieren zahlreiche Modelle, die die während des Lesens stattfindenden Prozesse beschreiben (Richter & Christmann, 2002). Häufig werden Teilfähigkeiten auf Wort-, Satz- und Textebene unterschieden (► Kap. 2.1). Leseverständnis bezieht sich auf die potenziell mögliche und nicht zwangsläufig auf die tatsächlich erbrachte Leistung. Ob die Leseverständnisfähigkeit beim Lesen zum Tragen kommt, hängt unter anderem auch von der Bereitschaft zur aktiven Verarbeitung ab.
2. **Lesekompetenz**
   Der Kompetenzbegriff ist sehr vielschichtig. Ursprünglich bezeichnete er weniger eine Fähigkeit als vielmehr eine Berechtigung oder Autorisation, wie es im Begriff »Kompetenzüberschreitung« noch anklingt. Im Zuge der großen Bildungsstudien verschob sich die Bedeutung zunehmend in Richtung der Beschreibung einer Fähigkeit. In der öffentlichen Diskussion reicht die Bandbreite von angeborenen Begabungsunterschieden über fächerübergreifende Schlüsselqualifikationen (Artelt et al., 2007, S. 11; Weinert, 2001) bis hin zu Konstrukten wie »sozialer Kompetenz«. In der Psychologie und der Bildungsforschung wird der Begriff Kompetenz vordringlich im Rahmen der Expertiseforschung verwendet.

2.3 Begriffe und Definitionen

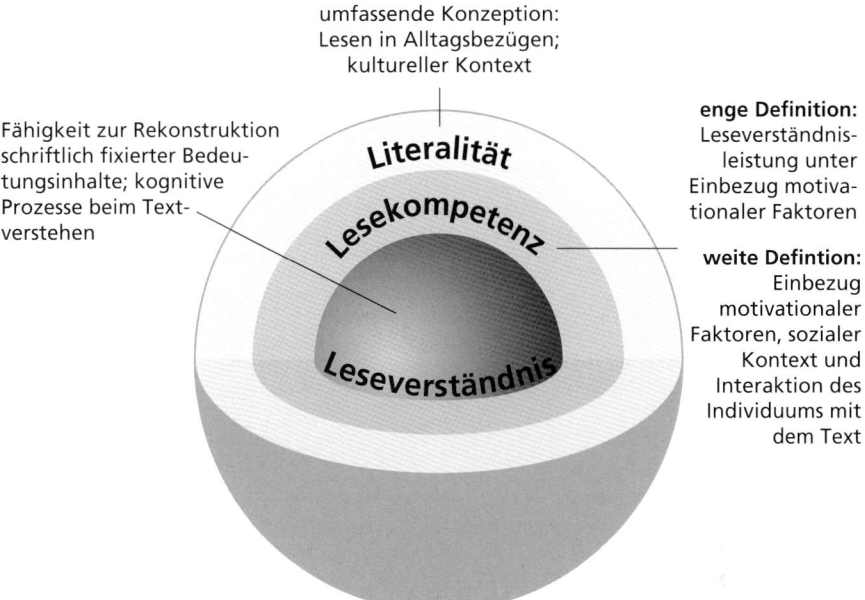

Abb. 2.12: Abgrenzung der Begriffe Leseverständnis, Lesekompetenz und Literalität. Die Begriffe sind sehr stark miteinander verwandt und unterscheiden sich vor allem durch die Theorietradition, aus der sie stammen, und durch ihre Breite. Häufig werden sie synonym gebraucht (Grafik Alexandra Lenhard).

Diese Forschungsrichtung beschäftigt sich mit der Frage, wie es dazu kommt, dass eine Person hohe Leistungen vollbringen kann. Im Zentrum steht dabei das Wechselspiel zwischen persönlichen Faktoren wie Fähigkeiten und Können, Vorwissen und Erfahrung sowie Motivation. *Lesekompetenz* bezeichnet in dieser Hinsicht nicht nur eine potenzielle, sondern eine tatsächlich erbrachte Leseverständnisleistung und beinhaltet deshalb neben kognitiven Faktoren auch motivationale (Leistungsbereitschaft, Selbstkonzept ...) und emotionale (Lernfreude, Interesse, Ängstlichkeit ...) Aspekte. Leider wird der Begriff aber nicht ganz einheitlich verwendet. So werden z. B. die *Kompetenzstufen* in der PISA-Untersuchung explizit als »Fähigkeit, Aufgaben mit unterschiedlich anspruchsvollen Anforderungsmerkmalen zu lösen«, bezeichnet (Stanat et al., 2002, S. 8). Dieser engen Definition schließen sich auch Klieme und Leutner (2006, S. 879) an. Sie definieren Kompetenzen als »kontextspezifische, kognitive Leistungsdispositionen«, was im Grunde mit dem Fähigkeitsbegriff gleichgesetzt werden kann, der dieses Konzept als eine auf verschiedenen Teilfähigkeiten beruhende Leistungsdisposition sieht (siehe Punkt 1.).

In der Lesedidaktik und den Kulturwissenschaften ist dieser Begriff erheblich breiter angelegt (vgl. Hurrelmann, 2002; Groeben, 2002). Dort schließt er nicht nur die individuelle Fähigkeit und motivational-affektive Prozesse mit ein, sondern enthält auch explizit die Einbettung in einen sozialen Kontext. Lesekompetenz ist in dieser Interpretation keine Eigenschaft eines Individuums, sondern bezeichnet die Wechselwirkung zwischen Individuum, Interpretation eines Textes und Selbstreflexion (»Welche Bedeutung hat der Text für mich?«) sowie der kulturellen Praxis, also dem sozialen Austausch über Textinhalte und -interpretationen (siehe auch Sutter, 2002). Anders ausgedrückt: Nach dieser Auffassung ändert sich die Lesekompetenz mit der Situation. Lesekompetenz ist keine Eigenschaft einer Person, sondern der gelungene soziale Austausch über einen Text in Abhängigkeit von individuellen Eigenschaften und Eigenschaften des Textes. Der Nachteil dieser Definition liegt darin, dass der Begriff schwer eingrenzbar und empirischer Forschung schlecht zugänglich ist.

Obwohl also der Begriff intuitiv verständlich ist, fehlt es auf wissenschaftlicher Seite »an einer umfassenden theoretischen Konzeptualisierung und entsprechenden Messinstrumenten« (Wild & Möller, 2009, S. 6). Es ist bislang unklar, wie differenziert eine Kompetenz definiert werden muss, wie von einer konkreten Aufgabenlösung auf eine Kompetenz geschlossen werden kann, wie verschiedene Kompetenzen voneinander abgegrenzt sind und ob verschiedene Ausprägungen einer Kompetenz beschrieben werden können (Husfeldt & Lindauer, 2009, S. 138; Diskussion von Kompetenzstufenmodellen ▶ Kap. 3.2). Obwohl (oder vielleicht weil) dieser Begriff inflationär gebraucht wird, fehlt ihm die nötige Präzision. Hurrelmann (2002, S. 17) verweist zudem darauf, dass mit einem solchen Begriff, der auch in der Alltagssprache verwendet wird, zahlreiche implizite Wertungen verknüpft sind, die nicht transparent gemacht werden. Sie verwendet hierfür die Bezeichnung »kryptonormative Konzeptualisierungen«. Unstrittig scheint dagegen zu sein, dass der Kompetenzbegriff im Gegensatz zum Leseverständnis motivationale und affektive Aspekte explizit mit einbezieht (Psychologie) oder den wechselseitigen Prozess der Auseinandersetzung mit dem Text in einem sozialen Kontext (Literaturwissenschaften) bezeichnet.

3. **Literalität**

Dieser Begriff lehnt sich an die im angloamerikanischen Bereich gebräuchliche Bezeichnung *literacy* an und stellt das Lesen in einen wesentlich umfassenderen kulturellen Kontext: Lesen und Verstehen sind nicht nur eine Tätigkeit auf individueller Ebene, sondern stehen auch in einem kulturellen und historischen Zusammenhang und sind deshalb abhängig von den sozio-kulturellen Bezügen, in denen ein Individuum aufwächst: »Learning and literacy are viewed partly as cultural and historical activities, not just because they are acquired through social interactions but also because they represent how a specific cultural group or discourse community interprets the world and transmits information. If the education community is to ensure universal success in reading comprehension, those in the community must understand the full range of sociocultural differences in communicative practices« (RAND, 2002, S. XVI). Das bedeutet, dass zu Literalität all jene schriftbezogenen Fähigkeiten und Tätigkeiten dazugehören, die für die reale Lebensbewältigung und die Teilhabe am kulturellen Leben notwendig sind (siehe auch Artelt et al., 2001). Konkret kann dies heißen, im Schwimmbad der Tafel mit den Eintrittspreisen den Preis für einen dreistündigen Aufenthalt für Jugendliche entnehmen zu können, die Entwicklung der Arbeitslosenzahlen in einem Schaudiagramm zu erfassen oder die jeweils aktuellen Memes und Emotionsgesichter in Textbeiträgen auf Social Media richtig deuten zu können. Eine solche Auffassung von Literalität wird beispielsweise in PISA vertreten. Man könnte den Begriff aber sogar noch weiter fassen und im Sinne von Schriftkultur verwenden. Diese würde nicht allein die Lese-, sondern auch die Schreibkompetenz umfassen, eine allgemeine Wertschätzung schriftlicher Kommunikation beinhalten und die Freude am Lesen und Schreiben mit einbeziehen.

2.4 Herausforderungen beim Lesen digitaler Inhalte

Die Art und Weise, wie wir lesen und wie wir Informationen recherchieren, wurde durch die digitale Revolution fundamental verändert. Das weltweite Wissen ist über das Internet unmittelbar auf unterschiedlichen Lesegeräten wie Computern, Tablets und Smartphones zugänglich. Die Fülle an Informationen stellt uns dabei vor besondere Herausforderungen. Und auch die Textformate ändern sich: Gelesen werden nicht mehr nur lineare Texte. Die Informationen sind stattdessen stark multimedial angereichert, hypertextuell organisiert und über viele verschiedene Quellen verteilt, die sich in ihrer Güte und Glaubwürdigkeit unterscheiden und deren Aussagen z. T. im Widerspruch zueinanderstehen. Folglich werden weiterführende Fähigkeiten notwendig, die über das Verstehen eines einzelnen Textes hinausgehen (s. Lenhard & Richter, 2024).

2.4.1 Lesen am Bildschirm

Eine intensive Forschung zu den Auswirkungen digitalen Lesens fand insbesondere in der Lehr-Lernforschung (s. Delgado & Salmerón, 2024) und der Testkonstruktion (z. B. Gnambs & Lenhard, 2023; Lenhard, Schroeders & Lenhard, 2017) statt. Die Auswirkungen digitaler Medien spielen dabei auf verschiedenen Ebenen eine Rolle:

- Darbietung: Der Effekt des Mediums selbst, also z. B. Lesen am Computerbildschirm versus auf dem kleinen Touch-Screen eines Smartphones versus auf Papier usw., wird als *Mode Effect* bezeichnet. Hierbei kann es beispielsweise eine Rolle spielen, dass sich die Darstellung zwischen gedrucktem und digitalem Text unterscheidet. Bei elektronischen Geräten kommt die Bedienung als schwierigkeitsgenerierender Faktor hinzu, aber andererseits kann in digitalen Texten leichter gesucht werden etc.
- Setting: Häufig bevorzugen wir in unterschiedlichen Situationen unterschiedliche Medien. Beispielsweise wählen viele Menschen bei der Freizeitlektüre eher ein gedrucktes Buch, wohingegen Nachrichtenmeldungen inzwischen vorzugsweise als digitaler Text rezipiert werden. Diese Nutzungsgewohnheiten unterliegen einem ständigen Wandel. Unter Umständen findet das Lesen am Bildschirm in

Situationen statt, in denen man unter Zeitdruck steht und die deshalb eine sehr schnelle Verarbeitung erfordern.
- Inhalte: Mit Unterschieden in Darbietung und Setting gehen auch Unterschiede in den Inhalten selbst einher, insbesondere, wie diese Inhalte aufbereitet sind. Texte im Internet sind meist erheblich kompakter gehalten, beinhalten ggf. multimediales Material und sie verteilen sich – im Falle eines Hypertextes – auf unterschiedliche Dokumente.

Im Hinblick auf den *Mode Effect* fanden zahlreiche Studien, die auf prüfungsartige Situationen abzielten, kleine bis mittlere Unterschiede in der Gesamtleistung bei der Übertragung traditionell papierbasierter hin zu computergestützten Testformaten (z. B. Schroeders & Wilhelm, 2011). Es gibt zudem deutliche Hinweise darauf, dass die Effekte maßgeblich von der Komplexität des Aufgabenmaterials, der Fähigkeit und dem Alter der lesenden Person abhängen (Lenhard, Schroeders & Lenhard, 2017; Singer, Alexander & Berkowitz, 2019). Menschen lesen am Bildschirm insgesamt schneller, dafür aber oberflächlicher. Sie können somit mehr Text verarbeiten, aber die Verarbeitungstiefe verändert sich. Der Leseprozess wird weniger präzise, was bei Aufgabenstellungen, die auf eine tiefe und präzise Verarbeitung abzielen, die Leistung ungünstig beeinflusst. Geht es dagegen um das schnelle Auffinden von Informationen, so ist das Lesen am Bildschirm von Vorteil. Dieser Unterschied ist umso stärker ausgeprägt, je einfacher das Textmaterial aufgebaut ist. Bietet man beispielsweise lediglich Sätze oder Wörter dar, so findet sich meist eine schnellere Verarbeitung an digitalen Endgeräten, bei einem gleichzeitigen Anstieg der Fehlerrate. In komplexem Material, beispielsweise bei längeren Texten, gehen die Unterschiede insgesamt zurück. Auch hängt es von der Fähigkeit der lesenden Person ab: Je geringer die Fähigkeiten ausgeprägt sind – und somit allgemein auch je jünger das Kind ist – desto stärker wird der Leseprozess durch das Medium beeinflusst: Der Fehleranteil ist bei jüngeren Kindern und Personen mit schwächeren Lesefähigkeiten deutlich höher, wenn sie am Bildschirm lesen, statt auf Papier. Diese Unterlegenheit des digitalen Lesens, insbesondere bei den leistungsschwächeren Personen, zeigte sich auch im PISA-Lesetest unter 15-jährigen Schülerinnen und Schülern und bei den Vergleichsarbeiten in der 8. Jahrgangsstufe, wenn die Aufgaben digital dargeboten werden (Robitzsch et al., 2020; Wagner, Loesche & Bißantz, 2021). Interessanterweise reduzierte sich im Zuge der Umstellung von einem papier- auf ein digitales Format zugleich auch der zuvor mittelgroße Unterschied zwischen Mädchen und Jungen. Metaanalysen spezifizieren die Effekte des Bildschirmlesens je nach Aufgabenmaterial etwa im Bereich zwischen $d = -0.2$ bis $d = -0.5$ (Delgado et al., 2018; Delgdo & Salmerón, 2024). Der Effekt hat sich in den letzten beiden Jahrzehnten eher verstärkt als abgeschwächt, jedoch sind neuere Endgeräte wie Tablets möglicherweise weniger stark betroffen (s. u., Gnambs & Lenhard, 2023).

Dieses Phänomen des häufig oberflächlicheren Lesens am Bildschirm wird als *Screen Inferiority Effect* bezeichnet (z. B. Delgado & Salmerón, 2024). Hierfür könnten Eigenschaften des Mediums selbst (z. B. komplexere Bedienung, schnellere Ermüdung durch das Hintergrundlicht, starre Aufgabenfolge in Testverfahren …) oder veränderte kognitive und motivationale Prozesse bei den Lesenden verantwortlich sein. Vieles spricht dafür, dass die Ursache v. a. in (a) Verarbeitungsstilen, (b) der Regulation des Leseprozesses und (c) in motivationalen Faktoren begründet ist als im Medium selbst (z. B. Ben-Yehudah & Eshet-Alkalai, 2021):

a. Das Lesen am Bildschirm ist stärker mit dem Lesen in der Freizeit und schneller Kommunikation in Messaging-Diensten assoziiert und diese Verarbeitungsstile werden schließlich auf Situationen übertragen, in denen statt Skimming und Scanning ein tiefergehendes Verständnis notwendig wäre. Diese oberflächlichen Strategien können sehr funktional sein, um schnell einen Überblick zu erhalten, aber sie sind eher nicht dazu geeignet, ein tiefgehendes Verständnis zu etablieren.
b. Ursächlich verantwortlich könnte ebenfalls eine Fehlallokation von kognitiven Ressourcen sein: Die Einschätzung des eigenen Verständnisses beim Lesen am digitalen Endgerät ist ungenauer und überhöht. In der Folge investieren Menschen nicht die Anstrengung, die eigentlich gebraucht würde, um das Situationsmodell eines Textes aufzubauen. Diese Einschätzung des eigenen Verständnisprozesses und die Allokation kognitiver Ressourcen in Abhängigkeit von der Schwierigkeit des Textmaterials wird als metakognitive Kalibrierung bezeichnet (Ackerman & Goldsmith, 2011). Gelingt sie schlechter, dann wird der Verständnisprozess schlechter reguliert.
c. Die Bereitschaft, Anstrengung zu investieren, ist beim Lesen am Bildschirm geringer ausgeprägt. Beispielsweise wird beim Lesen von Internetseiten im Falle von Schwierigkeiten schneller abgebrochen und nach anderen Informationsquellen gesucht.

Für die Vergangenheit ist der Screen-Inferiority-Effekt sehr gut belegt. Mit der Änderung der Nutzungsgewohnheiten hin zum Lesen am Bildschirm und der weiten Verbreitung digitaler Medien auch in schulischen und akademischen Settings, könnte sich dieser Umstand ändern. Während früher das Lesen gedruckten Materials der Standard war und Bildschirmlesen damit verglichen wurde, wird auch im schulischen Bereich das Lesen am Bildschirm immer mehr die Regel. Beispielsweise sind Tablets im Unterricht immer stärker verbreitet und sie werden immer aktiver genutzt. Zur Prüfung, ob der Leseprozess auf dem Tablet stärker mit dem Lesen auf Papier vergleichbar ist, eignen sich insbesondere wiederum hochgradig standardisierte Lesesituationen, wie wir sie in Prüfungen und standardisierten Testverfahren finden. Beispielsweise führten Gnambs und Lenhard (2023) eine Analyse durch, bei denen der Textverständnistest von ELFE-II (▶ Kap. 3.5; Lenhard et al., 2017) zur Anwendung kam. Zu Beginn des ersten Lockdowns der COVID-19-Pandemie wurde der Test zu Hause am eigenen Computer oder Tablet unter Aufsicht bearbeitet. Wir verglichen die Verteilung und Aufgabencharakteristika mit den Ergebnissen des Normierungssamples (Computer- und Papierfassung). Wie erwartet, zeigte sich erneut ein Mode-Effekt bei der Verwendung der Computerfassung. Die Leistungsverteilung und die Aufgabencharakteristika beim Arbeiten am Tablet ähnelten dagegen dem Lesen auf Papier sehr stark. Die Leistung war sowohl bei der Verwendung des Tablets als auch der Papierfassung dem Arbeiten am Computer überlegen. Das Setting – Untersuchung in der Schule versus zu Hause, sofern es sich um Individualtestungen handelte – spielte dagegen kaum eine Rolle. Allerdings zeigte sich erneut eine Abhängigkeit von der Leistungsfähigkeit des Kindes: Je niedriger die Fähigkeit ausgeprägt war, desto stärker schlugen Effekte des Mediums und des Settings zu Buche.

2.4.2 Quellenglaubwürdigkeit und multiple Dokumente

Eine weitere Herausforderung beim Lesen digitaler Texte besteht darin, die Informationen verschiedener Quellen zusammenzuführen – die sog. *intertextuelle Integration* (Lenhard & Richter, 2024). Beim Recherchieren im Netz werden häufig mehrere Quellen gelesen, die sich inhaltlich teilweise überlappen, teilweise unterschiedliche Begrifflichkeiten verwenden und die sich widersprechen können. Während mittlerweile intensiv beforscht wurde, welche Schwierigkeiten beim Lesen multipler Dokumente bei erwachsenen Personen auftreten, ist bislang noch wenig über die Fähigkeit zur intertextuellen Integration von Kindern und Jugendlichen bekannt. Allerdings existieren bereits Diagnoseinstrumente (Schoor et al., 2024) und auch die Förderbarkeit gilt als belegt, beispielsweise über die Beurteilung der Glaubwürdigkeit verschiedener Quellen, dem sog. *Sourcing* (Phillip, 2024). Die Besonderheit dieser Lesesituation besteht darin, dass nicht allein ein Situationsmodell eines Dokuments bzw. mehrerer Texte generiert werden muss, sondern dass die Dokumente eigenständig repräsentiert werden müssen, inklusive einer Bewertung ihrer Quelleninformationen. Zusätzlich müssen ihre inhaltlichen und argumentativen Beziehungen einbezogen werden, einschließlich der zwischen den Texten bestehenden Widersprüche. Die entstehende mentale Repräsentation wird als *Dokumentenmodell* bezeichnet (Perfetti, Rouet & Britt, 1999), da dieses mehrere eigenständige Texte enthält.

Die Fähigkeit zur Bewertung der Glaubwürdigkeit von Quellen ist von herausragender Bedeutung, besonders wenn man sich die hohe Gefahr und ständige Bedrohung durch Desinformationskampagnen im Internet vor Augen hält. Leider gelingt es Leserinnen und Lesern sehr häufig schlecht, Fehlinformationen zu erkennen. Das entstehende Dokumentenmodell ist in diesem Fall lücken- und fehlerhaft. Zudem führen vorab bestehende Überzeugungen der Leserinnen und Leser zu einer einseitigen Fokussierung auf überzeugungskonsistente Informationen (sog. Text-Überzeugungskonsistenz-Effekt; Richter & Abendroth, 2017). Nur wenn Leserinnen und Leser motiviert sind, ein korrektes Urteil zu bilden, wenn sie die notwendigen kognitiven Ressourcen und Fähigkeiten haben, dann kann es ihnen gelingen, ein nicht-verzerrtes Modell zu generieren (▶ Abb. 2.13). Zudem muss bei Dokumenten aus dem Internet sehr genau geprüft werden, von wem eine Information stammt und ob die Quelle vertrauenswürdig ist. In diesem Zusammenhang hat sich das RESOLV-Modell (▶ Kapitel. 2.1.3) als Rahmenmodell etabliert, da es ein größeres Spektrum von Strategien umfasst als das Verstehen eines Textes von Grund auf.

Zusammenfassend lässt sich festhalten, dass das Lesen am Bildschirm besondere Herausforderungen beinhaltet: Es zeigen sich häufig weniger tiefgehende Leseleistungen bei gleichzeitiger Erhöhung der Menge, was auf eine oberflächlichere, dafür aber schnellere Verarbeitung zurückgeführt werden kann. Das Lesen auf Papier und

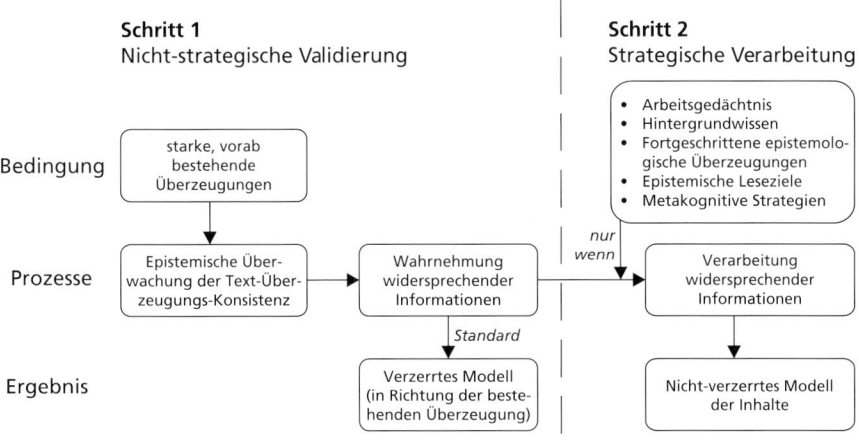

Abb. 2.13: Zwei-Stufen-Modell der Verarbeitung und Validierung multipler Dokumente. Beim Vorliegen starker, vorab bestehender Überzeugungen werden bevorzugt jene Informationen verarbeitet, die der eigenen Überzeugung entsprechen. Nur wenn die Bereitschaft zur tiefgehenden Verarbeitung vorliegt, Vorwissen verfügbar ist und kognitive Ressourcen frei sind, dann besteht die Möglichkeit, eine unverzerrte Repräsentation der Dokumentinhalte zu etablieren.

am Bildschirm dient teilweise unterschiedlichen Zwecken. So wie Gummistiefel nicht zum Klettern im Hochgebirge geeignet sind und sich sehr schlecht zu einem Abendkleid machen, dafür aber die ideale Ausstattung für eine Wattwanderung darstellen, so spielen digitale und analoge Medien in unterschiedlichen Settings und für spezifische Leseanlässe ihre Stärken und Schwächen aus. Es wäre deshalb möglicherweise besser, nicht von einem »Screen-Inferiority-Effekt« zu sprechen, sondern Vorteile der verschiedenen Medien gezielt einzusetzen.

Beim Lesen von multiplen Internetdokumenten kommt es darauf an, die Informationen aus verschiedenen Quellen zu integrieren und dabei die Glaubwürdigkeit der Quellen zu beurteilen. Diese Kompetenzen müssen zum festen Bestandteil der Lesedidaktik werden.

2.5 Die aktuelle Situation – zentrale Befunde internationaler Schulleistungsstudien

Wohl keine wissenschaftlichen Untersuchungen beeinflussten in den letzten Jahrzehnten das Bildungssystem auf vergleichbare Weise, wie die seit 2000 in regelmäßigen Abständen stattfindenden Studien des *Programme for International Student Assessment* (PISA) der Organisation für Wirtschaftliche Zusammenarbeit und Entwicklung (OECD) und der *Progress in International Reading Literacy Study* (PIRLS; in

Deutschland IGLU) der *International Association for the Evaluation of Educational Achievement* (IEA). Während PISA die Leistungen 15-jähriger Jugendlicher in den Kernbereichen Lesekompetenz, mathematische und naturwissenschaftliche Kompetenz international vergleicht, steht bei PIRLS/IGLU die Lesekompetenz von Kindern am Ende der Grundschule im Fokus. Die v. a. mit der ersten Welle von PISA im Jahr 2000 einhergehende Ernüchterung über das Schulleistungsniveau und dabei vor allem die mangelnde Beherrschung von Kulturtechniken bei Jugendlichen wurde vielfach als »PISA-Schock« bezeichnet (siehe Klieme et al., 2010). Dabei war zu diesem Zeitpunkt durch vorangegangene Studien, insbesondere TIMSS (*Trends in International Mathematics and Science Study*), die Situation bereits seit Jahren offenkundig. Besondere Aufmerksamkeit erregte das leicht unterdurchschnittliche Abschneiden deutscher Schülerinnen und Schüler im Vergleich zu anderen OECD-Staaten, wohingegen andere, wesentlich alarmierendere Befunde nicht in gleichem Maße wahrgenommen wurden. Hierzu zählten:

- das starke Leistungsgefälle innerhalb der Schülerschaft und damit verbunden die vergleichsweise große Gruppe an Jugendlichen mit gering ausgeprägten Lesekompetenzen,
- die hohe Abhängigkeit des Bildungserfolgs vom sozialen Hintergrund,
- der sehr stark ausgeprägte Unterschied zwischen der Lesekompetenz von Jugendlichen mit und ohne Migrationshintergrund sowie – etwas schwächer – die Diskrepanz zwischen Mädchen und Jungen (▶ Kap. 2.6.3),
- das geringe Ausmaß an Lesefreude bzw. der große Anteil von Schülerinnen und Schülern, die angaben, nicht zum Vergnügen zu lesen.

2.5.1 Leseleistung am Ende der vierten Grundschulklasse (IGLU)

IGLU ist darauf ausgerichtet, die Lesekompetenzen der Kinder am Ende der Grundschulzeit zu ermitteln und diese international zu vergleichen. Es geht folglich um elementare Bildungsprozesse, die als Fundament der Literalisierung und Alphabetisierung angesehen werden. Wie auch PISA findet diese Studie international seit dem Beginn des Jahrtausends statt, mit einem Abstand von 5 Jahren zwischen den einzelnen Wellen. Anders als bei PISA, dessen Ergebnisse der ersten Welle sehr stark rezipiert wurden, fielen die Ergebnisse in IGLU (*Internationale Grundschul-Lese-Untersuchung*; siehe Bos et al., 2003) zunächst weniger gravierend aus. Am Ende der 4. Klasse im Jahr 2001 lag in Deutschland ein durchschnittliches Lesekompetenzniveau vor, das mit den Leistungen in anderen europäischen Ländern vergleichbar war. Die Leistungsvariabilität war im Vergleich zu anderen Ländern gering, und auch der Leistungsunterschied zwischen Mädchen und Jungen war kleiner als in PISA. Auch die Ergebnisse von IGLU aus dem Jahr 2006 dokumentieren eine insgesamt erfreuliche Situation mit einer deutlich überdurchschnittlichen Leistung deutscher Kinder, bei gleichzeitig niedriger Streuung (Bos et al., 2007, S. 113 f.). Der Anteil schwacher Leserinnen und Leser (operationalisiert über die Zugehörigkeit zur Niveaustufe II oder darunter) war mit 13.2 % eher klein. Die Viertklässler gaben an, überdurchschnittlich häufig zu lesen und das Lesen machte den meisten von ihnen Spaß.

Das Jahr 2006 markiert leider vorläufig den Zenit der Lesekompetenz am Ende der Grundschule. Sie stagnierte 2011 und 2016 zunächst auf dem Ausgangsniveau von 2001 und fiel in der Untersuchung 2021 deutlich auf 524 Punkte zurück (Frey et al., 2023). Gleichzeitig vergrößerte sich bereits in der Untersuchung von 2016 die Leistungsstreuung. Der Anteil an Schülerinnen und Schüler, die die Kompetenzstufe III nicht erreichen, verdoppelte sich im Vergleich zum Jahr 2006 annähernd auf 25.4 %. Diese Effekte lassen sich nicht allein durch den Anstieg des Anteils von Kindern mit Migrationshintergrund erklären. Der Effekt der COVID-19-Pandemie und der damit einhergehenden Schulschließungen wird von Frey et al. (2023) für Österreich auf -14 und für Deutschland auf -10 Punkte geschätzt. Die Pandemie kann also den Einbruch ebenfalls nur z. T. erklären. Trotz aller Anstrengungen zeigt sich somit bereits seit mehreren Untersuchungswellen eine durchweg ungünstige Entwicklung in Deutschland, die sich ähnlich auch in den Niederlanden und Schweden abzeichnet.

2.5.2 Leseleistung am Ende der Pflichtschulzeit (PISA)

Gemäß den Definitionen der UN (2020) und der UNESCO (2016) markiert das Alter von 15 Jahren das Ende der Pflichtschulzeit. Je nach Land beginnen viele Menschen nun Ausbildungen oder eine Erwerbstätigkeit. 15-jährige Menschen befinden sich etwa in der achten Klasse, die somit einen Minimalkonsens darüber darstellt, wie lange eine formelle Beschulung mindestens andauern sollte. PISA ist etwa in diesem Alter angesetzt. Jede dritte Untersuchung ist bei PISA, die alle drei Jahre stattfindet, dem Schwerpunkt Lesekompetenz gewidmet. Dieser Bereich stand 2000, 2009 und 2018 im Fokus. Die COVID-19-Pandemie führte zu einer Verschiebung der Welle von 2021 auf 2022 und zukünftige Studien finden dementsprechend 2025 und 2028 statt.

Die Ergebnisse der ersten Untersuchung und die hierdurch dokumentierten Schwachstellen des deutschen Bildungssystems führten zu einer großen öffentlichen Aufmerksamkeit und Diskussion und zu erheblichen Anstrengungen und Umstrukturierungen im Bildungswesen (Klieme et al., 2010, S. 288). Hierzu gehörten die stärkere Fokussierung auf Leistungsergebnisse, der Ausbau von Evaluationssystemen und die stärkere Eigenverantwortlichkeit der Schulen. Diese Bemühungen trugen zunächst Früchte: Im Laufe der 15 Jahre nach der ersten Erhebung zeigte sich eine positive Veränderung: Während die durchschnittlich OECD-weit erzielte Leistung z. T. durch die zusätzliche Teilnahme von Staaten mit schwächerer Leistung von 500 auf 493 Punkte zurückging, verzeichnete Deutschland als eines von nur fünf OECD-Ländern eine fortlaufende Verbesserung um insgesamt 20 Punkte auf der PISA-Skala (Weis et al., 2016, S. 277). Den vorläufigen Höhepunkt markiert das Jahr 2015, danach kam es zu einem sehr starken, sich zunehmend beschleunigenden Einbruch. Dies sind die wichtigsten Entwicklungen:

1. Über die Jahre nahm in Deutschland die Lesekompetenz signifikant zu und lag 2015 mit 509 Punkten signifikant über dem OECD-Durchschnitt (493 Punkte). Diese Zunahme war maßgeblich auf die Halbierung des Anteils an Jugendlichen mit sehr niedrig ausgeprägten Lesekompetenzen zurückzuführen. In diesem Leistungsbereich sind Jugendliche mit Migrationshintergrund stark überrepräsentiert und die verbesserte Förderung dieser Jugendlichen schlug sich positiv nieder (siehe Naumann et al., 2010, S. 61 f.): Der Anteil von Schülerinnen und Schülern mit einer extrem niedrigen Lesefähigkeit (unter Niveau 1a) reduzierte sich von 9.9 % auf 5.2 %. Von dieser positiven Entwicklung profitierten Mädchen wie Jungen gleichermaßen, wobei die Geschlechterdifferenz zunächst leicht zunahm (S. 52 f.). Seit 2009 gab es jedoch keine bedeutsame Reduktion des Anteils der Jugendlichen auf Stufe 1 mehr (Weis et al., 2016, S. 272). Der vorläufige Höhepunkt war zudem nicht nachhaltig. Zunächst 2018 und sich dann sehr stark beschleunigend im Jahr 2022 (Heine et al., 2023) kam es zu einem sehr starken Rückgang der Leistung auf das Niveau unterhalb der ersten Welle aus dem Jahr 2000. Zu diesem Rückgang trug auch die Corona-Pandemie bei, jedoch kann der Einbruch nicht allein hierdurch erklärt werden. Der Rückgang setzte – wie in IGLU – bereits zuvor ein, in PISA lediglich etwas zeitversetzt. Alle deutschsprachigen Länder befanden sich 2022 annähernd auf dem gleichen, besorgniserregenden Leistungsniveau.
2. Der Anteil der sehr schwachen Leserinnen und Leser war 2022 mit 25.5 % zwar nicht deutlich anders ausgeprägt als im OECD-Durchschnitt (Heine et al., 2023), jedoch stellt dies eine deutliche Zunahme im Vergleich zur ohnehin bereits schwachen Welle von 2018 dar. Angesichts der enormen Einschränkung der Lebensperspektiven dieser Personen und auch im Hinblick auf die gesellschaftliche Notwendigkeit zur Gewinnung qualifizierten Nachwuchses, kann dieser Zustand als nicht hinnehmbar bezeichnet werden.
3. Der Rückgang in der Lesekompetenz ist ein Phänomen, das sich bei fast allen teilnehmenden Ländern zeigt. Der Rückgang setzte in der OECD bereits 2012 ein und er beschleunigte sich zuletzt, wenn auch weniger stark als in Deutschland.
4. Über die Zeit hinweg nahm der Unterschied zwischen Mädchen und Jungen deutlich ab. Wie in fast allen OECD-Ländern sind auch in Deutschland weibliche Jugendliche im Lesen kompetenter. 2022 betrug der Unterschied 20 Punkte auf der PISA-Skala (Heine et al., 2023). Die Effektstärke beträgt somit $d = 0.20$, was als kleiner Effekt interpretiert werden kann (▶ Kap. 2.6.3).
5. Das Lesestrategiewissen war bei deutschen Jugendlichen im internationalen Vergleich sehr gut ausgeprägt (Artelt, Naumann & Schneider, 2010, S. 93), ohne dass sich dies in den Leistungsergebnissen niederschlägt. Dies kann als Hinweis darauf verstanden werden, dass der Förderbedarf stärker in anderen Bereichen zu suchen ist.
6. Die Lesefreude von Jugendlichen in Deutschland ist deutlich ungünstiger ausgeprägt als im OECD-Durchschnitt (Diedrich et al., 2019). Jungen geben mit 60.6 % deutlich häufiger an, ungern zu lesen, als Mädchen (36.0 %). Die Lesefreude ging seit 2009 systematisch zurück.
7. Eine sehr deutliche Steigerung der Lesekompetenz war bei Jugendlichen mit Migrationshintergrund in der zweiten Generation bis einschließlich 2018 zu

beobachten (▶ Kap. 2.6.2). Ihre Lesekompetenz nahm zu, der Abstand zu Jugendlichen ohne Migrationshintergrund (im Schnitt 514 Punkte) nahm signifikant ab (Stanat, Rauch & Segeritz, 2010, S. 211). Besonders günstig entwickelte sich die Situation bei Kindern von Einwanderern aus der ehemaligen UdSSR, wohingegen die Entwicklung bei Jugendlichen aus türkischsprachigen Familien zwar ebenfalls positiv ausfiel, aber weniger stark ausgeprägt war (S. 224f.). Auch nahm der Zusammenhang zwischen der Familiensprache und der Lesekompetenz ab, was als Hinweis auf die Verbesserung von Kompensationsmöglichkeiten in den Schulen gedeutet werden kann. Für die Welle aus dem Jahr 2022 liegen keine Daten vor, da Lesekompetenz bei dieser Untersuchung nicht im Fokus stand.
8. Der soziale Gradient, also das Maß für die Abhängigkeit des Bildungserfolgs vom sozialen Hintergrund, ist in Deutschland, Österreich und der Schweiz überdurchschnittlich steil. Es gelingt im deutschen Sprachraum folglich nicht gut, soziale Risiken zu kompensieren (Weis et al., 2019a, 2019b). Dies betrifft alle drei Länder in gleichem Ausmaß.

Insgesamt lässt sich festhalten, dass sich die anfänglichen Erfolge in der Literalisierung in jüngeren Untersuchungen nicht aufrechterhalten lassen. Dies betrifft den Grundschul-, wie auch den Sekundarbereich. Die ungünstige Entwicklung lässt sich international auf breiter Basis beobachten. Sie ist auch, aber keineswegs ausschließlich auf die Schulschließungen in der Corona-Pandemie zurückzuführen.

2.6 Schwache Leserinnen und Leser

Einem erheblichen Anteil von Schülern und Schülerinnen gelingt es nicht, Lesefähigkeiten zu entwickeln, die über ein basales Niveau hinausgehen. Greift man auf die Ergebnisse von IGLU zurück, so befanden sich in der Untersuchung von 2021 25.4% der Schülerinnen und Schüler auf Kompetenzstufe I oder II (Frey et al., 2023), mit einem insgesamt negativen Trend seit 2011. Der Anteil liegt zwar noch im EU-Durchschnitt, dennoch besteht aufgrund der mit diesen schwachen Fähigkeiten einhergehenden schulischen, beruflichen und gesellschaftlichen Einschränkungen ein sehr großer Handlungsbedarf. In der Diskussion um die Ursachen rückten drei Gruppen von Kindern und Jugendlichen in den Fokus, in denen ein erhöhter Anteil schwacher Leserinnen und Leser zu finden ist. Hierzu gehören Kinder und Jugendliche mit Migrationshintergrund, Jungen und Kinder und Jugendliche aus Elternhäusern mit niedrigem sozioökonomischem Status (siehe Naumann et al., 2010; ▶ Kap. 2.3f.). Ergänzend wird hier zudem die besondere Situation funktionell illiterater Erwachsener beleuchtet.

2.6.1 Familiärer Hintergrund und sozioökonomischer Status

Die Familie ist eine der wichtigsten Instanzen der Lesesozialisation: Sie spielt bereits sehr frühzeitig eine Rolle und wirkt über einen sehr langen Zeitraum (Philipp, 2011, S. 87). Betrachtet man die Einflüsse des familiären Hintergrunds, so muss zwischen den Statusmerkmalen und den Prozessmerkmalen unterschieden werden. Statusmerkmale beziehen sich auf die soziale Herkunft, also beispielsweise auf Schichtzugehörigkeit, Einkommen, Ausbildung der Eltern etc., wohingegen Prozessmerkmale konkrete Bildungsprozesse innerhalb der Familien umfassen. Hierzu zählen Aspekte wie kulturelle Besitztümer, lesebezogene Überzeugungen, Lesemotivation und Leseverhalten der Eltern. Sowohl Status- als auch Prozessmerkmale beeinflussen die Lesekompetenz von Kindern und Jugendlichen. Da Prozessmerkmale unmittelbarer mit der Leseentwicklung in Zusammenhang stehen (▶ Abb. 2.14), erklären sie die Unterschiede in der Lesekompetenz in der Regel direkter. Auch Statusmerkmale stehen mit der Lesekompetenz in Zusammenhang, werden aber vermutlich über Erziehungsprozesse (*Prozessmerkmale*) in der Familie vermittelt. Selbst bei gut ausgeprägten Statusmerkmalen kann die Leseerziehung in einer Familie ungünstig ausfallen. Genauso stellen vordergründig ungünstige Verhältnisse nicht zwangsläufig ein Risiko dar (vgl. Beispiel 2.9):

Beispiel 2.9: Bedeutung von Status- und Prozessmerkmalen

Stellen Sie sich vor, ein studentisches Paar hat ein gemeinsames Kind, das die Grundschule besucht. Die Eltern haben keine abgeschlossene Ausbildung und beziehen ausschließlich BAFöG-Leistungen. Die Familie lebt also von Sozialleistungen und verfügt über sehr wenige finanzielle Ressourcen. In Bezug auf *Statusmerkmale* ist die Ausgangslage der Familie extrem ungünstig: Das Familieneinkommen bewegt sich unter der Armutsgrenze, die Eltern haben zwar einen Schulabschluss aber noch keinen erlernten Beruf etc. In Bezug auf die *Prozessmerkmale* stellt sich das Bild aber möglicherweise völlig anders dar: Die Eltern sind stark an Bildung interessiert, lesen selbst sehr viel, vermitteln ihrem Kind das Interesse an Schriftsprache und sind in der Lage, dem Kind sehr gute Unterstützung beim Erwerb schulischer Fähigkeiten zu geben. Sie können Leistungsprobleme frühzeitig erkennen und kompensieren und sie kennen und nutzen attraktive Bildungsressourcen (z. B. öffentliche Bibliotheken). Es liegt nahe, dass das Kind trotz ungünstiger Statusmerkmale eine sehr gute Basis zur Entwicklung von Literalität hat.

Statusmerkmale

Zur Erfassung der sozialen Herkunft existieren verschiedene Indikatoren und Indizes. Zu ihnen zählt man z. B. das Bildungsniveau der Eltern, das Einkommen und das Prestige des ausgeübten Berufs (Ehmke & Jude, 2010, S. 233 f.) sowie den Migrationsstatus. Weitere Merkmale stellen die Anzahl der Geschwister, die Erwerbstätigkeit der Eltern und das Aufwachsen in einer Ein-Eltern-Familie versus mit beiden Eltern dar. Die Gesamtheit der Statusmerkmale erklärte in verschiedenen PISA-Kohorten zwischen 25 % (bezogen auf PISA 2000; Watermann & Baumert, 2006, S. 77) und 12.5 % (bezogen auf PISA 2009; Ehmke & Jude, 2010, S. 233 f.) der Lesekompetenzleistung. Der Einfluss der Statusmerkmale auf die Lesekompetenzentwicklung halbierte sich folglich im Zeitraum zwischen 2000 und 2009 (▶ Kap. 2.5).

Prozessmerkmale

Prozessmerkmale beziehen sich unmittelbar auf familiäre Lebensbedingungen, wie die kulturellen und sozialen Ressourcen, kulturelle Beteiligungsmöglichkeiten und den kommunikativen Umgang miteinander (Watermann & Baumert, 2006). Sie stellen die unmittelbare Grundlage für das Gelingen von Bildungskarrieren dar. Konkret erfragt werden in Untersuchungen Variablen über die verfügbaren Kulturgüter in der Familie (z. B. »Wie viele Bücher gibt es bei dir zu Hause?«) oder über die Kommunikation in der Familie (z. B. »Wie oft diskutieren deine Eltern mit dir über Bücher, Filme oder Fernsehsendungen?«).

Prozessmerkmale erklärten in verschiedenen Kohorten von PISA über die Funktion als Vermittler von Statusmerkmalen hinaus weitere 10 % (bezogen auf PISA 2000; Watermann & Baumert, 2006, S. 77) bzw. 7 % (bezogen auf PISA 2009; Ehmke & Jude, 2010, S. 233 f.) der Lesekompetenzleistung. Bei einer unabhängigen Betrachtung aller Status- und Prozessmerkmale hat die Lesemotivation der Eltern den stärksten direkten Einfluss auf die Lesekompetenz (Hertel, Jude & Naumann, 2010, Tab. 7.3.1).

Der Einfluss dieser Merkmale auf die Lesekompetenzentwicklung von Kindern und Jugendlichen ist sehr stark. Ordnet man Kinder anhand des höchsten erzielten Bildungsabschlusses der Eltern und verfolgt die mittlere Leistungsentwicklung dieser verschiedenen Kohorten, so erhält man ein recht klares Bild (▶ Abb. 2.15): Die Gruppen unterscheiden sich relativ stark und dieser mittlere Unterschied bleibt über die verschiedenen Klassenstufen hinweg konstant. In der Hamburger KESS-Studie (siehe Wendt et al., 2010) betrug der mittlere Unterschied zwischen Kindern, deren Eltern einen Hochschulabschluss erreichten, und Kindern, deren Eltern maximal einen Hauptschulabschluss hatten, in der 4., 7. und 8. Klasse etwa 115 Punkte. Die Leistungsentwicklung von der 4. bis zur 8. Klasse fiel dagegen in jeder Kohorte mit etwa 145 Punkten nur etwas höher aus. Der mit dem unterschiedlichen Bildungsniveau der Eltern assoziierte Unterschied im Leistungsniveau der Kinder und Jugendlichen entspricht somit in etwa dem Leistungsunterschied zwischen der 4. und der 8. Klasse in den einzelnen Kohorten.

Häusliches Umfeld

Betrachtet man einige konkrete Variablen zum Umfeld der Jugendlichen, so zeigt sich, dass das Vorhandensein eines Fernsehers oder einer Spielekonsole im eigenen Zimmer mit einer niedrigeren Lesekompetenz in Zusammenhang steht (Naumann et al, 2010, S. 51). Auch in IGLU stellte häufiger Fernsehkonsum einen Risikofaktor

2 Leseverständnis und Lesekompetenz – Was ist das?

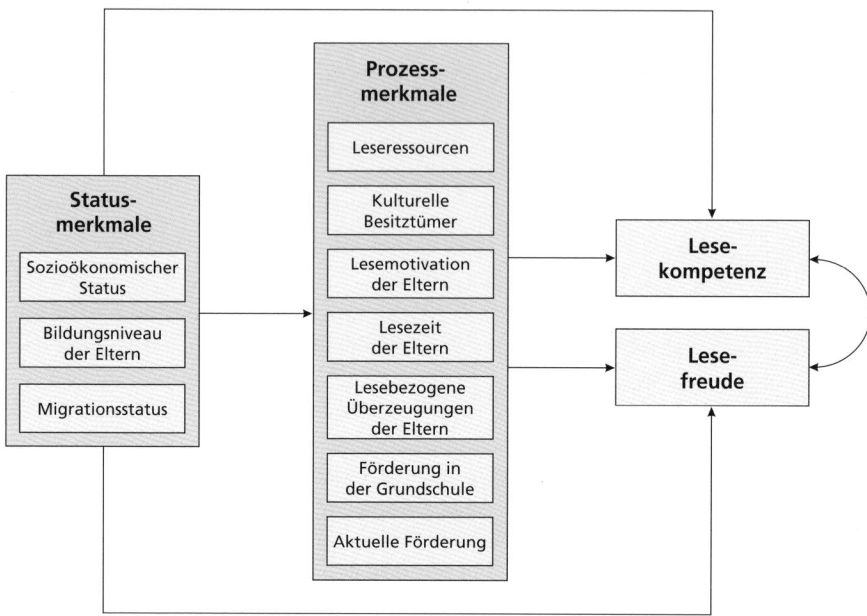

Abb. 2.14: Zusammenhänge zwischen Status- und Prozessmerkmalen sowie Lesekompetenz und Lesefreude (Darstellung nach Hertel, Jude & Naumann, 2010, S. 268)

für die Lesekompetenz von Viertklässlern dar (Valtin et al., 2010). Es ist anzunehmen, dass diese Geräte die Lesekompetenzen nicht unmittelbar negativ beeinflussen, sondern eher im Sinne einer Verdrängung von Leseaktivitäten wirken. Auf der anderen Seite steht das Vorhandensein von Hörbüchern, Büchern mit Gedichten und klassischer Literatur in positivem Zusammenhang mit der Lesekompetenz.

Kontrolliert man in den Analysen zum familiären Hintergrund die Lesemotivation und das Lesestrategiewissen, so verschwinden die Unterschiede in der Lesekompetenz zwischen Jugendlichen aus bildungsnahen und bildungsfernen Elternhäusern (Artelt, Naumann & Schneider, 2009, S. 108). Es liegt deshalb nahe, dass die attraktivere Lernumwelt und das Lesevorbild der Eltern in anregungsreichen Familien wesentlich zu einer höheren Kompetenz beitragen, wobei die Ergebnisse aufgrund ihres querschnittlichen Charakters nicht kausal interpretiert werden können. Die Effekte der lesebezogenen Interaktionen auf die Entwicklung der Kinder beginnen bereits sehr früh und sie wirken über einen langen Zeitraum. Effekte des Beginns des (dialogischen) Lesens in der frühen Kindheit sind bis in die Grundschule nachweisbar (Lenhart, Suggate & Lenhard, 2022) und je früher damit begonnen wird, desto besser. Bezüglich des Alters sind dabei nach unten keine Grenzen gesetzt. Zu Beginn, d.h. am Ende des ersten Lebensjahres, sind dies selbstverständlich noch keine Vorlesebücher. Stattdessen profitieren Kinder von der Benennung von Objekten in Bilder- und Wimmelbüchern. Später entfalten v. a. dialogische Formen des gemeinsamen Lesens und Geschichten-Erzählens eine positive Wirkung (▶ Kap. 4.1.1).

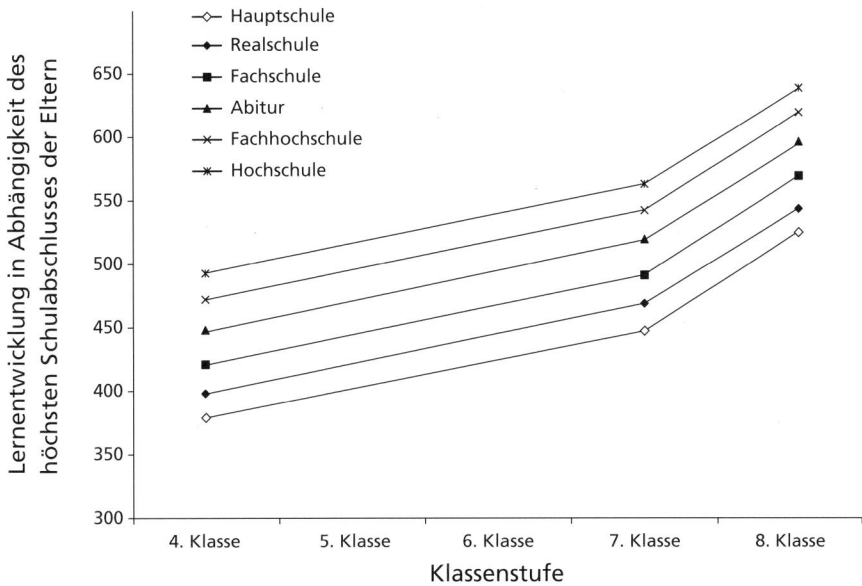

Abb. 2.15: Leistungsentwicklung in der KESS-Studie (Wendt et al., 2010, Tab. 2.7) in Abhängigkeit vom höchsten erzielten Bildungsabschluss der Eltern. Die Gruppen entwickeln sich parallel. Der Unterschied pro Messzeitpunkt ist fast so groß wie die Leistungsentwicklung zwischen der 4. und der 8. Klasse. Die Ergebnisse sind auf einen Gesamtmittelwert von $M = 500$ skaliert. Die Standardabweichung beträgt zu jedem Messzeitpunkt in jeder Gruppe etwa $sd = 80$.

2.6.2 Mehrsprachigkeit und Migration

Der Anteil von Kindern und Jugendlichen mit Migrationshintergrund ist nicht einfach zu spezifizieren, da die Schulstatistiken lediglich ausländische Staatsbürgerschaft erfassen. Zum einen kann ein Kind mit deutscher Staatsbürgerschaft im Ausland geboren sein und anderssprachig aufwachsen. Zum anderen fällt auch ein Zuzug aus Österreich oder der Schweiz in diese Kategorie, dürfte sich allerdings aufgrund der gemeinsamen sprachlichen Basis meist nicht in relevanter Weise auf Schulleistungen auswirken. Als Migrationshintergrund im Sinne des statistischen Bundesamtes gilt, wer entweder selbst zugezogen ist (erste Generation) oder aber mindestens einen Elternteil hat, der nach Deutschland migrierte. Gemäß dieser Definition lag 2018 dieser Anteil in Deutschland bei den unter 18-Jährigen etwa bei 33 % (Daten des statistischen Bundesamtes; siehe W. Lenhard & Lenhard, 2018; Anteil in Österreich 22.3 %, in der Schweiz 41.9 %; Stanat, Rauch & Segeritz, 2010, S. 207 f.). Bezogen auf PISA 2018 wurden 6.4 % der Schülerinnen und Schüler im Ausland geboren und immigrierten in die BRD (erste Generation), 15.8 % sind in Deutschland geborene Kinder von Einwanderern (zweite Generation) und bei 13.4 % der Jugendlichen immigrierte ein Elternteil, wohingegen der andere aus Deutschland stammt (Weis et al., 2019b). In IGLU 2021 hatten 12.6 % der Kinder am Ende der Grundschule einen Elternteil mit Migrationshintergrund, 24.4 % zwei

Elternteile (Anteile hochgerechnet auf der Basis von Stubbe et al., 2023, Abb. 7.8). Insbesondere bedingt durch den Krieg in der Ukraine kam es 2022 zu einer Zunahme an Kindern und Jugendlichen mit einem ausländischen Pass um 18 % (Statis, 2023), sodass die Anteile etwas über 40 % liegen dürften. Es stellt sich somit die Frage, ob es noch sinnvoll ist, von Minorität oder Majorität zu sprechen, wenn ein Migrationsstatus fast bei der Hälfte der Bevölkerung im Schulalter vorliegt.

Von den Jugendlichen mit Migrationshintergrund sprachen zu Hause 53.6 % die Gesellschaftssprache, also deutsch. Andere Untersuchungen, wie z. B. die Autorengruppe Bildungsberichterstattung (2016, S. 166 f.), kommen mit 37 % auf niedrigere Anteile, mit zugleich erheblichen regionalen Schwankungen innerhalb Deutschlands. Bezogen auf PISA 2018 war in den verschiedenen Gruppen mit Migrationshintergrund jener Anteil, der zu Hause deutsch spricht, bei den Jugendlichen der ersten Generation mit 13.5 % am niedrigsten, dagegen bei Jugendlichen mit einem deutschstämmigen Elternteil mit 80.4 % am höchsten (▶ Abb. 2.16).

Erwirbt ein Kind Deutsch als Zweitsprache (DaZ oder auch L2 genannt), so erreicht die betreffende Person im Schnitt eine niedrigere Lesekompetenz als muttersprachlich aufwachsende Kinder. Dieser Befund gilt nicht allein für Deutschland, sondern konnte in internationalen Vergleichsstudien für ein breites Spektrum von Ländern gezeigt werden. Kinder mit Migrationshintergrund erzielen in der Folge geringere Bildungsabschlüsse. Betrachten wir wieder die PISA-Studie, so ist dieser Befund in der BRD, Österreich und der Schweiz deutlich ausgeprägt (Stanat, Rauch & Segeritz, 2010, S. 211):

> In Deutschland ist die Lesekompetenz von Jugendlichen mit Migrationshintergrund signifikant niedriger als die Lesekompetenz von Jugendlichen ohne Migrationshintergrund. Die Differenz beträgt 44 Punkte und ist somit als substanziell zu bewerten. Signifikante Kompetenznachteile lassen sich auch in den anderen mittel- und nordeuropäischen Nachbarstaaten nachweisen. Diese liegen zwischen rund 25 Punkten in der Schweiz und 50 Punkten in Österreich. Die Unterschiede sind zwischen monolingual deutschsprachigen Personen und Zuwanderern der ersten Generation am größten, wohingegen das Aufwachsen in Familien mit einem muttersprachlich deutschen Elternteil nur geringfügig unter monolingual deutschsprachigen Familien liegt.

Betrachtet man die drei verschiedenen Gruppen von Jugendlichen mit Migrationshintergrund getrennt, so war von 2000 bis 2018 eine sehr positive Entwicklung in der 2. Generation zu verzeichnen. Die Leistungen von Personen mit einem deutschsprachigen Elternteil schnitten nur unwesentlich anders ab als Jugendliche ohne Migrationshintergrund (▶ Abb. 2.17). Sobald es also ein deutschsprachiges Sprachvorbild in der Familie gibt, stellt ein mehrsprachiges Aufwachsen keinen Nachteil im Hinblick auf die Leseverständnisleistung in der deutschen Sprache dar. Zweisprachig aufwachsende Personen ähneln monolingual deutschsprachigen Personen in dieser Hinsicht sehr stark. Gibt es dagegen kein deutschsprachiges Vorbild in der Familie, so fallen die Leistungen deutlich zurück. Während es 2009 zunächst besser gelang, Jugendlichen der ersten Generation Lesekompetenzen zu vermitteln, kam es zu einem sehr starken Einbruch in der Erhebungswelle von 2018. Dies ist ein deutliches Zeichen dafür, dass die Beschulung neu zugewanderter Kinder und Jugendlicher das deutsche Bildungssystem vor große Herausforderungen stellt und noch keine adäquaten Lösungen oder eine passende Ausstattung existiert. Diese Problematik dürfte mit jeder größeren Einwanderungswelle erneut auftreten, sofern keine grundsätzlichen Änderungen am deutschen Bildungssystem vorgenommen werden.

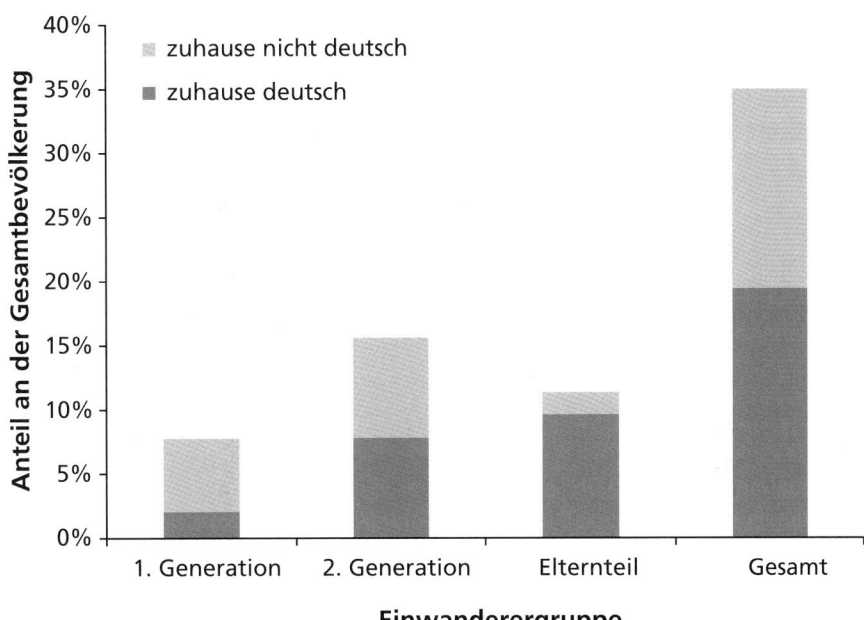

Abb. 2.16: Anteil von Jugendlichen mit Migrationshintergrund in PISA 2018 bezogen auf die Gesamtbevölkerung der BRD (Grafik basierend auf den Daten von Weis et al., 2019b, Tab 6.7). Die Kategorie »Elternteil« bezieht sich auf Jugendliche, die einen Elternteil haben, der nicht in Deutschland geboren ist. Die hellen Flächen stellen den Anteil dar, der zu Hause deutsch spricht.

Wenden wir uns der Frage zu, auf welche Weise ein Migrationshintergrund die Leistungen beeinflussen kann. An dieser Stelle muss betont werden, dass nicht der Migrationshintergrund selbst ist, der die Unterschiede bedingt, sondern zum einen die häufig mit einem Migrationshintergrund einhergehenden reduzierten sozioökonomischen Bedingungen (▶ Kap. 2.6.1) und zum anderen die Familiensprache, sofern kein deutsches Sprachvorbild unter den Eltern verfügbar ist. Der Grund für niedrigere Leseverständnisleistungen dürfte weniger in der Rekodierung von Wörtern liegen als vielmehr in der Verfügbarkeit sprachlicher Konzepte in der Gesellschaftssprache, also beispielsweise im Wortschatz und in den syntaktischen Fähigkeiten. Insbesondere der Wortschatz ist bei anderssprachig aufwachsenden Kindern kleiner. Kinder mit einem deutschsprachigen Elternteil ähneln dagegen auch im Wortschatz der Gruppe der monolingual deutschsprachigen Kinder sehr stark und sie erreichen bis zum Erwachsenenalter im Schnitt das gleiche Niveau wie Muttersprachler (W. Lenhard & Lenhard, 2021). Bei mehrsprachigem Aufwachsen entwickelt sich der Wortschatz in allen Sprachen parallel, abhängig von der Dauer des Spracherwerbs (Bedore & Peña, 2008). Die morphosyntaktische Entwicklung ist

2 Leseverständnis und Lesekompetenz – Was ist das?

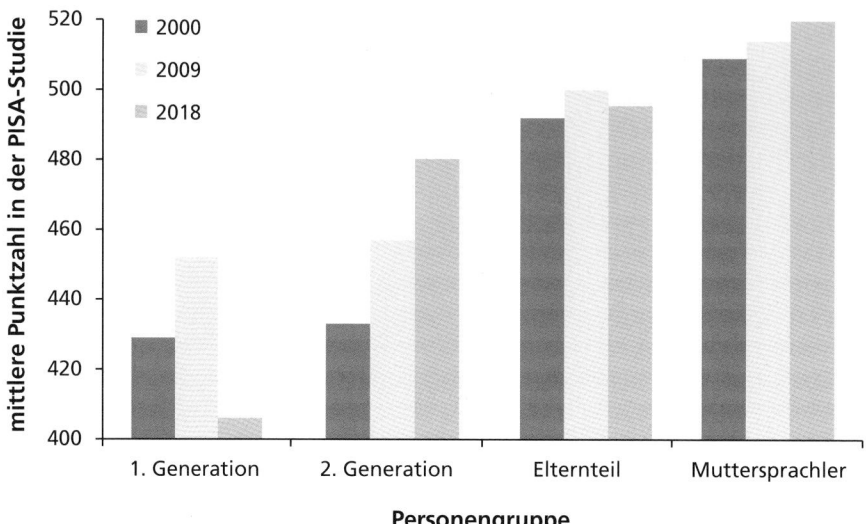

Abb. 2.17: Mittlere erzielte Punktzahl in der Lesekompetenz-Skala der PISA-Studie in den verschiedenen Personengruppen im Vergleich zwischen 2000 und 2009 (Abbildung basiert auf den Daten von Stanat et al., 2010, Tab. 7.1.4 und Weis et al., 2019b, Tab 6.6).

komplexer: Bei monolingualen Kindern sollte bis zum Alter von fünf Jahren eine stabile syntaktische Basis vorhanden sein. Bei Mehrsprachigkeit treten jedoch komplizierte Wechselwirkungen und Interferenzen auf, die von der Ähnlichkeit der kombinierten Sprachen abhängen (Bialystok, 2007). Auch hier scheint die Menge des Sprachinputs entscheidend zu sein (Thordardottir, 2015). In der Zweitspracherwerbsforschung wird angenommen, dass etwa 5 bis 7 Jahre intensiven Sprachkontakts nötig sind, um ein muttersprachliches Niveau zu erreichen (Cummins, 1984), wobei die Entwicklung danach weitergeht. Weitere Einflussfaktoren sind, dass Kinder mit einer anderen Familiensprache als Deutsch seltener Gelegenheit haben, diese zu nutzen, was die Automatisierung der deutschen Sprache beeinträchtigt. Da für das Textverständnis bereichsspezifisches Vorwissen, das oft kulturell geprägt ist, wichtig ist, haben Kinder mit einem anderen sozio-kulturellen Hintergrund niedrigere Erfolgschancen bei Textverständnisaufgaben (Artelt et al. 2007, S. 51).

Es ist jedoch zu betonen, dass Mehr- und Fremdsprachigkeit nicht nur Nachteile, sondern auch Vorteile bietet. Unter bestimmten Bedingungen kann die Literalität in der Muttersprache den Zweitspracherwerb positiv beeinflussen (Marx & Stanat, 2011; Hornberg & Valtin, 2011), besonders wenn Parallelen zwischen Erst- und Zweitsprache aufgezeigt werden. Bilinguale Personen haben Vorteile in Aufmerksamkeitssteuerung, Arbeitsgedächtnis und der Fähigkeit, abstrakte Symbole zu repräsentieren sowie in metalinguistischer und metakognitiver Bewusstheit (Adesope et al., 2011). Mehrsprachig aufwachsende Kinder könnten durch den Umgang mit verschiedenen Phoneminventaren einen Vorteil bei der Entwicklung phonologischer Bewusstheit haben (Artelt et al. 2007, S. 51). Obwohl bilinguale Kinder anfangs eventuell niedrigere Leistungswerte in jeder Einzelsprache zeigen, erreichen sie bis zum Erwachsenenalter meist gleich hohe Leistungen in der deutschen Sprache, mit dem zusätzlichen Vorteil, in zwei Sprachen muttersprachliches Niveau erreicht zu haben (W. Lenhard & Lenhard, 2021).

2.6.3 Geschlechterunterschiede

Während in den 60er Jahren des letzten Jahrhunderts eine deutliche Benachteiligung der Mädchen in der Erzielung höherer Bildungsabschlüsse zu beobachten war, haben sich seit dieser Zeit die Verhältnisse umgekehrt (Hannover & Kessels, 2011): Jungen sind heute in Förderschulen deutlich über-, in puncto Erlangung der Hochschulreife dagegen unterrepräsentiert. Bereits in vorangegangenen Jahrzehnten wurden sie deutlich seltener vorzeitig eingeschult und wiesen eine erhöhte Quote von Klassenwiederholungen auf – eine Situation, die im Wesentlichen konstant geblieben ist. Befeuert durch die Ergebnisse der großen Schulleistungsstudien etablierte sich deshalb seit der Jahrtausendwende eine rege Diskussion über die Frage, ob Jungen die neuen Bildungsverlierer seien bzw. worin die Ursachen hierfür lägen (siehe auch Herwartz-Emden, Schurt & Waburg, 2012; Philipp, 2011, S. 71 f.).

Komplexer als im Bereich der Bildungsbeteiligung (also z. B. bei erreichten Abschlüssen) zeigen sich die Verhältnisse in Bezug auf das Themengebiet der Kompetenzentwicklung der Kinder und Jugendlichen. Vergleicht man die Ergebnisse von Jungen und Mädchen in verschiedenen Leistungsbereichen, so ergibt sich ein relativ erwartungskonformes Bild: Jungen schneiden tendenziell in mathematischen Leistungsbereichen besser ab als Mädchen und im naturwissenschaftlichen Bereich gibt es keine systematischen Unterschiede. Die Effektstärken in der mathematischen Leistung wie auch im mathematischen Selbstkonzept liegen im kleinen Bereich (siehe z. B. Else-Quest, Hyde & Linn, 2010; Hannover & Kessels, 2011). Beim Lesen sind die Unterschiede konsistent *zuungunsten* der Jungen ausgeprägt. Die Metaanalyse von Mücke (2009) über deutschsprachige Studien zeigte über die gesamte Grundschulzeit hinweg einen geringen Geschlechtseffekt von $d = 0.11$. In IGLU 2001 bis 2021 gab es signifikante Unterschiede zwischen den Geschlechtern, deren Höhe zwischen $d = 0.07$ und $d = 0.15$ schwankte (Frey et al., 2023) und deren Höhe ebenfalls als klein eingestuft werden kann. Dies entspricht den generell in der EU zu findenden Geschlechtseffekten, die insgesamt so marginal sind, dass sie nicht weiter ins Gewicht fallen. In PISA konnte in den ersten Wellen zunächst mit $d = 0.4$ ein Effekt mittlerer Höhe nachgewiesen werden (Nauman et al., 2010, S. 52), was zu den besagten Diskussionen über die Bildungsgerechtigkeit für Jungen führte. Seitdem im Jahr 2015 die Untersuchungsmodalität von einer Darbietung auf Papier hin zu einer Darbietung am Computer gewechselt wurde, reduzierte sich der Unterschied auf ein Niveau, das in der tatsächlichen Beschulung keine wesentliche Rolle spielt (Weis et al., 2019a). Dennoch gibt es relevante Unterschiede in der Leistungsverteilung:

- Bei der Betrachtung der Leistungsverteilung erwiesen sich Jungen im extrem schwachen Leistungsbereich als überrepräsentiert (24 % Jungen versus 16 %

Mädchen auf Kompetenzstufe 1a, 1b und darunter), wohingegen der Anteil der Mädchen im leistungsstarken Bereich deutlicher ausgeprägt war (9 % Jungen versus 13 % Mädchen auf Kompetenzstufe 5 und 6).
- Der Geschlechterunterschied bei der Lesekompetenz trat zugunsten der Mädchen in allen an PISA teilnehmenden Ländern auf.
- Mädchen verfügen über eine erheblich größere Lesefreude als Jungen (Diedrich et al., 2019). Die Effekte sind sehr stark ausgeprägt und für Deutschland im internationalen Vergleich ungewöhnlich groß ($d = 0.7$). Während 60.6 % der Jungen angaben, nicht zum Vergnügen zu lesen, stimmte bei den Mädchen nur eine Minderheit dieser Aussage zu (36.0 %). Zudem verfügen Mädchen über ein höheres Leseselbstkonzept.

Insgesamt kann festgehalten werden, dass sich die früher z. T. hitzig geführten Diskussionen mittlerweile erübrigt haben, da der Unterschied zwischen Jungen und Mädchen eher gering ausgeprägt ist. Es gibt andere, wesentlich größere Einflussfaktoren, die stärker ins Gewicht fallen. Im Vergleich zu Geschlechtsunterschieden ist die Bandbreite der mittleren Lesekompetenz der verschiedenen Bundesländer der BRD um ein Vielfaches größer als der Unterschied zwischen Mädchen und Jungen (Köller, Knigge & Tesch, 2010: Abb. 1, S. 6, vs. Tab. 7, S. 16). Eine Diskussion über die Benachteiligung von Jugendlichen aufgrund der Zugehörigkeit zu einem bestimmten Bundesland wird im Gegensatz zur Diskussion von Geschlechtseffekten jedoch nicht geführt (siehe Beispiel 2.10).

> **Beispiel 2.10: Ein kritischer Blick auf die Effektstärke der Geschlechterunterschiede**
>
> Bei der Interpretation von Unterschieden zwischen Gruppen wird zum einen auf die statistische Signifikanz und zum anderen auf Effektstärken zurückgegriffen. Statistische Signifikanz bedeutet in diesem Zusammenhang, dass der Gruppenunterschied nicht mehr allein durch zufällige Variationen der Daten erklärt werden kann. Eine Effektstärke gibt dagegen die Größe eines Effekts an. Beide Größen stehen miteinander in Zusammenhang: Je größer ein Effekt, desto leichter kann er nachgewiesen werden. Je kleiner ein Effekt, desto schwieriger ist der Nachweis und umso mehr Fälle müssen erhoben werden, um noch Signifikanz zu erreichen. Effekte unter 0.2 werden nach gängigen Konventionen als unbedeutend eingestuft, Effekte zwischen 0.2 und 0.4 als klein (Hattie, 2009). Da in den Schulleistungsstudien enorme Fallzahlen zur Verfügung stehen, lassen sich selbst unbedeutende Effekte nachweisen. Diese kleinen mittleren Unterschiede zwischen den Geschlechtern sind jedoch angesichts der Leistungsbreite innerhalb der Geschlechter praktisch unbedeutend. *Die Gemeinsamkeiten zwischen Jungen und Mädchen sind weitaus bedeutsamer als die Unterschiede!*

Wieso angesichts der insgesamt kleinen Unterschiede in der Lesekompetenz zwischen den Geschlechtern (bei gleichzeitig vorhandenen Profilunterschieden) Mädchen häufiger höhere schulische Bildungsabschlüsse erwerben als Jungen, ist eine spannende bildungspolitische Frage, die an dieser Stelle allerdings nicht weiterverfolgt werden kann (für eine weitergehende Diskussion siehe Hannover & Kessels, 2011).

Stattdessen wenden wir uns vertiefend der Fragestellung zu, wieso Jungen tendenziell niedrigere Werte in Lesetests und in der Lesemotivation erreichen und warum diese Unterschiede im Laufe der Entwicklung möglicherweise zunehmen. Zur Erklärung der Unterschiede findet sich in der Literatur eine Reihe von Hypothesen:

1. Die Curricula des (Deutsch-)Sprachunterrichts fokussieren auf Themen, die für Mädchen attraktiver sind als für Jungen (z. B. Garbe, 2008; Millard, 1997).
2. Die Kollegien in den Schulen sind heute vorwiegend – in Grundschulen sogar fast ausschließlich – durch Lehrerinnen besetzt. Auch im vorschulischen und familiären Bereich ist Erziehung und somit auch das Lesevorbild sehr stark weiblich dominiert. Dies könnte unbeabsichtigt dazu führen, dass für Jungen Lesevorbilder fehlen und somit die Tätigkeit des Lesens mit dem weiblichen Geschlechterrollenstereotyp verknüpft wird. Da Kinder am Ende der Grundschulzeit und in der Sekundarstufe ihre Geschlechtsidentität erst ausbilden und deshalb häufig übersteigert Geschlechterrollen ausleben, erscheint für Jungen eine weiblich konnotierte Tätigkeit wenig attraktiv. Auf diese Weise könnte – selbst wenn auf Klassenebene keine Benachteiligungen bestehen – das Schulsystem als Ganzes für Jungen benachteiligend wirken (vgl. Hurrelmann, 2010, S. 13).
3. Mädchen und Jungen haben einen unterschiedlichen Zugang zu Schrift, sowohl was die Medien als auch die Inhalte angeht: »Für die meisten Mädchen und Jungen gilt, dass sie auf unterschiedliche Art Zugang zum Lesen und zu den verschiedenen literarischen Welten finden. Das elektronische Buch … erleichtert vielen Jungen den Zugang zu fiktionalen Stoffen und führt sie in Geschichten ein; oft finden sie über den Bildschirm zu gedruckten Büchern – vor allem dann, wenn diese Spannendes und Dynamisches erzählen« (Bertschi-Kaufmann, 2001, S. 86).
4. Mädchen erhalten im Elternhaus eine stärkere Anregung als Jungen (Artelt et al., 2007, S. 47). Eltern schenken Mädchen häufiger Bücher (Valtin, Wagner & Schwippert, 2005) und sie sprechen häufiger mit ihnen über Literatur, hören länger zu und besuchen häufiger Bibliotheken. Das könnte den Mädchen am Ende der Grundschule bessere Startchancen für den Eintritt in die Sekundarstufe verschaffen.

Es existiert zurzeit keine belastbare Evidenz für eine systematische Benachteiligung von Jungen in Abhängigkeit des Geschlechts der Lehrkraft. Dennoch ist es wichtig, die Auswahl der Leseinhalte und -medien geschlechtersensibel zu gestalten und auf die individuellen Interessen der Kinder und Jugendlichen zu achten. Man sollte sich bewusst machen, dass die eigenen Vorlieben nicht zwangsläufig mit den Interessen von Jungen und Mädchen kompatibel sein müssen. Für eine gelungene Lesesozialisation eines Menschen kann es wichtig sein, auch vermeintlich »minderwertige« Textgattungen (z. B. stark aktionsgeladene, fiktionale und fantastische Texte wie Science Fiction, Fantasy etc.; Beziehungskitsch wie im Fall der sogenannten Pferdeliteratur etc.) und Medien (»Superhelden«-Comics, Online-Foren und Chats; Zeitschriften mit technischen Themen) zu nutzen. Es existiert ein Füllhorn von Leseinitiativen und Online-Projekten, die Empfehlungen und Materialien zur Verfügung stellen, die für beide Geschlechter attraktiv sind (z. B. Böck, 2007).

2.6.4 Illiteralität bei Erwachsenen

Menschen mit funktionellem Analphabetismus können einzelne Wörter oder einfache Sätze lesen oder schreiben. Sie sind jedoch nicht in der Lage, Schriftsprache für sich effektiv einsetzen und selbst das Verstehen und Verfassen einfacher Texte bereitet Schwierigkeiten. Sie können also vorhandene schriftsprachliche Fähigkeiten nicht nutzen, bzw. die Fähigkeiten reichen nicht aus, um alltägliche Aufgaben wie das Ausfüllen von Formularen oder die Benutzung von Fahrkartenautomaten zu bewältigen (Kindl & Lenhard, 2024; Löffler, 2014). Diese massive Einschränkung in der sozialen und politischen Teilhabe (Pape, 2011) wird oft von einem negativen Selbstkonzept und der Angst vor Stigmatisierung begleitet (Egloff, 1997) und sie bringt gesundheitliche Risiken mit sich (Kutner et al., 2006).

Die Gruppe erwachsener funktioneller Analphabeten ist äußerst heterogen, da Schwierigkeiten beim Lesen und Schreiben viele Ursachen haben können. Empirische Befunde weisen auf eine breite Palette von Defiziten in nahezu allen Determinanten der Schriftsprache hin (Vágvölgyi et al., 2016), z. B. Defizite im Bereich der morphologischen Bewusstheit, des Hörverständnisses, der Leseflüssigkeit, des Wortschatzes, der phonetischen Rekodierung, der phonologischen Bewusstheit, der morphologischen Fähigkeiten, des orthographischen Wissens, des schnellen automatisierten Benennens und des Arbeitsgedächtnisses (Tighe & Schatschneider, 2016).

Leider findet in diesem Bereich erheblich weniger Forschung statt als zur Literalität von Kindern und Jugendlichen. Bereits die Definition ist nicht klar gefasst. In Anlehnung an die UN- und UNESCO-Definition von Analphabetismus (UNESCO, 2016; United Nations, 2020) gehören Menschen zu dieser Gruppe, die mindestens 15 Jahre alt sind und nicht mehr zur Schule gehen. Die Lese- oder Rechtschreibleistung sollte deutlich unter dem Durchschnitt der siebten Klasse liegen oder Personen schätzen ihre eigene Lese- oder Schreibfähigkeit als unzureichend für die Bewältigung des täglichen Lebens ein. Zum gegenwärtigen Zeitpunkt wurden meines Wissens nur wenige Modelle des Lesens auf den Bereich Erwachsener mit geringer Literalität angewandt und keine eigenständigen Modelle entwickelt. Zu den übertragenen Modellen gehören das Komponentenmodell von Joshi und Aaron (2000), eine Erweiterung des Simple View of Reading (Gough & Tunmer, 1986; ▶ Kap. 2.2), das dem ursprünglichen Modell einen Geschwindigkeitsfaktor hinzufügt, und das DIME-Modell (Cromley & Azevedo, 2007; ▶ Kap. 2.2). Diese Modelle weisen jedoch bei leistungsschwachen Erwachsenen eine ungenügende Modellpassung auf (Mellard et al., 2010). Insgesamt kristallisiert sich heraus, dass betreffende Personen den Sprung von langsamer und mühsamer Worterkennung zum automatisierten Lesen nicht im gleichen Maße vollzogen haben wie kompetente Leserinnen und Leser. Höhere kognitive Fähigkeiten wie das Metagedächtnis scheinen also eher nicht das dominierende Problem zu sein, sondern tendenziell eher basale Lesefähigkeiten. Greenberg et al. (2002) zeigten beispielsweise, dass funktionell analphabetische Erwachsene größere Beeinträchtigungen beim phonetischen Rekodieren und der nicht-lexikalischen Verarbeitung (z. B. dem Lesen von Pseudowörtern) aufweisen als Kinder mit vergleichbaren Lesefähigkeiten. Mellard und Fall (2012) identifizierten bei der Anwendung des Komponentenmodells auf leistungsschwache erwachsene Leser unterschiedliche Untergruppen. Die leistungsschwächste Gruppe war in erster Linie in den Worterkennungsfähigkeiten beeinträchtigt. Erst mit zunehmendem Leseniveau gewinnen Gedächtniskapazität und Sprachverständnis an Bedeutung im Verständnisprozess und erklären dann größere Anteile der Varianz im Leseverständnis. Diese Ergebnisse unterstreichen die Wichtigkeit, insbesondere in der leistungsschwächsten Gruppe Erwachsener sehr grundlegende Worterkennungsfähigkeiten ins Auge zu fassen, während andere Fähigkeiten wichtiger werden, sobald grundlegende Prozesse gesichert sind. Somit gelten die bekannten Determinanten für das Verständnis auch für illiterate Erwachsene, allerdings mit unterschiedlichem Gewicht für spezifische Untergruppen und einer stärkeren Bedeutung der Worterkennung und Leseflüssigkeit. Interventionseffekte für diese Gruppe sind positiv, sodass auch im Erwachsenenalter eine Verbesserung der Fähigkeiten erzielt werden kann. Allerdings bewegen sich die Fördereffekte im kleinen bis mittleren Bereich (Kindl & Lenhard, 2024).

2.7 Zusammenfassung

Die Erfindung der Schrift hat unsere Zivilisation so umfassend beeinflusst, dass wir heute die Menschheitsgeschichte in die Zeit ohne schriftliche Zeugnisse, d. h. die Vorgeschichte, und die Zeit der Geschichts*schreibung* unterscheiden. Die ersten Entwicklungen von Schriftsystemen reichen ca. 5000 Jahre zurück. Das Lesen ist heute eine universelle Kulturtechnik, die in zahlreichen Lebensbereichen elementar wichtig ist. Es wird von verschiedenen, unterschiedlich komplexen Teilfähigkeiten bestimmt. Hierzu gehören auf basaler Ebene die Leseflüssigkeit und die lokale Kohärenzbildung (syntaktische Analyse und satzübergreifendes Lesen). Auf hierarchiehoher Ebene spielen das bereichsspezifische Vorwissen, die Selbstregulation (Strategieeinsatz etc.) und die globale Kohärenzbildung eine Rolle.

Insbesondere im Rahmen der sogenannten Literacy-Konzeption wird die Lesefähigkeit sehr weit gefasst und beinhaltet sämtliche Aspekte der Schriftkultur, sodass sie in praktisch allen Bereichen eine große Bedeutung für die konkrete Lebensbewältigung hat. Die ungünstigen Ergebnisse deutscher Jugendlicher in PISA 2000 haben deshalb eine große Resonanz gefunden. Innerhalb des ersten Jahrzehnts im neuen Jahrtausend hat sich die Situation verbessert, jedoch liegt bereits seit mehreren Untersuchungswellen eine überwiegend ungünstige Entwicklung vor. Besonders bedeutsam sind im Hinblick auf niedrige Lesekompetenz die Benachteiligung von Kindern mit Migrationshintergrund, der hohe Anteil von Schülerinnen und Schülern mit sehr niedrig ausgeprägten Kompetenzen und die Abhängigkeit des Bildungserfolgs vom sozialen Hintergrund.

Leserinnen und Leser, die sich noch stärker für die Mechanismen der visuellen Worterkennung und ihrer neuronalen Grundlagen interessieren, finden bei Dehanne (2010) eine hervorragende Vertiefung. Die während der Arbeit an diesem Buch aktuellsten Informationen zu PISA und PIRLS/IGLU liefern die Herausgeberbände von McElvany et al. (2023) und Reiss et al. (2019). Da auf diesem Gebiet in regelmäßigen Abständen Aktualisierungen erfolgen, lege ich dem Leser ans Herz, aktuelle Publikationen zu diesen Studien zu recherchieren. In derselben Reihe wie dieses Buch erschien ein Band zur Lesesozialisation (Philipp, 2011), das weitere wichtige Einflussfaktoren systematisch aufbereitet.

Literaturempfehlungen

Böck, M. (2007). *Gender und Lesen. Geschlechtersensible Leseförderung: Daten, Hintergründe und Förderungsansätze.* Wien: Bundesministerium für Unterricht, Kunst und Kultur Österreich.
Diamond, J. (2000). *Arm und Reich. Die Schicksale menschlicher Gesellschaften.* Frankfurt: Fischer.
Mcelvany, N., Lorenz, R., Frey, A., Goldhammer, F., Schilcher, A., & Stubbe, T. C. (2023). *IGLU 2021: Lesekompetenz von Grundschulkindern im internationalen Vergleich und im Trend über 20 Jahre.* Münster: Waxmann.
Philipp, M. (2011). *Lesesozialisation in Kindheit und Jugend. Lesemotivation, Leseverhalten und Lesekompetenz in Familie, Schule und Peer-Beziehungen.* Stuttgart: Kohlhammer.
Reiss, K., Weis, M., Klieme, E., & Köller, O. (2019). *PISA 2018: Grundbildung im internationalen Vergleich.* Münster: Waxmann.
Richter, T. & Lenhard, W. (2024). *Diagnose und Förderung des Lesens im digitalen Kontext.* Göttingen: Hogrefe.

Fragen und Aufgaben zur Selbstüberprüfung

1. Die Zwei-Wege-Theorie (*Dual-Route-Theory*) postuliert zwei verschiedene »Verarbeitungsstrategien« beim Lesen. Welche sind das und was ist für beide jeweils charakteristisch?
2. Was ist der Wortüberlegenheitseffekt? Bitte kreuzen Sie die korrekte Antwort[6] an.
   a) Menschen, die Objekte sehr schnell benennen können, haben auch bei der visuellen Worterkennung und in der Folge beim Leseverständnis einen großen Vorteil.
   b) Von den verschiedenen Prozessen, die beim Lesen ablaufen, sind die basalen Mechanismen der visuellen Worterkennung besonders bedeutsam.

---

6 Die Lösung c ist korrekt.

c) Werden sinnlose Zeichenfolgen willkürlich mit einer Bedeutung belegt, dann steigt in der Folge auch die Geschwindigkeit beim Lesen dieses Wortes.
d) Werden Argumente schriftlich dargelegt, dann sind diese wesentlich überzeugender als eine mündliche Rede.
3. Bitte zerlegen Sie den folgenden Satz in seine Propositionen: »Ich las dieses spannende Buch zum Thema Leseverständnis in einem Stück.«
4. Was sind Kohäsionsmittel und welche bietet unsere Sprache?
5. Bitte erstellen Sie ein Mind-Map, das die wesentlichen Lebensbereiche aufzeigt, in denen Kinder, Jugendliche und junge Erwachsene Lesekompetenzen benötigen. Ergänzen Sie bei den verschiedenen Lebensbereichen die Verstehensanforderungen, die dort jeweils relevant sind.
6. Die Begriffe Leseverständnis, Lesekompetenz und Literalität werden häufig synonym verwendet. Bitte versuchen Sie, die Begriffe voneinander abzugrenzen: Worauf liegt bei den verschiedenen Begriffen jeweils der Schwerpunkt?
7. Die PISA-2000-Studie erregte v. a. durch das im Mittel leicht unterdurchschnittliche Abschneiden im Bereich Lesekompetenz und die große Gruppe an Jugendlichen mit mangelnden Lesefähigkeiten großes Aufsehen. Bis zum Jahr 2009 verbesserte sich die Gesamtsituation. Welche der folgenden Punkte kennzeichnen die Situation seit 2009? Bitte kreuzen Sie an.[7]
a) Der soziale Hintergrund hat einen bedeutenden Einfluss auf die Lesekompetenz.
b) Mädchen hatten große Probleme im Umgang mit nicht-linearen Texten (Diagrammen etc.)
c) Das Lesestrategiewissen war bei deutschen Jugendlichen im internationalen Vergleich weit unterdurchschnittlich ausgeprägt.
d) Jugendliche mit Migrationshintergrund werden zunehmend besser in das Schulsystem integriert und ihre Leistung liegt nun näher an derjenigen der monolingual deutschsprachig aufwachsenden Jugendlichen.
e) Jungen berichten erheblich seltener von Lesefreude als Mädchen.
8. Wie wirkt sich ein Migrationshintergrund auf die Lesekompetenz aus?[8]
a) Die Unterschiede zwischen verschiedenen Migrantengruppen sind in Bezug auf die durchschnittliche Lesekompetenz zumindest ab der zweiten Generation sehr groß.
b) Wenn ein Elternteil Deutsch spricht, gibt es kaum Nachteile in der Lesekompetenz.
c) Bilinguales Aufwachsen geht mit spezifischen Vorteilen einher.
9. Welcher Aspekt des familiären Hintergrunds hat den stärksten Einfluss auf die Lesekompetenz von Jugendlichen?[9]
a) Sozio-ökonomischer Status
b) Höchster Bildungsabschluss der Eltern
c) Vorhandensein klassischer Literatur
d) Lesemotivation der Eltern

---

7 Von den Antwortalternativen ist a und e korrekt.
8 Alle Antwortalternativen sind richtig.
9 Von den Antwortalternativen ist d korrekt.

3 Diagnostik

Um Lehr-Lern-Prozesse aktiv gestalten zu können, benötigen Lehrkräfte zum einen Informationen über den Stand der Schülerinnen und Schüler, um abgestimmte Angebote machen zu können. Zum anderen müssen sie wissen, ob ihre Bemühungen den gewünschten Erfolg haben. Es gibt eine Vielzahl von Informationsquellen, die hierfür genutzt werden können. Dieses Kapitel soll das notwendige Wissen vermitteln, um relevante von unwichtigen Informationen trennen zu können. Außerdem stellt das Kapitel die wichtigsten standardisierten Verfahren sowie informelle Instrumente vor. In einem Exkurs wird die Anwendung diagnostischer Verfahren erläutert und schließlich darauf eingegangen, wie diagnostische Informationen in konkrete Förderung umgesetzt werden können.

Trägt man im schulischen Bereich über das Thema standardisierte, pädagogisch-psychologische Verfahren vor, so ist gelegentlich auf Seiten der Lehrkräfte, Erzieherinnen und Erzieher ein Gefühl des Unbehagens oder auch der offenen Ablehnung zu bemerken. Bisweilen wird auch die Frage gestellt, ob es überhaupt ethisch vertretbar sei, Menschen mit Zahlen zu belegen. Dabei fehlt häufig das Bewusstsein, dass auch die Rohpunktzahl oder Note in einer Schulaufgabe nichts anderes als ein Leistungsmaß darstellt – allerdings in der Regel ein ungenaues, welches sich zudem auf eine wesentlich kleinere Bezugsgruppe, nämlich die eigene Klasse, bezieht. Diese Angst vor dem Themengebiet Diagnostik speist sich meiner Vermutung nach zum einen aus einer Fehleinschätzung standardisierter diagnostischer Verfahren. Letztlich stellen diese nichts anderes als den Versuch dar, Leistungserhebungen, wie sie jeden Tag in der Schule erfolgen, objektiv und zuverlässig zu gestalten. Anwendung und Interpretation setzen freilich diverse spezialisierte Kenntnisse voraus. Weil Lehrkräfte nicht immer über diese Kenntnisse verfügen, werden die Erkenntnisse, die aus standardisierten Verfahren gezogen werden können, in der Regel stark überschätzt. Der Vorwurf, die Ergebnisse psychometrischer Verfahren würden Kinder in eine Schublade stecken, resultiert also vor allem aus einer Überinterpretation der Ergebnisse aufgrund mangelnden Wissens über die Grenzen der Verfahren. Der große Vorteil der Verfahren, nämlich die Möglichkeit, Aussagen über die Güte der Leistungserhebung zu treffen, wird dabei leider häufig übersehen.

Standardisierte Verfahren stellen zudem nur einen sehr kleinen Teil der Diagnostik dar, die täglich – und ohne große Bedenken – in konkreten schulischen Situationen durchgeführt wird. Dabei ist das Wissen, das über den Leistungsstand eines Schülers eingeholt wird – sei es formell durch Diagnoseverfahren oder informell im Unterricht – notwendig, um beispielsweise Lernprozesse besser planbar zu machen oder um den Erfolg vorangegangener pädagogischer Bemühungen zu überprüfen. Diese unmittelbar plausible Annahme lässt sich empirisch belegen.

Fragt man danach, durch welche Determinanten schulische Leistungen beeinflusst werden, dann ergibt sich basierend auf den Ergebnissen der Unterrichtsforschung ein sehr vielschichtiges Bild (vgl. Helmke & Weinert, 1997): Soziokultureller und familiärer Hintergrund, individuelle Eigenschaften der Kinder oder Jugendlichen, die Schulorganisation und Klassenzusammensetzung sowie die Expertise der Lehrkraft wirken auf komplexe Weise zusammen und bedingen den Lernerfolg der Schülerinnen und Schüler. Die Lehrexpertise wiederum beinhaltet vier zentrale Dimensionen: (1) das Sachwissen, (2) die methodische Kompetenz, (3) die Klassenführung und (4) die diagnostische Kompetenz. Diagnostik ist also – unabhängig von der konkreten Form – ein unverzichtbarer Bestandteil pädagogischer Arbeit.

Da diagnostische Fähigkeiten eine wichtige Voraussetzung für schulisches Arbeiten darstellen, drängt sich die Frage auf, wie sicher Lehrkräfte die Fähigkeiten ihrer Schüler einschätzen können. Im Rahmen der nationalen Zusatzuntersuchung von PISA 2000 wurden deshalb Lehrkräfte der Hauptschule darum gebeten einzuschätzen, welche ihrer Schüler ein Leseverständnis aufweisen, das »so gering ausgeprägt ist, dass sich dies als ernsthaftes Problem beim Übergang ins Berufsleben erweisen wird« (Artelt et al., 2001, S. 119; Operationalisierung: Leistung unterhalb von Kompetenzstufe 1 im PISA-Test; ca. 10% der untersuchten Stichprobe). Es gelang den Lehrkräften lediglich, 11.4% der betreffenden Schülerinnen und Schüler mit extrem schwachen Leistungen korrekt zu identifizieren. Bei fast 90% der extrem schwachen Leserinnen und Leser in der Schülerschaft wurde das Versagensrisiko nicht erkannt[10] und folglich wurden diese auch nicht gefördert. Ein vergleichbares Ergebnis gibt es bei IGLU 2006: Über ein Drittel der Schüler und Schülerinnen, die zu den 10% der schwächsten Leser gehörten, erhielten von den Lehrkräften die Noten »befriedigend« und besser (Valtin et al., 2010).

3.1 Zentrale Aspekte bei der Anwendung testdiagnostischer Verfahren

3.1.1 Anwendungsszenarien

Diagnostik kann sich auf Personen, aber auch auf Bedingungen beziehen. Auf Ebene der Person dient sie der Vorhersage zukünftiger Leistungen: Ist eine Person in der Lage, die zukünftig auftauchenden Anforderungen erfolgreich zu meistern?

---

10 Es kann zu Recht gefragt werden, ob nicht das Urteil der Lehrkraft korrekt und die Messung durch den PISA-Test fehlerhaft ist. In diesem Fall liegt ein sogenanntes Validitätsproblem des Testverfahrens vor. Da es sich beim PISA-Test jedoch schlicht um das konkrete Lösen von Aufgaben zu vorgegebenem Textmaterial handelt, das zudem so konstruiert ist, dass es über eine hohe Alltagsrelevanz verfügt, erstaunt die geringe Passung zwischen dem Urteil der Lehrkräfte und des Testverfahrens und wirft berechtigterweise die Frage nach der diagnostischen Kompetenz der Lehrkräfte auf.

Welche Probleme könnten sich dabei ergeben? Welche besonderen Potenziale liegen vor? Wie könnte gefördert werden, um die zukünftige Leistung zu ermöglichen? Auf Ebene von Bedingungen geht es darum, Situationen und Strukturen zu überprüfen und ggf. so zu modifizieren, dass beispielsweise Fördermaßnahmen besser funktionieren.

Es gibt viele Situationen, in denen das Lese- oder Sprachverständnis überprüft wird, ohne dass dies jeweils immer deutlich gemacht wird. Hierzu gehören nicht allein der Unterricht, sondern auch außerschulische Begebenheiten. Zum besseren Verständnis der nachfolgenden Teilkapitel möchte ich zunächst fünf prototypische Diagnostikszenarien skizzieren, die im Laufe der Beschulung oder Ausbildung auftreten können (Beispiel 3.1–3.5).

Beispiel 3.1: Vorschulische Erziehung und Einschulungsuntersuchung

Eine Erzieherin macht mit den zwölf Vorschulkindern ihrer Gruppe in der Kindertagesstätte im letzten Kindergartenjahr täglich Sprachübungen. Sie knüpft daran die Hoffnung, dass die Kinder auf diese Weise besser auf die Schule vorbereitet werden. Zu den Übungen gehören beispielsweise Finger- und Klatschspiele, Reime finden, Geschichten nach- oder weitererzählen. Gleichzeitig beobachtet sie unsystematisch, welche Kinder Probleme im sprachlichen Ausdruck oder im Sprachverständnis haben. Auf einem Protokollbogen hält sie ihre Beobachtungen fest. Der Protokollbogen enthält 15 Aussagen wie z. B. »Kann eine kurze Geschichte in eigenen Worten wiedergeben«, die mit den Bewertungen »sicher«, »meist sicher«, »unsicher« oder »gar nicht« bewertet werden. Bei Maike, Leon und Tom bemerkt sie Schwierigkeiten und sie teilt ihre Beobachtungen den Eltern mit. Ein Jahr später erfährt sie in einem informellen Gespräch mit der Lehrkraft der 1. Klasse der aufnehmenden Grundschule, dass Maike und Tom sich beim Schriftspracherwerb schwertun, Leon sich dagegen erfreulich entwickelt. Zwei andere Kinder, Mia und Ben, die der Erzieherin dagegen nicht aufgefallen waren, haben ebenfalls Probleme beim Erlernen der Schrift. Die anderen Kinder weisen einen normalen Schriftspracherwerb auf.

Beispiel 3.2: Diagnostische Begleitung des Leseerwerbs durch kontinuierliche Erfassung des Lernzuwachses in der 1. Klasse

Eine Lehrkraft der 1. Grundschulklasse fängt vier Monate nach Beginn des Schulbesuchs damit an, im Abstand von jeweils zwei Wochen die Lesegeschwindigkeit und das Leseverständnis ihrer Schulklasse zu protokollieren. Hierfür greift sie auf Aufgabenmaterial einer Kinderzeitschrift zurück. Zur Erhebung der Lesegeschwindigkeit müssen die Kinder möglichst viele Aufgaben lösen, die jeweils aus einem Bild und drei Wörtern bestehen. Die Kinder müssen das Wort markieren, das zum Bild passt. Der Leseverständnistest enthält als Aufgabenstellung kurze Texte mit einer Frage oder bildliche Darstellungen. Die Kinder müssen aus einer Liste mit jeweils drei Alternativen diejenige markieren, die die Frage korrekt beantwortet. Die Ergebnisse jedes Kindes werden in einem Diagramm eingetragen, um darzustellen, wie sich die Leistung des Kindes im

Laufe des Schuljahres verändert. In Gesprächen mit den Eltern derjenigen Kinder, die bei der Lesegeschwindigkeit vergleichsweise schwach abschneiden, bittet sie darum, täglich zehn Minuten gemeinsam zu lesen. Sie sucht für die Eltern aus der Klassenbibliothek Bücher, die dem Interesse des betreffenden Kindes entsprechen. Den Eltern jener Kinder, die in den Leseverständnistests niedrig abschneiden, zeigt sie Möglichkeiten, Texte gemeinsam mit dem Kind aktiv zu lesen (Dialogisches Lesen, ▶ Kap. 4.1.1).

Beispiel 3.3: Diagnose einer Lese-Rechtschreibstörung und außerschulische Therapie

Hannah ist ein Mädchen, das zunächst in der 1. Klasse keine besonderen Probleme hatte. Zwar gehörte sie nie zu den lesestarken Kindern der Klasse, jedoch konnte sie durch intensives Üben am Nachmittag in der Schule mithalten. Die Lehrkraft verweist in Elterngesprächen in der 1. Klasse darauf, »dass es bei Hannah bestimmt noch ›Klick‹ macht« und die Eltern nicht besorgt sein sollten. Als jedoch im Laufe des zweiten Schuljahres der Leistungsabstand zu den anderen Kindern immer mehr zunimmt und Hannah immer weniger gern in die Schule geht, beschließen die Eltern am Ende des zweiten Jahres, die Schulpsychologin aufzusuchen. Leider kommt ein Termin erst am Beginn der 3. Klasse zustande und Hannah zeigt immer mehr Symptome von Unwohlsein, wenn sie an die Schule denkt (Bauchschmerzen am Morgen …). Den Eltern ist inzwischen aufgefallen, dass sie Texte bislang häufig auswendig lernte und durch geschicktes Raten Texte scheinbar flüssig lesen konnte. Die Schulpsychologin spricht mit den Eltern über den Verlauf der Beschulung und führt mit Hannah standardisierte Testverfahren zum Rechnen, Schreiben, Leseflüssigkeit und Leseverständnis durch. Hannah erzielt im Schreiben einen Prozentrang (PR) von 4.3 und in der Leseflüssigkeit von 9.1. Das Leseverständnis ist zwar mit PR 18.9 besser ausgeprägt, bewegt sich aber dennoch im unterdurchschnittlichen Bereich. Da an der Schule spezifische Fördermaßnahmen aufgrund organisatorischer Schwierigkeiten nicht verlässlich durchgeführt werden, empfiehlt die Schulpsychologin eine außerschulische Therapie und erstellt ein Gutachten zur Beantragung der Kostenübernahme durch das Jugendamt.

Beispiel 3.4: Erhebung des Lernstands zum Beginn der 5. Klasse

Eine Gymnasiallehrkraft möchte sich zum Beginn der 5. Jahrgangsstufe einen schnellen Überblick über die schriftsprachlichen Leistungen der Schülerinnen und Schüler seiner neuen Klasse verschaffen. Sie führt einen standardisierten Leseverständnistest durch und verwendet die Normen zum Ende der 4. Jahrgangsstufe. Insgesamt bewegen sich die Ergebnisse auf einem erfreulichen Niveau. Sieben Schülerinnen und Schüler, von denen fünf aus derselben Grundschulklasse kamen, erzielten im Leseverständnis ein deutlich unterdurchschnittliches Ergebnis. Bei genauerer Analyse stellt sich heraus, dass dieser Befund auf niedrige Lesegeschwindigkeit zurückgeführt werden kann. Die

Lehrkraft kontaktiert das Fachkollegium, um zu erörtern, ob ein Förderkurs für die betreffenden Kinder eingeführt werden kann.

Beispiel 3.5: Bewertung der Kompetenzen von Berufsanfängern in der Personalauswahl

Ein mittelständisches Unternehmen sucht Auszubildende für einen technischen Beruf. Um zu überprüfen, ob die Bewerberinnen und Bewerber Anleitungen verstehen und umsetzen können, wird im Zuge der Bewerbungsgespräche eine Arbeitsprobe vereinbart. Die Aufgabe besteht darin, mit einem Technikbaukasten ein kleines Elektrofahrzeug zu bauen. Hierfür wurde von der Personalabteilung eine kleine Anleitung erstellt, die weitgehend auf Abbildungen verzichtet. Wie bereits in den vorangehenden Jahren zeigt sich auch dieses Mal, dass mehr als die Hälfte der Bewerberinnen und Bewerber nicht in der Lage ist, die Anleitung korrekt umzusetzen.

Diese kleine und keineswegs vollständige Sammlung von Anwendungsszenarien verdeutlicht, dass die Diagnose des Leseverständnisses in vielen verschiedenen Situationen erfolgt, die diagnostischen Mittel und das Ziel der Diagnose aber je nach Alters- und Lebensbereich deutlich variieren. Während es im letzten Beispiel um eine Selektionsentscheidung, also der Auswahl von Personen, geht, sind die anderen diagnostischen Szenarien durch Förderentscheidungen motiviert.

3.1.2 Vergleich informeller Diagnostik und standardisierter Verfahren

Teilt man die verfügbaren Diagnoseinstrumente in standardisierte und normierte Verfahren auf der einen und informelle Diagnostik auf der anderen Seite ein, so lassen sich sehr gut die Vor- und Nachteile beider Arten von Informationserhebung kontrastieren.

Standardisierte und normierte Verfahren[11]

Diese kommen hauptsächlich zum Einsatz, wenn es um Selektions- oder Förderentscheidungen geht (Hasselhorn & Gold, 2009, S. 353 f.). Selektionsentscheidungen betreffen vor allem die Frage der adäquaten Schulwahl, bzw. der Wahl der passenden Leistungsgruppen innerhalb eines eingliedrigen Schulsystems. Da es sich in diesen Fällen um sehr weitreichende Entscheidungen handelt, sollten diese nur nach sorgfältiger Abwägung und auf der Basis belastbarer Informationen getroffen werden. Auch für Förderentscheidungen muss eine Selektion getroffen werden: Welche Schülerinnen und Schüler benötigen zusätzliche schulische Förderungen

---

11 Der Anhang des Buches enthält ein Glossar mit kurzen Erklärungen der wichtigsten Begriffe, die im Rahmen der Anwendung standardisierter Testverfahren auftreten können.

oder eine außerschulische Therapie und in welchem Bereich könnte die Förderung am besten ansetzen? In beiden Fällen ist es wichtig, dass die Leistung eines Kindes nicht nur mit der Leistung der wenigen Klassenkameraden verglichen wird. Wenn es sich um eine leistungsstarke Klasse handelt, würde vielleicht ein Kind als förderbedürftig erscheinen, das im Vergleich zu allen Kindern gleichen Alters normale Leistungen bringt. Umgekehrt würde vielleicht nur ein Teil der förderbedürftigen Kinder identifiziert werden, wenn eine Klasse insgesamt sehr leistungsschwach ist. Deshalb werden die Leistungen eines Kindes bei normierten Verfahren zu den Leistungen einer großen Gruppe Gleichaltriger in Beziehung gesetzt. Ein weiteres Problem bei Leistungsbewertungen ergibt sich daraus, dass menschliche Bewertungen in der Regel anfällig gegenüber verschiedenen Urteilsverzerrungen (z. B. Vorurteilen) sind. Normierte Verfahren sind meist auch standardisiert. Dies bedeutet, dass Durchführung, Auswertung und Interpretation unabhängig von der Person sein müssen, die diese vornimmt. Das Urteil über einen Schüler oder eine Schülerin wird damit so stark wie möglich objektiviert. Zudem muss zur Bewertung kein Vorwissen über die untersuchte Person vorliegen. Dies kann z. B. am Schuljahresbeginn wichtig sein, wenn die Lehrkraft mit den Schülern und Schülerinnen noch wenig vertraut ist. Für Lehrkräfte stellen diese Instrumente deshalb eine wertvolle Informationsquelle dar, die im Rahmen des Unterrichts nutzbringend eingesetzt werden kann. Sollte die Diagnostik sozialrechtliche, juristische oder schullaufbahnentscheidende Konsequenzen haben, so können für die Verwendung der Daten in Gutachten oft weitere Qualifikationen auf Seiten der Testleitung notwendig sein (Studienabschlüsse in Heilberufen oder dergleichen).

Zugleich weisen standardisierte Tests aber auch eine Reihe von Nachteilen auf, die ihrem Einsatz im Rahmen der regulären Beschulung Grenzen setzen: Sie haben meist keinen Bezug zum konkreten Unterricht. Standardisierte Tests zielen auf die Diagnose grundlegender Fähigkeiten ab und sind deshalb nicht auf spezifische Unterrichtsinhalte hin konstruiert. Ihre Vergleichsnormen stellen eine wichtige Grundlage für die Bewertung der Leistungshöhe dar, jedoch geben sie in der Regel keine Auskunft über das Erreichen eines bestimmten Lernziels. Auch variiert die Qualität der Normen zwischen verschiedenen Tests z. T. sehr stark und sie verlieren schnell ihre Gültigkeit. Normen, die älter als 15 Jahre sind, sollten nicht mehr angewandt werden.

Informelle Diagnostik

Diese Nachteile stellen zugleich die Vorteile informeller Diagnostik dar. Hierbei handelt es sich um die normalen Instrumente der Schulleistungserhebungen wie Zensuren aus Schularbeiten, Bewertung von Hefteinträgen und die Beurteilung mündlicher Leistungen im Unterricht. Auch gibt es eine große Zahl informeller Materialien, die Lehrkräfte untereinander tauschen. Diese erlauben es prinzipiell, gezielt und kostengünstig das Erreichen bestimmter Lernziele zu dokumentieren. Sie sind also erheblich genauer dem eigentlichen Unterrichtsgegenstand angepasst. Allerdings sind keine Aussagen über die Zuverlässigkeit und Objektivität der Erhebung möglich. Im Einzelfall kann ein Urteil deshalb starken Verzerrungen unterliegen.

In der Praxis kommt es letztlich darauf an, eine günstige Mischung der verschiedenen Ansätze zu finden. Der Schwerpunkt wird dabei auf informellen Verfahren liegen, die, wenn notwendig und sinnvoll, durch standardisierte Tests ergänzt werden. Einen Überblick über die Vor- und Nachteile der beiden Ansätze listet Tabelle 3.1 auf (▶ Tab. 3.1).

Tab. 3.1: Vor- und Nachteile standardisierter Verfahren und informeller Diagnostik

	Standardisierte Verfahren	**Informelle Diagnostik**
Theoretische Fundierung	+ d. R. basierend auf dem aktuellen Forschungsstand konstruiert + theoretischer Hintergrund muss explizit deutlich gemacht werden	− oft nicht gegeben − bestehen meist aus nicht theoretisch begründeten und unterschiedlich geschickt zusammengestellten Sammlungen von Aufgaben
Unterrichtsbezug	− oft nicht gegeben − Gegenstand sind meist grundlegende Fähigkeiten und nicht spezielle Unterrichtsinhalte	+ können gut auf Lerngegenstand abgestimmt werden + flexibel einsetzbar, da für konkreten Anwendungszweck erstellt
Qualität	+ Qualität der Aufgaben und des Verfahrens bekannt + Durchführung, Auswertung und Interpretation genau vorgegeben + Messfehler bestimmbar	− Gefahr des Einflusses von Urteilsverzerrungen − Qualität der Daten meist nicht bestimmbar − Durchführung und Auswertung nicht standardisiert − Messfehler werden nicht beachtet
Vergleichbarkeit/Bewertungsmaßstäbe	+ meist Normierung vorhanden → relative Position von Personen in Bezug zur Normstichprobe ermittelbar nicht für alle Leistungsbereiche und Altersstufen verfügbar i. d. R. keine absoluten Kriterien, sondern Bewertung auf der Basis sozialer Normen	− d. R. keine unabhängigen Normen, sondern Bewertung auf der Basis informeller Erfahrungswerte oder klasseninterner Normen − Gefahr von Willkür durch subjektive Bewertungen + Anwendung kriterialer/sachlicher Normen: Lernziel erreicht oder nicht?
Ökonomie	+ meist schnell durchzuführen und auszuwerten (Gruppentests) − meist hohe Anschaffungskosten, da Verfahren in der Konstruktion sehr aufwändig	o Durchführungs- und Auswertungsdauer abhängig von konkretem Verfahren − ggf. hoher Aufwand bei der Erstellung + niedrige Anschaffungskosten

Tab. 3.1: Vor- und Nachteile standardisierter Verfahren und informeller Diagnostik – Fortsetzung

	Standardisierte Verfahren	Informelle Diagnostik
Fazit	Objektivierung von Leistungen, gerechtere Auswahl bei Selektions- und Förderentscheidungen	Dominierende Form der Leistungserhebung im Unterrichtsalltag; Entscheidung über das Erreichen von Lernzielen

3.1.3 Lernprozessbegleitende Diagnostik

Seit etwa 1985 setzte sich in den USA ein Ansatz zur Leistungserhebung in Schulen durch, der zum Ziel hat, tatsächlich unterrichtete Inhalte fortlaufend zu überprüfen, um den Lernfortschritt zu dokumentieren. Diese Strömung wurde unter der Bezeichnung *Curriculum Based Measurement* (CBM; Deno, 1985) bekannt und trägt im Deutschen die Bezeichnung *lernprozessbegleitende Diagnostik* (Walter, 2008) oder *Lernverlaufsdiagnostik* (Strathmann, Klauer & Greisbach, 2010). Die Entwicklung der CBM fand ihren Ausgangspunkt im sonderpädagogischen Bereich und war durch zwei Anliegen motiviert (vgl. Wayman et al., 2007): Zum einen sollten diagnostische Maße, auf deren Basis Förderentscheidungen getroffen werden, qualitativ hochwertig sein, wie dies auch die standardisierten Tests sind. Sie müssen also eine hohe *Reliabilität* und *Validität* aufweisen. Zum anderen sollten sie praktikabel und für Lehrkräfte leicht anwendbar sein. Es wurde also Wert auf die Konstruktion robuster, einfach anzuwendender und auszuwertender, effizienter und kostengünstiger Lösungen gelegt. Während man CBM zunächst als eine Möglichkeit der Dokumentation von Lernverläufen ansah, ist sie heute in den USA ein integraler Bestandteil des Unterrichts und eine Möglichkeit, Lehr-Lern-Prozesse besser zu steuern. Es geht also um die Fragen, ob die eigenen Unterrichtsbemühungen erfolgreich sind und wie man evtl. effektiver vorgehen könnte – ein Ansatz der als *Response To Intervention* (RTI) bezeichnet wird (vgl. Beispiel 3.6). Hieran knüpft sich die Hoffnung, Lernproblemen frühzeitig präventiv begegnen zu können und nicht erst auf das Scheitern eines Kindes zu warten.

Im Rahmen der CBM werden deshalb einfache Testverfahren, z. B. das laute, einminütige Vorlesen eines Textes, im Laufe des Schuljahres bei jedem Schüler und jeder Schülerin immer wieder (beispielsweise ein- bis zweimal pro Monat) erhoben. In jüngerer Zeit findet sie auch in Deutschland zunehmend Eingang in diagnostische Prozesse. Viele Ergebnisse zu einzelnen Maßen der Lesediagnostik (▶ Kap. 3.3) stammen aus diesem Forschungsfeld. Auch für Deutschland sind CBM-basierte, standardisierte Verfahren verfügbar, wie beispielsweise die Online-Plattform für Lernverlaufsdiagnostik *quop* (▶ Kap. 3.5.4).

Beispiel 3.6: Anwendung der Lernverlaufsdiagnostik auf die Entwicklung der Leseflüssigkeit bei Erstlesern

Greifen wir auf Beispiel 3.2 zurück: Eine Lehrkraft dokumentiert den Zuwachs an Leseflüssigkeit und -verständnis bei Leseanfängern. Zur Erfassung der Leseflüssigkeit verwendet sie vorgefertigte Übungsaufgaben, bei denen jeweils zu einem Bild aus einer Liste mit drei Alternativen das richtige Wort zugeordnet werden muss. Ein Heft enthält insgesamt 40 Aufgaben. Für die Aufgaben haben die Kinder insgesamt vier Minuten Zeit. Bei Maximilian beobachtet sie ab Schulwoche 16 eine Stagnation (▶ Abb. 3.1).

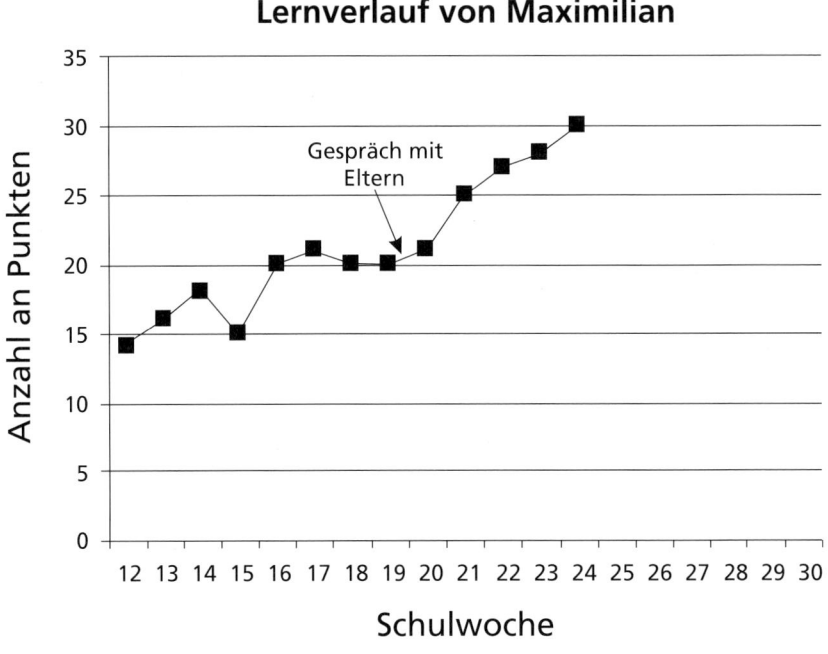

Abb. 3.1: Lernverlauf von Maximilian

Als auch nach vier Wochen kein Fortschritt erkennbar ist, sucht sie in informellem Rahmen das Gespräch mit den Eltern. Die Eltern sind sehr aufgeschlossen und beschließen, täglich fünf Minuten gemeinsam mit Maximilian zu lesen. Wenn Maximilian freiwillig mitmacht, dann bekommt er zum Wochenende ein neues Heft seiner Lieblingscomic-Reihe. Bereits nach kurzer Zeit ist eine Zunahme der Leseflüssigkeit zu beobachten.

3.1.4 Anwendungshinweise für die Durchführung standardisierter Verfahren

Gute Testverfahren enthalten in ihrem Manual alle Informationen, die für die Durchführung, Auswertung und Interpretation notwendig sind. Dies beginnt oft mit einem Überblick auf einer der ersten Seiten, aus dem der Anwendungszweck, der Aufbau, die Zielgruppe und wesentliche Gütekriterien ersichtlich sind. Bevor mit dem Testen begonnen werden kann, muss eine gründliche Einarbeitung in das Handbuch erfolgen.

Damit ein Verfahren als standardisiert gelten kann, muss es hinsichtlich der Durchführung, Auswertung und Interpretation stets gleich ablaufen. Nur so werden die Ergebnisse zwischen Personen vergleichbar. Aus diesem Grund ist es notwendig, dass jeder Test möglichst genaue Regeln festlegt und diese vom Testleiter oder der Testleiterin exakt eingehalten werden. Jedes Verfahren sollte so genau wie möglich die äußeren Umstände der Testung festlegen und auch die Instruktion im Wortlaut beschreiben. Testverfahren, die die Durchführung nicht genau beschreiben oder nicht über eine wörtliche Instruktion verfügen, sind per se qualitativ schlechte Verfahren. Sie sind nicht standardisiert und folglich nicht objektiv.

Eine Abweichung vom vorgeschriebenen Vorgehen ist nur erlaubt, wenn der Test andernfalls nicht durchgeführt werden könnte. Allerdings muss bei der Interpretation der Ergebnisse diese Abweichung deutlich gekennzeichnet werden. Um eine standardisierte Durchführung zu gewährleisten, empfiehlt es sich, die folgenden Punkte zu beachten:

- Machen Sie sich mit dem Test sehr gut vertraut. Lesen Sie das Manual gründlich. Spielen Sie vor der ersten Anwendung die Durchführung konkret durch, um eine hinreichende Sicherheit erlangen.
- Für die konkrete Durchführung sind die Durchführungshinweise maßgeblich. Halten Sie sich so genau wie möglich an diese Beschreibung. Halten Sie sich an die wörtlich vorgegebene Instruktion.
- Tests, die über ein zeitliches Abbruchkriterium verfügen, sollten unter Zuhilfenahme einer Stoppuhr dargeboten werden. Halten Sie sich exakt an die vorgegebenen Zeiten.

Viele Verfahren enthalten zusätzlich zur Instruktion Angaben darüber, welche Informationen den Kindern bei Fragen zusätzlich gegeben werden dürfen. Meist handelt es sich um Angaben zur Testdauer, zu verwendeten Hilfsmitteln oder dergleichen. Inhaltliche Hilfestellungen sind dagegen grundsätzlich nicht erlaubt, da in diesem Fall die Ergebnisse der Kinder nicht unter vergleichbaren Bedingungen zustande kamen.

3.1.5 Interpretation der Ergebnisse standardisierter Verfahren

Anders als bei informellen Verfahren, bei denen eine erzielte Punktzahl (= Rohwert) meist mit den Ergebnissen innerhalb einer Klasse oder mit informellen Vergleichswerten verglichen wird, verfügen standardisierte Testverfahren in der Regel über Normen. Diese wurden im Idealfall, aber leider bei weitem nicht immer, an einer repräsentativen Vergleichsgruppe erhoben und sollten auf einer hinreichend großen Stichprobe basieren. Um das Ergebnis einer Person mit der Eichstichprobe vergleichen zu können, werden die Rohwerte in Normwerte umgewandelt. Hierfür gibt es verschiedene Normwertskalen, von denen die IQ-Skala vermutlich die bekannteste ist. Für Schulleistungstests gebräuchlich sind aber vor allem die T-Wertskala (Mittelwert $M = 50$, Standardabweichung $SD = 10$) oder die Angabe der Ergebnisse in Prozenträngen.

Die Normwerte sollen eine Einschätzung ermöglichen, wie außergewöhnlich ein Ergebnis ist. Normwerte lassen sich relativ leicht interpretieren (▶ Abb. 3.2 und ▶ Tab. 3.2): Liegt ein Kind in einem Bereich von –1 bis +1 *Standardabweichungen* (*SD*) um den Mittelwert, so hat es ein Ergebnis erzielt, das auch die Mehrheit der anderen Kinder erreicht. Je weiter das Ergebnis vom Mittelwert entfernt liegt, desto seltener ist das Ereignis. Werte, die weiter als 1 *SD* entfernt sind, gelten als unter- oder überdurchschnittlich, Werte, die weiter als 2 *SD* vom Mittelwert entfernt sind, gelten als außergewöhnliche Ereignisse. Bei einem Wert von -1.5 *SD* liegt ein starker Verdacht auf eine Lesestörung vor. Durch die Zuordnung von Rohwerten zu Normwerten lassen sich auch die Ergebnisse verschiedener Skalen miteinander vergleichen. Selbst wenn Tests einen völlig verschiedenen Wertebereich haben, kann man durch Vergleich der zugehörigen Normwerte beispielsweise ermitteln, dass ein Kind über eine gute Leseflüssigkeit verfügt, das Leseverständnis im Vergleich dazu aber geringer ausgeprägt ist.

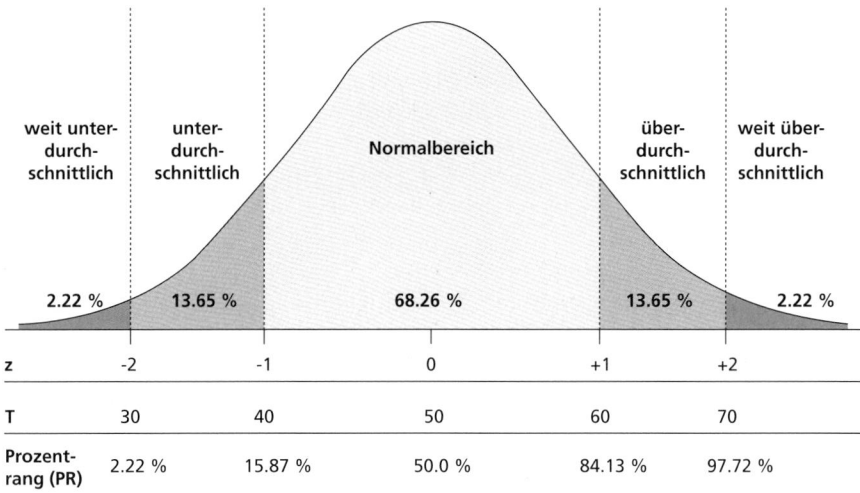

Abb. 3.2: Flächenanteile unter der Normalverteilung und Zuordnung der Normwerte

Es existieren verschiedene Normwertskalen, die ineinander umgerechnet werden können. Drückt man die Abweichung vom Mittelwert schlicht in Standardabweichungen aus, so verwendet man eine sogenannte z-Skala. Durch lineare Transformation lassen diese sich leicht in eine T-Wert-Skala oder eine IQ-Skala umwandeln. Das Prinzip bleibt aber gleich: T-Werte geben ebenfalls an, wie viele Standardabweichungen das Ergebnis vom Mittelwert entfernt ist. Einige Testverfahren verwenden seltenere Skalen oder definieren eigene. Die Salzburger Lesescreenings beispielsweise definieren einen Lese-Quotient, der exakt der Normierung einer IQ-Skala entspricht ($M = 100$, $SD = 15$). Der Hamburger Lesetest 3–4 verwendet wie auch PISA und IGLU eine Skala mit $M = 500$ und $SD = 100$). Eine andere Aussage als z-, T- oder IQ-Werte machen Prozenträge (PR): Diese geben etwa an, wie viel Prozent der Kinder aus der Normierungsstichprobe eine gleich gute oder schlechtere Leistung gezeigt haben als das getestete Kind. Die Leistung des Kindes ist also umso besser, je höher der entsprechende PR ausfällt, bzw. umso schwächer, je niedriger er ist (▶ Abb. 3.2).

Tab. 3.2: Normwertbereiche und zugehörige Bewertungsvorschläge

T-Wert	Prozentrang	Bewertung
< 30	< 2.2	Das Ergebnis liegt in einem weit unterdurchschnittlichen Bereich. Nur sehr wenige Kinder erzielen ein vergleichbar niedriges Ergebnis.
30–40	2.2–15.9	Das Ergebnis liegt im unterdurchschnittlichen Bereich. Möglicherweise liegt eine Lesestörung oder eine allgemeine Lernstörung vor. Die Diagnose einer Lesestörung erfordert i. d. R. einen Wert kleiner gleich 35. Das entspricht den 7 % niedrigsten Ergebnissen.
40–60	15.9–84.1	Das Ergebnis des Kindes liegt in einem durchschnittlichen Bereich. Möchte man weiter differenzieren, so könnte man im Bereich zwischen 15.9 % und 25.0 % vom unteren Normalbereich und zwischen 75.0 % und 84.1 % vom oberen Normalbereich sprechen.
60–70	84.1–97.7	Das Ergebnis des Kindes ist überdurchschnittlich gut ausgeprägt.
> 70	> 97.7	Das Ergebnis gehört zu den 2.2 % der höchsten Leistungen der Normstichprobe. Das Ergebnis ist weit überdurchschnittlich.

> **Tipp!**
>
> Prozenträge sind einfach und unmittelbar interpretierbar. Es ist allerdings *nicht* ohne weiteres erlaubt, in der Individualdiagnostik Mittelwerte oder Differenzen zu bilden, da das Datenniveau der Prozenträge diese Operationen nicht gestattet. Um den mittleren Prozentrang einer Klasse zu bilden, muss man zunächst alle Prozenträge in andere Normwerte umrechnen, also z. B. in T-Werte oder IQ-Werte. Anschließend mittelt man die Werte und rechnet sie dann wieder in einen Prozentrang um. Zur Interpretation sollte zudem immer auch das Konfidenzintervall herangezogen werden, also jener Bereich, in dem mit einer bestimmten Sicherheitswahrscheinlichkeit der wahre Wert einer Person liegt. Hierfür ist es notwendig, die Reliabilität eines Verfahrens zu kennen, um den Messfehler einbeziehen zu können.
>
> Zum einfachen Umrechnen von Skalen existieren kostenlose Auswertungshilfen (z. B. https://www.psychometrica.de/normwertrechner.html), die die Konvertierung von Skalen automatisch vornehmen und das Ergebnis visualisieren.

3.2 Kompetenzstufen

Kompetenzstufen im Bereich der Leseverständnisdiagnostik wurden vor allem im Rahmen der großen Schulleistungsstudien PISA und IGLU in Deutschland bekannt. Der erste öffentlich in Deutschland verfügbare standardisierte Test, der Niveaustufen des Lesens postulierte, war der Hamburger Leseverständnistest für 3. und 4. Klassen (Lehmann, Peek & Poerschke, 1997). Es entstanden zwischenzeitlich weitere Verfahren wie der Frankfurter Leseverständnistest für 5. und 6. Klassen (FLVT 5–6; Souvignier et al., 2008), jedoch stehen aktuell durch Veraltung der Normen keine entsprechenden Verfahren mehr zur Verfügung. Eines der Hauptanliegen dieser Stufenmodelle liegt in der Ergänzung der sozialnormorientierten Diagnostik durch eine Kriteriumsorientierung (▶ Kap. 3.3). Dadurch werden Kennwerte leichter inhaltlich interpretierbar. Anstatt also die individuelle Leistung mit einer Bezugsgruppe zu vergleichen (soziale Bezugsnorm), ist hier das Ziel, Fähigkeiten oder Fähigkeitsniveaus zu definieren und zu erfassen, ob diese erreicht werden oder nicht. Hieraus ergibt sich die Möglichkeit, insbesondere die Ergebnisse aus Schulleistungsstudien für die Öffentlichkeit leichter kommunizieren zu können. So ist beispielsweise die Aussage »Der Schüler bzw. die Schülerin ist nicht in der Lage, deutlich sichtbare Informationen in einem Text zu lokalisieren« leichter zu verstehen als die Angabe »Der Schüler bzw. die Schülerin hat einen Wert von 352 auf der PISA-Skala«. Gleichzeitig lassen sich auch die Aufgaben anhand ihrer Testkennwerte bestimmten Niveaus zuordnen, sodass prototypische Verstehensanforderungen beschrieben werden können.

3.2.1 Kompetenzstufen am Beispiel der PISA-Studie 2009

PISA verfügt über insgesamt acht Niveaustufen, die das gesamte Spektrum der Lesekompetenz abdecken sollen und hierarchisch aufeinander aufbauen. Die einzelnen Stufen umspannen jeweils einen Bereich von 71 Punkten auf der Rasch-Skala und sind inhaltlich folgendermaßen gekennzeichnet (Naumann et al., 2010, S. 27 f.):

Tab. 3.3: Kompetenzstufen in PISA 2009 (Naumann et al., 2010: Tab. 2.1 und 2.2)

Stufe	Inhaltliche Charakterisierung	Wertebereich
< 1b	Keine Fähigkeit zum Verstehen selbst einfachster Texte vorhanden.	< 262
1b	Auf dieser Stufe können Jugendliche eine einzige, explizit gekennzeichnete Information aus einem syntaktisch und inhaltlich einfachen Text entnehmen. Der Text enthält explizite Verstehenshinweise und keine konkurrierenden Informationen.	262–334
1a	Leserinnen und Leser können explizit angegebene Hauptgedanken in einem Text mit vertrauter Form und bekanntem Inhalt lokalisieren und einen Bezug zu ihrem Alltagswissen herstellen.	335–407

Tab. 3.3: Kompetenzstufen in PISA 2009 (Naumann et al., 2010: Tab. 2.1 und 2.2) – Fortsetzung

Stufe	Inhaltliche Charakterisierung	Wertebereich
2	Jugendliche können der Argumentation eines Abschnitts folgen, um Informationen zu lokalisieren oder zu interpretieren. Die Informationen können auch über mehrere Abschnitte verstreut sein.	408–479
3	Leserinnen und Leser müssen Vorwissen über Textformate heranziehen, um implizite und explizite logische Beziehungen zu erkennen. Sie müssen im Text verteilte Informationen lokalisieren, interpretieren und bewerten. Die Informationen sind nicht leicht sichtbar oder sie widersprechen den eigenen Erwartungen.	480–552
4	Jugendliche müssen linguistischen und thematischen Verknüpfungen in einem Text folgen, um sich die Bedeutung tief eingebetteter Informationen zu erschließen. Die Aufgaben enthalten lange Texte, deren Form und Inhalt unbekannt sein kann.	553–625
5	Jugendliche sind in der Lage, verschiedene, tief eingebettete Informationen zu finden und zu bewerten, welche davon relevant sind. Sie können Fachwissen heranziehen, um Hypothesen kritisch zu prüfen. Die Texte sind in Inhalt und Form unbekannt und die Informationen widersprechen den Erwartungen.	626–697
6	Jugendliche sind in der Lage, ein detailgenaues und inhaltlich korrektes Verständnis komplexer Texte aufzubauen. Sie können Schlussfolgerungen und Vergleiche zwischen verschiedenen Texten anstellen und Informationen aus inhaltlich und formell unbekannten Texten entnehmen, die sich z.T. hinter unauffälligen Textdetails verbergen.	> 698

Anmerkung: Die Tabelle charakterisiert die Verstehensanforderungen der Niveaustufen sensu PISA 2009. Die Skalierung beträgt $M = 500$ und $SD = 100$.

3.2.2 Möglichkeiten und Grenzen von Kompetenzstufenmodellen

Kompetenzstufenmodelle liegen normalerweise nur für Testverfahren vor, die auf der Basis der sogenannten Probabilistischen Testtheorie oder auch *Item-Response-Theorie (IRT)* entwickelt wurden (z.B. Tests aus PISA und IGLU). Zentrale Annahme der IRT ist, dass eine Person eine latente (d.h. nicht sichtbare) Eigenschaft hat, die sie dazu befähigt, eine Aufgabe einer bestimmten Schwierigkeit mit einer bestimmten Wahrscheinlichkeit zu lösen. Quantifiziert wird die latente Eigenschaft über den sogenannten Fähigkeitsparameter. Eine besondere Eigenschaft der IRT-Modelle liegt darin, dass auch die Aufgabenschwierigkeit innerhalb der gleichen Metrik abgebildet wird. Versucht beispielsweise eine Person mit Fähigkeitsparameter 1.5 eine Aufgabe der Schwierigkeit 1.5 zu lösen, so beträgt ihre Lösungswahrscheinlichkeit 50%. Es lassen sich also aus einem konkreten Antwortverhalten latente Fähigkeitsparameter schätzen, die wiederum zur Berechnung von Lösungswahrscheinlichkeiten für eine bestimmte Aufgabe eingesetzt werden können.

Kompetenzmodelle machen über das Testmodell hinausgehende Zusatzannahmen: Zunächst wird eine Modellvorstellung basierend auf theoretischen Annahmen erstellt, in der Niveaustufen postuliert werden. Beispielsweise könnte man sich denken, dass es sehr leicht ist, isolierte Informationen in einem Text zu lokalisieren. Schwieriger ist es, mehrere Informationen zu integrieren, und am schwierigsten lassen sich Schlussfolgerungen ziehen, die über einen Text hinausgehen und zusätzlich Vorwissen erfordern (▶ Kap. 3.2.1). Ist das Modell festgelegt, so werden Aufgaben konstruiert, die man durch Experteneinschätzung einer bestimmten Niveaustufe zuordnet, oder es werden die Aufgaben eines bestehenden Tests nachträglich eingeschätzt. In der Testanwendung wird dann mittels der Daten der Normierungsstichprobe jeder erreichten Punktzahl ein Fähigkeitsparameter zugeordnet. Die betreffende Person wird daraufhin derjenigen Kompetenzstufe zugeordnet, in deren Intervall der Fähigkeitsparameter liegt.

Während diese Herangehensweise gut geeignet ist, um im internationalen Vergleich die Leistungsverteilung in unterschiedlichen Ländern miteinander in Bezug zu setzen, ergeben sich in der Leseverständnisdiagnostik auf individueller Ebene einige Schwierigkeiten, die die Gültigkeit der Interpretation in Frage stellen:

1. Die Aufgaben eines Tests müssen von Expertinnen und Experten den Stufen des Kompetenzmodells zugeordnet werden. Diese Einschätzung ist nicht zwangsläufig objektiv, da Leseaufgaben oft nicht eindeutig klassifizierbar sind und zwischen verschiedenen Beurteilern gravierende Unterschiede der Einstufung auftreten können. Die Güte des Kompetenzstufenmodells steht und fällt mit der Übereinstimmung der Expertenratings.
2. Die Schwierigkeit von Leseaufgaben hängt von vielen Faktoren ab, wie der Textgestaltung, der Wahl des verwendeten Wortschatzes, der syntaktischen Komplexität der Sätze etc. (▶ Kap. 2.1.3). Bei Fachtexten fällt es Jugendlichen unter Umständen sehr schwer, selbst einfache, explizit im Text angegebene Informationen zu lokalisieren. Demgegenüber gelingt möglicherweise das Ziehen von Schlussfolgerungen über den Text hinaus, sofern dieser vertraute Inhalte enthält und die Situationen aus dem konkreten Lebensumfeld entlehnt sind. Dennoch kann das erste Beispiel eine Aufgabe mit sehr guten Kennwerten sein. Eine solche Aufgabe würde unter Umständen aufgrund der fehlenden Übereinstimmung mit dem Modell trotz guter psychometrischer Eigenschaften ausgeschlossen werden.
3. Bildet sich in der Testnormierung das Modell nicht in der Rangfolge der Aufgabenschwierigkeiten ab, dann muss entweder das Modell geändert werden oder es werden unpassende Aufgaben entfernt. Meist werden unpassende Aufgaben entfernt.
4. Es werden oft sehr großzügige Überlappungen zwischen den Kompetenzstufen zugelassen. Tatsächlich löst in PISA ein Schüler, der sich am unteren Ende einer bestimmten Stufe befindet, die leichten Aufgaben dieser Stufe mit einer Wahrscheinlichkeit von 62 %, die schweren Aufgaben mit einer Wahrscheinlichkeit von 42 % (Artelt, Stanat, Schneider & Schiefele, 2001, S. 95); befindet er sich am oberen Ende der Stufe, so beträgt die Lösungswahrscheinlichkeit für leichte Aufgaben derselben Stufe 78 %, für schwere Aufgaben 62 %. Zwar ist PISA nicht

für die Individualdiagnostik geeignet, jedoch gibt es einige, bereits erwähnte Verfahren, wie auch Lernstandserhebungen, in denen dieser Ansatz verfolgt wird.
5. Durch die Zuordnung zu einer Kompetenzstufe geht Messgenauigkeit verloren, ohne dass hierdurch zuverlässig andere diagnostische Informationen gewonnen werden. Der (kontinuierlich skalierte) Fähigkeitsparameter erlaubt eine erheblich exaktere Einschätzung der Leistung.
6. Bei der Angabe von Kompetenzstufen wird auf die Angabe von Konfidenzintervallen verzichtet. Die Messgenauigkeit eines Testverfahrens bleibt folglich unberücksichtigt (▶ Kap. 3.4.3).
7. Die Kompetenzstufen verschiedener Testverfahren hängen vom zugrunde gelegten Modell ab und sind deshalb nicht unmittelbar vergleichbar. So lassen sich beispielsweise die Ergebnisse von IGLU und PISA nicht miteinander in Bezug setzen. In der Folge können auch die erreichten Kompetenzstufen eines Schülers in unterschiedlichen Verfahren nicht unmittelbar miteinander in Bezug gesetzt werden.

In den Schulleistungsstudien werden diese Modelle deshalb lediglich zur Veranschaulichung der Leistungsverteilung innerhalb der untersuchten Population herangezogen. Ihr Einsatz im Rahmen der Individualdiagnostik ist weder das eigentliche Anliegen noch die Stärke von Kompetenzstufenmodellen. Die Stufen selbst wie auch deren sprachliche Interpretation leiten sich in den allermeisten Fällen nicht aus den zugrunde gelegten Testmodellen ab und sind aus diesem Grund lediglich eine Hilfskonstruktion zur leichteren Interpretierbarkeit und zur Kommunikation der Ergebnisse von Schulleistungsstudien.

3.2.3 Implikationen für den Unterricht

Schülerinnen und Schüler, die in einem Test einer bestimmten Kompetenzstufe zugeordnet wurden, haben nicht zwangsläufig alle Aufgaben dieser Stufe oder der darunter liegenden Stufen gelöst (Artelt et al., 2001, S. 88 f.). Die Ermittlung der Fähigkeit geschieht bei diesen Tests ausschließlich über die Gesamtpunktzahl und unabhängig davon, welche Aufgaben tatsächlich korrekt bearbeitet wurden. Die Zuordnung zu einer Stufe gibt also lediglich eine Wahrscheinlichkeitsaussage über die allgemeine Leistungsfähigkeit wieder. Sie erlaubt normalerweise auch nicht den Rückschluss auf bestimmte Teilkompetenzen, da bei einer zugrunde gelegten IRT-Skalierung die Testverfahren eindimensional sind und nicht über einen hierarchischen[12] Aufbau verfügen. Befindet sich ein Schüler auf einem hohen Kompetenzniveau, z. B. der Fähigkeit, einen Text kritisch zu reflektieren, dann sagt das nicht zwangsläufig etwas über seine Leseflüssigkeit aus.

---

12 Ein hierarchischer Aufbau liegt nur insofern vor, als Schüler und Schülerinnen einer höheren Kompetenzstufe Aufgaben einer niedrigeren Stufe mit höherer Wahrscheinlichkeit lösen. Darüber, ob die durch Expertenvotum festgelegten Eigenschaften einer höheren Stufe die Teilfähigkeiten einer niedrigeren Stufe umfassen, wird dagegen keine Aussage gemacht.

Kompetenzstufenmodelle sind keine didaktischen Modelle! Werden aus der Zuordnung zu einer Kompetenzstufe Fördermaßnahmen abgeleitet, so kann dies zu Fehlentscheidungen führen. Für eine Schülerin oder einen Schüler einer hohen Kompetenzstufe kann es dennoch von Nutzen sein, die Leseflüssigkeit weiter zu verbessern, wohingegen man auch bei einer niedrigeren Stufe über Textinhalte reflektieren sollte.

> **Zusammenfassende Bewertung der Kompetenzstufen**
>
> Die postulierten Kompetenzstufenmodelle oder Niveaustufen der Lesekompetenz haben ihre Stärke in der Veranschaulichung komplexer psychometrischer Kennwerte. Sie spielen eine große Rolle bei der Kommunikation der Leistungsverteilung einer untersuchten Gruppe an die Öffentlichkeit, z. B. im Rahmen von Schulleistungsstudien. Die Verwendung in der Individualdiagnostik und die Ableitung konkreter Fördermaßnahmen aus der Zugehörigkeit zu einer bestimmten Stufe sind dagegen kritisch zu sehen. Kompetenzstufenmodelle sind keine didaktischen Modelle!

3.3 Kriteriale Bezugsnormen

Viele psychometrische Verfahren bestimmen vordringlich, wie extrem oder außergewöhnlich ein Ergebnis ist. Manche bieten auch die Analyse der Ausprägung verschiedener Teilprozesse des Lesens. Auch bei der Verwendung von Kompetenzstufen wird in erster Linie die Höhe einer Merkmalsausprägung im Vergleich zu einer Normstichprobe bestimmt (▶ Kap. 3.2.2). Was diese Ansätze aber nicht leisten können, ist die Definition eines Zielhorizonts: Welche Leistungen sollte eine Schülerin oder ein Schüler eines bestimmten Alters beherrschen? Solche Zielvorstellungen leiten sich nicht aus entwicklungspsychologischen oder lesedidaktischen Modellen ab, sondern müssen letztlich normativ gesetzt werden, beispielsweise durch Kultusbehörden, in der Fachdidaktik oder allgemein durch den gesellschaftlichen Diskurs. Da aufgrund der Kultushoheit Lernziele regional unterschiedlich ausfallen, wird im Folgenden auf die Bildungsstandards der Kultusministerkonferenz sowie auf ein didaktisches Modell (Holle, 2010) zurückgegriffen.

3.3.1 Progressionsplateaus der Lesekompetenz

Holle (2010, S. 63 ff.) postuliert verschiedene Plateaus der Lesekompetenz, die sich jeweils über eine Reihe von (Schul-)Jahren erstrecken und mit spezifischen kognitiven Anforderungen und Interessen einhergehen. Kinder durchlaufen die Plateaus mit einer individuellen Geschwindigkeit, sodass sich die Plateaus stark überlappen.

Entsprechend der Zugehörigkeit zu einer bestimmten Stufe sind unterschiedliche diagnostische Informationen relevant:

- **Unterstütztes Lesen**
  Dieses Plateau erstreckt sich nach Holle (2010) vom letzten Vorschuljahr bis zum Ende der 3. Klasse. In der Vorschulzeit übernähmen Kinder Verhaltensweisen der Eltern (z. B. Mitzeigen beim Lesen, Umblättern …) und erwürben basale Buchkonzepte wie z. B. die Leserichtung und den äußeren Aufbau von Büchern. Holle (2010, Tab. 3) empfiehlt, in dieser Zeit diagnostische Informationen zur phonologischen Bewusstheit und basales Wissen über Literaturformen (»Buchkonzept«) zu überprüfen. In der 1. und 2. Klasse stehen nach Holle das »phonemische Bewusstsein« (Erkennen von An-, In- und Endlauten von Wörtern) sowie das Erlernen der Buchstaben-Laut-Beziehung im Vordergrund. Dementsprechend empfiehlt er, phonologische Leistungen, das Erlesen von Wörtern und Sätzen, basale Kenntnisse über Buchstaben, Buchstaben-Laut-Verbindungen und das mündliche Nacherzählen zu erfassen.
- **Selbstständiges Erlesen**
  Dieses Plateau reicht nach Holle (2010, S. 67) von der 1. bis zur 6. Klasse. In der Zeit zwischen der 1. und der 3. Klasse stünden Texte im Vordergrund, die dem engeren Erfahrungsumfeld der Schüler entlehnt seien. Neben der reinen Dekodierung gewännen nun die Hinzuziehung textlicher Hinweissysteme, der Aufbau eines Sichtwortschatzes und das Sprechen über Textinhalte an Bedeutung. Von der 3. bis zur 6. Klasse überschritten Texte nun auch das engere Erfahrungsfeld der Schüler und die Kinder begännen, morphologische, syntaktische und textstrukturelle Hinweise zu nutzen. Auch gewönnen Lesestrategien an Bedeutung. Laut Holle spielte in dieser Zeit die Erfassung phonologischer Fähigkeiten eine Rolle,[13] daneben auch Maße zum Dekodieren und Textverstehen aus standardisierten Verfahren (▶ Kap. 3.5).
- **Flüssiges und strategieorientiertes Lesen**
  Nach Holle (2010, S. 67) beginnen die Kinder am Ende der Grundschulzeit gezielt, Strategien (z. B. Vorwissen aktivieren) einzusetzen und zunehmend stärker ihren Lernprozess zu beobachten und zu kontrollieren. Sie können zunächst narrative Texte mit linearem Handlungsstrang sowie klar strukturierte Sachtexte lesen (Klasse 4–6), später auch vielschichtigere narrative Texte und Sachtexte mit hierarchisch angeordneten Unterthemen (Klasse 5–7). In dieser Zeit empfiehlt Holle die Erfassung von Leseverständnisleistungen Leseverständnistests und die Diagnose von Lesestrategiewissen.
- **Adaptives und urteilsfähiges Lesen**
  Dieses Plateau erstreckt sich bis zum Ende der Schulzeit und sicher auch darüber

---

13 Nach meiner eigenen Einschätzung ist es nicht sinnvoll, Leistungen des Spektrums phonologische Bewusstheit über das zweite Schuljahr hinaus zu diagnostizieren und auch zu diesem Zeitpunkt sind diese Informationen nur im extrem leistungsschwachen Bereich nutzbringend. Die gezielte Erfassung der phonologischen Bewusstheit ist – sofern überhaupt – in der Vorschule und bei der Einschulung bedenkenswert. Sie erübrigt sich zudem bei einer individualisierten Förderung von Vorschulkindern und Schulanfängern.

hinaus. Es stellt eine gereifte Fähigkeit des Verstehens von Texten dar: Sowohl die Bandbreite an Textgattungen und Genres als auch deren Komplexität ist hoch. Schülerinnen und Schüler sind in der Lage, bewusst zu lesen und ihre Leseaktivitäten und den Strategieeinsatz dynamisch an die Leseanforderung anzupassen. Sie sollten in der Lage sein, kritisch zu lesen und über Textinhalte zu reflektieren (Holle, 2010, S. 68). In dieser Zeit stehen Lernstandserhebungen und einige standardisierte Verfahren zur Verfügung sowie aus didaktischer Sicht die Fähigkeit zur Texterschließung narrativer Texte.

3.3.2 Bildungsstandards (KMK)

Es liegen mehrere Beschlüsse der Kultusministerkonferenz vor, die einen Zielhorizont für die Lesekompetenzen zum Ende des Primarbereichs, für den ersten und mittleren Schulabschluss und für die Hochschulreife definieren. Die Konzepte wurden ursprünglich 2003 und 2004 veröffentlicht und 2022 (Primarstufe und Sekundarstufe 1) bzw. 2012 (Hochschulreife; KMK, 2012a) aktualisiert. Mit dem Charakter allgemeiner Bildungsstandards, auf die sich die Kultusministerien der verschiedenen Länder einigen konnten, geht ein relativ hoher Abstraktionsgrad einher. Die Standards selbst bieten folglich keine konkreten Schwellwerte oder Inhalte, an denen die Erreichung eines Bildungsziels gemessen werden könnte. Im Vergleich zur früheren Fassung wuchs die Anzahl unterschiedlicher Bereiche stark an, ohne dass diese immer sicher voneinander abgegrenzt werden können. Die Standards für die Hochschulreife zielen im Bereich Lesen stark auf literaturwissenschaftliche Aspekte, sodass auf diese an dieser Stelle nicht eingegangen wird.

Primarbereich

Die KMK (2022a, S. 16 ff.) ordnet das Lesen anders als in der früheren Version nicht mehr explizit dem Deutschunterricht zu, sondern bezieht v. a. bei den Fähigkeiten, die über basale Leseprozesse hinausgehen, auch die Kooperation mit anderen Fächern ein. Eine deutliche Erweiterung stellt zudem der Einbezug des digitalen Lesens und die Fähigkeit im Umgang mit dem Medienangebot dar. Die KMK definiert 10 verschiedene Bereiche und unterscheidet bei den ersten vier Kategorien zwischen Lesefertigkeiten (Punkt 1 und 2) und Lesefähigkeiten (Punkt 3 und 4):

1. *Flüssig lesen* (sichere Erkennung von Wortbestandteilen und Wörtern, Beachtung von Satzzeichen, sinngestaltendes Vorlesen, angemessenes Lesetempo)
2. *Über Lesetechniken verfügen* (Orientierung in Texten und Nutzung von Textgestaltungsmerkmalen wie Absätzen und Zwischenüberschriften)
3. *Leseverstehen* (lokale Kohärenzbildung, Integration von Text – Bild – Ton, Verknüpfung von Textinformationen mit dem Vorwissen, Nutzung digitaler Navigationsstrukturen)
4. *Über Strategien zum Leseverstehen verfügen* (Kenntnis und Anwendung kognitiver und metakognitiver Lesestrategien)

5. *Sich mit Texten und Medien auseinandersetzen* (Lesefreude im Umgang mit literarischen und nicht-literarischen Texten, Ausbildung von Lese- und Medieninteresse, Nutzung und Bewertung von Texten unterschiedlicher Medien)
6. *Über Textwissen verfügen* (Kenntnis von Textsorten und Gattungen, Nutzung von Medien für persönliche und schulische Zwecke, Recherche)
7. *Sich im Medienangebot orientieren* (kompetente Auswahl von Quellen, Fähigkeit zur kritischen Bewertung der Aussagekraft der ausgewählten Texte)
8. *Texte in unterschiedlicher medialer Form erschließen und nutzen* (Nutzung von Quelleninformation, Anschlusskommunikation, Nutzung nicht-linearer Texte)
9. *Digitale Formate und Umgebungen* (Verwendung und kritischer Umgang mit der gesamten Bandbreite digitaler Formate)
10. *Texte präsentieren* (vorlesen, vortragen und vorstellen selbst ausgewählter Texte)

Erster und mittlerer Schulabschluss

Dieser Erlass (KMK, 2022b, Kap. 4.3) weist eine weitgehend identische Struktur wie die Bildungsstandards im Primarbereich auf – lediglich mit einer größeren Breite und Tiefe der betreffenden Kompetenzen. Statt Punkt 10 (Texte präsentieren) finden sich zusätzlich die beiden Bereiche a) Literatur in unterschiedlicher Medialität und b) pragmatische Texte in unterschiedlicher Medialität. Beide beziehen sich auf die Interpretation von Texten und die Integration von Informationen aus unterschiedlichen Dokumenten etc.

3.4 Zentrale Informationsquellen

Wie in Kapitel 2 deutlich geworden ist (▶ Kap. 2), stellt Leseverständnis eine zusammengesetzte Fähigkeit dar, die von zahlreichen individuellen und textseitigen Aspekten beeinflusst wird. Möchte man auf individueller Ebene herausfinden, ob ein Schüler oder eine Schülerin das Potenzial hat, zukünftige Leseanforderungen zu meistern, so kann hierfür an verschiedenen Ebenen angesetzt werden:

1. **Distale Informationsquellen**
   Zu diesen Variablen gehören alle Faktoren, die das Leseverständnis mittelbar beeinflussen. Meist sind sie jedoch nur in der Gutachtenerstellung relevant und werden im Rahmen der Schule eher selten erhoben. Sie werden deshalb an dieser Stelle nur kurz benannt, ohne sie weiter auszuführen. Zu diesen zählen auf Seiten des Individuums die allgemeine Intelligenz, das Arbeitsgedächtnis, das Selbstkonzept, lernbegleitende Emotionen wie Leistungsängstlichkeit sowie – weiter entfernt – auch der Bildungshintergrund, die Unterstützung durch die Eltern, Migrationsgeschichte etc.

2. **Proximale Informationsquellen**
Hierbei geht es um Variablen, von denen wir wissen, dass sie das Leseverständnis unmittelbar beeinflussen. Je nach Entwicklungsstand können diese Variablen variieren, da Aspekte, die beispielsweise in frühen Phasen des Schriftspracherwerbs eine Rolle spielen, später in den Hintergrund treten, andere – z. B. strategisches Verhalten – dagegen bedeutsamer werden. Interessant sind diese proximalen Variablen unter anderem auch deshalb, weil auf diese Weise unter Umständen Probleme deutlich werden, die das Leseverständnis limitieren und an denen in der Förderung angesetzt werden könnte. Zu den wichtigsten Variablen gehören ein schnelles und fehlerfreies Dekodieren (Leseflüssigkeit), syntaktische Fertigkeiten, Lesestrategiewissen, verbales Sprachverständnis, Motivation und Leseselbstkonzept sowie bei Leseanfängern die phonologische Informationsverarbeitung (▶ Kap. 2.2). Unter diesen Variablen spielt die *Leseflüssigkeit* in der Diagnostik zweifellos die Hauptrolle. Zwar ist auch das *bereichsspezifische Vorwissen* sehr wichtig, jedoch hängt es sehr stark vom verwendeten Textmaterial ab, sodass man durch dessen Erfassung nur schwer auf übergreifende Fähigkeiten schließen kann. Es empfiehlt sich, zur Verringerung des Vorwissenseinflusses auf die Testleistung bei der Verwendung von Sachtexten in der Diagnostik auf Themengebiete zurückzugreifen, die Kindern und Jugendlichen der betreffenden Altersgruppe möglichst wenig bekannt sind. Ein ähnliches Problem stellt die mit dem bereichsspezifischen Wissen nah verwandte Variable *Wortschatz* dar, die aufgrund ihres Facettenreichtums und der Abhängigkeit von der verwendeten Thematik gleichermaßen schwer erfassbar ist. Im Folgenden wird von diesen Variablen die Leseflüssigkeit fokussiert betrachtet.

3. **Erfassung des aktuellen Leseverständnisses als Prädiktor für zukünftige Leistungen**
Einer der besten Indikatoren zur Vorhersage zukünftiger Leistungen ist das vorangegangene Verhalten (vgl. Amelang & Schmidt-Atzert, 2006, S. 11). Das bedeutet: Je leichter es einem Menschen gelingt, einen Text zu verstehen, desto größer ist die Wahrscheinlichkeit, dass dies auch bei einem zukünftigen Text zuverlässig möglich ist. Dieser Schluss muss nicht zwangsläufig zutreffen. Immerhin ändern sich im Laufe der Beschulung Leseanlässe und Textgattungen, Leseflüssigkeit tritt in den Hintergrund etc. Dennoch handelt es sich um eine plausible Herangehensweise.

Welche diagnostische Strategie konkret am besten geeignet ist, lässt sich dabei nur sehr schwer endgültig ermessen, da sich kein absolutes Erfolgskriterium festlegen lässt: Untersucht man, welche Variablen zukünftiges Leseverständnis zutreffend vorhersagen, so hängt dies stets davon ab, wie zukünftiges Leseverständnis gemessen wird. Kommt dabei ein Test zur Anwendung, der Lesegeschwindigkeit berücksichtigt, so wird ein vorhergehender Test mit Zeitbegrenzung per se eine bessere Vorhersagegüte aufweisen. Nimmt man stattdessen beispielsweise die Deutschnoten oder die Einschätzung der Lehrkraft, so fließen sehr viele Aspekte in dieses Urteil mit ein, die nichts mit Leseverständnis zu tun haben.

3.4.1 Ermittlung der Leseflüssigkeit

Zur Erfassung der Leseflüssigkeit wird in der Regel eine Liste an Wörtern oder ein Fließtext präsentiert. Das Kind liest das Wort- oder Textmaterial entweder laut vor oder es ordnet Wörter Bildern zu. Erfasst wird, wie viel Textmaterial in einer vorgegebenen Zeit verarbeitet wird, und wie viele Fehler dabei auftreten.

Lautes Vorlesen von Wortlisten

Das laute Vorlesen von Wortlisten ist ein sehr weit verbreitetes Maß zur Erfassung der Leseflüssigkeit, da es leicht durchführbar ist und robuste Ergebnisse erbringt (Bellinger & DiPerna, 2011). Die Kinder müssen bei diesem Aufgabenformat eine Liste an Wörtern vorlesen und haben dabei nur wenig Zeit zur Verfügung, beispielsweise eine Minute (siehe Beispiel 3.7). Es wird erfasst, wie viele Wörter korrekt gelesen wurden und wie viele Fehler auftraten. Da die Lesegeschwindigkeit stark mit dem verwendeten Wortmaterial variiert, empfiehlt es sich, die Leistungen v. a. klassenintern zu vergleichen, bzw. bei Wiederholungsmessungen die Veränderung der Geschwindigkeit bei einem Kind zu ermitteln. Orientierungswerte zur Einschätzung können die Ergebnisse der Salzburger Längsschnittstudie (▶ Kap. 2.2.2) oder die Empfehlungen von Rosebrock et al. (2011, S. 55 ff., 81 ff.) liefern. Dementsprechend erreichen durchschnittliche Leserinnen und Leser am Ende der Grundschulzeit eine Geschwindigkeit von mindestens 100 Wörtern pro Minute. Dieser Wert muss allerdings mit Vorsicht gehandhabt werden, da es sich lediglich um einen informellen Richtwert handelt. Für eine genaue Einschätzung ist der Einsatz standardisierter Testverfahren notwendig. Beispielsweise enthält der SLRT-II (Moll & Landerl, 2014) solche Untertests mit realen Wörtern und Pseudowörtern.

Das laute Vorlesen kann vor allem in der ersten Hälfte der Grundschulzeit (bei schwachen Lesern auch noch später) nutzbringend eingesetzt werden, da sich hierdurch nicht nur die Geschwindigkeit, sondern auch die Genauigkeit erheben lässt. Diese spielt v. a. in den ersten beiden Jahren des Schriftspracherwerbs eine große Rolle. Später unterscheiden sich starke von schwachen Lesern v. a. durch die Geschwindigkeit und nicht mehr durch die Anzahl von Fehlern. Darüber hinaus kann beim lauten Vorlesen beobachtet werden, wie Kinder sich Wörter erarbeiten, d. h., ob sie in der Lage sind, die Silbenstruktur zu erkennen und ob sie zuverlässig Schriftzeichen und Laute einander zuordnen können.

Beispiel 3.7: Vorlesen von Wortlisten

»Bitte lies die folgende Liste von Wörtern so schnell und fehlerfrei wie möglich vor:«

Entfernung	Päckchen
Kompass	Medien
Impfung	Schalter
Ärztin	Beispiel
Geheimnis	Flüssigkeit
Information	Kreuzung

Gewitter	Entwicklung
Fröhlichkeit	Flugzeug
Maschine	Gefühl
Nahrung	Technik
Verschmutzung	Gewächs
Zukunft	...
Strände	

Die Wortliste wird schriftlich vorgelegt und es wird gezählt, wie viel Zeit das Kind für die Liste benötigt oder wie viele Wörter es in einer vorgegebenen Zeit lesen kann. Zusätzlich wird die Anzahl der Fehler gezählt. Als Leistungsindikator wird die Anzahl richtig gelesener Wörter pro Minute berechnet.

Anmerkung: Die Wörter wurden dem Grundwortschatz des bayerischen Lehrplans für 4. Klassen entnommen und zufällig angeordnet. Es wurden ausschließlich mehrsilbige Wörter verwendet, bei denen Silbengrenzen z. T. nicht eindeutig identifizierbar sind und die über irreguläre Graphem-Phonem-Zuordnungen verfügen.

Im Laufe des Leseerwerbs geht die Bedeutung der Leseflüssigkeit zurück, da auch schwache Leserinnen und Leser im Laufe der Schulzeit eine hinreichende Lesegeschwindigkeit erwerben und andere Faktoren limitierend wirken. Zwar kann sie v. a. bei leistungsschwachen Personen nach wie vor das Leseverständnis begrenzen, für den Leseverständnisprozess stellt sie allerdings nur noch einen von mehreren Einflussfaktoren dar. Auch wenn in der Grundschule eine hohe Korrelation mit dem Leseverständnis zu finden ist, so ist die Leseflüssigkeit keinesfalls mit dem Leseverständnis gleichzusetzen. Viele Kinder können nämlich sehr flüssig lesen, ohne dass sie über ein sicheres Verständnis des Gelesenen verfügen (vgl. Marston, 1989; Hoover & Gough, 1990; Hamilton & Shinn, 2003) – ein Phänomen, das als Hyperlexie bezeichnet wird. Es besteht auf diese Weise die Gefahr von Fehlschlüssen, indem Kinder mit problematischem Leseverständnis, aber guter Leseflüssigkeit fälschlicherweise nicht erkannt werden. Auch der umgekehrte Fall ist denkbar: Artikulationsprobleme können das laute Lesen behindern, obwohl das Kind leise sehr flüssig lesen und Texte gut verstehen kann. Für ein solches Kind kann das laute Vorlesen im Klassenkontext zudem beschämend sein, sodass eine Diagnostik zumindest ohne die Anwesenheit anderer Schülerinnen und Schüler erfolgen sollte. An dieser Stelle wird deutlich, dass der hohen Ökonomie bei der Aufgabenerstellung der große Durchführungsaufwand gegenübersteht. Abschließend sei außerdem darauf hingewiesen, dass einer der Indikatoren hoher Lesefähigkeit gerade darin besteht, dass beim Lesen der Satzkontext zum Verständnis einzelner Wörter hinzugezogen wird (Klicpera & Gasteiger-Klicpera, 1995, S. 133), sodass das Erfassen einzelner Wörter in Listen nur bedingt mit dem Lesen von sinnvollem Textmaterial gleichgesetzt werden kann.

3.4 Zentrale Informationsquellen

Leises Lesen von Wortlisten

Einige der Nachteile des lauten Vorlesens lassen sich beim stillen Lesen von Wortlisten ausräumen. Hierbei liest das Kind entweder einzelne Wörter und muss diesen jeweils ein passendes Bild zuordnen oder es sieht ein Bild und muss aus einer Auswahlliste das passende Wort dazu finden. Auch hier wird erhoben, wie viele Wörter das Kind innerhalb einer vorgegebenen Zeit richtig zuordnet (▶ Beispiel 3.8).

Beispiel 3.8: Diagnose stillen Lesens am Beispiel einer Wort-Bild-Zuordnung

„Bitte unterstreiche das Wort, das zum Bild passt!"

Tonne   Tanne   Tasse   Kasse

Abb. 3.3: Beispielaufgabe in Anlehnung an den Wortverständnistest von ELFE-II (Grafik: Alexandra Lenhard)
Anmerkung: Das konkrete Beispiel stammt aus einer Pilotierungsuntersuchung des Tests ELFE II. Achten Sie bei der Konstruktion der Aufgaben auf die Auswahl der Alternativen. Diese sollten – wenn möglich – graphemisch und phonemisch ähnlich sein und die gleiche Anzahl von Silben aufweisen oder alternativ nach inhaltlicher Ähnlichkeit ausgewählt werden.

Dieser Ansatz verfügt weitgehend über die gleichen Vorteile wie das laute Lesen von Wortlisten. Anders als dort spielt aber die Artikulationsgeschwindigkeit des Kindes eine kleinere Rolle. Das Verfahren ist gut im Klassenkontext einsetzbar und die Auswertung ist schnell und zuverlässig möglich. Auch ist später in der Regel das leise – nicht das laute – Lesen der Regelfall, sodass die erhobene Leistung ein ökologisch valideres Maß darstellt als das laute Vorlesen von Wortlisten. Ein Nachteil gegenüber dem lauten Lesen besteht hingegen darin, dass keine Analyse der konkret angewandten Worterkennungsstrategien möglich ist. Diese Information wäre v. a. zu Beginn des Schriftspracherwerbs und bei sehr schwachen Lesern nützlich. Zudem muss bei Mehrfachwahlaufgaben die Ratewahrscheinlichkeit berücksichtigt werden und die Konstruktion geht mit einem erhöhten Aufwand einher, beispielsweise wenn Bildmaterial verwendet wird.

Lautes (expressives) Lesen von Fließtexten

Beim lauten Vorlesen von Fließtexten besteht die Aufgabenstellung darin, einen Text expressiv vorzulesen. Auf diese Weise kann beobachtet werden, ob das Kind in der Lage ist, Wichtiges hervorzuheben, sinnvoll Betonungen und Pausen zu setzen (z. B. bei Interpunktion am Satzende), Lesefehler zu erkennen und selbstständig zu korrigieren. Es handelt sich also um ein Aufgabenformat, das viele Leseverständnisfacetten berücksichtigt. Der große Vorteil dieser Herangehensweise liegt in der Verwendung sinnvollen Textmaterials, sodass die erhobene Leistung bereits eng mit späteren Leseanforderungen verwandt ist. Ähnlich wie das laute Vorlesen von Wortlisten ist es sehr ökonomisch einsetzbar, weshalb es vermutlich wohl die häufigste Form in Schulen angewandter informeller Lesediagnostik ist.

Während die Anzahl von Fehlern beim Vorlesen kein guter Indikator für das Leseverständnis ist, hat sich v. a. die Anzahl korrekt vorgelesener Wörter pro Minute als ein sehr guter Prädiktor erwiesen (siehe Walter, 2009): Die Zusammenhänge mit den Ergebnissen aus standardisierten Leseverständnistests in der Primarstufe liegen überwiegend in einem sehr hohen Bereich. Systematisiert man die Beobachtung also stärker, als dies beim bloßen Vorlesen im normalen Unterricht der Fall ist, so lassen sich auf diese Weise sehr gute Hinweise auf das Leseverständnis ableiten. Hierfür ist es notwendig, sowohl die Anzahl richtiger Wörter als auch die dafür notwendige Zeit zu dokumentieren.

Der Nachteil dieses Ansatzes liegt wie bei anderen Lautleseverfahren in der potenziellen Fehleinschätzung von Kindern mit Artikulationsproblemen. Expressives Lesen allein garantiert noch kein Leseverständnis. So sind beispielsweise auch computerbasierte Sprachsynthesesysteme eingeschränkt in der Lage, Betonungen korrekt zu setzen und die Sprachmelodie von Sätzen zu modellieren, ohne dass sie über Sprachverständnis verfügen. Demgegenüber kann stockendes Lesen nicht zwangsläufig auf niedriges Leseverständnis zurückgeführt werden. Zudem ist das laute Vorlesen im Klassenkontext für schwache Leserinnen und Leser potenziell beschämend, sodass eine Einzelsituation für die Diagnostik angestrebt werden sollte. Die Erfassung der Leseflüssigkeit ist zudem weniger ökonomisch als bei Stillleseverfahren, da jedes Kind einzeln überprüft werden muss.

Beispiel 3.9: Running Records und KI-basierte Ansätze

Ein v. a. im englischsprachigen Bereich weit verbreiteter Ansatz sind die sog. »*Running Records*«. Kinder lesen dabei einen Text laut vor und die Lehrkraft protokolliert alle Fehler, die dabei auftreten, also beispielsweise fehlerhafte Aussprachen, Auslassungen, Ergänzungen, Selbstkorrekturen und übersehene Satzzeichen. Zudem wird festgehalten, wie weit ein Kind in einer bestimmten Zeit kommt, also wie viele Wörter pro Monate korrekt vorgelesen werden. Das Verfahren gilt als sehr reliable Form der Erfassung der Leseflüssigkeit, sofern mehrere Wiederholungsmessungen durchgeführt werden (D'Agostino et al., 2021).

Ein Nachteil besteht im hohen Aufwand, der durch die Protokollierung des Leseprozesses entsteht. Die enorme Entwicklung künstlicher Intelligenz hat jedoch Hilfsmittel ermöglicht, die dies automatisiert durchführen. Beispielsweise können in *Reading Progress für Microsoft Teams* (Microsoft Bildungsteam, 2021) Texte eingestellt werden, die dann von den Kindern einer Klasse laut am Computer vorgelesen werden. Teams analysiert die Sprache und protokolliert im Text die Fehler, ermittelt die Lesegenauigkeit und -geschwindigkeit und visualisiert den Lernverlauf über verschiedene Sitzungen Das Verfahren ist für zahlreiche Sprachen verfügbar, sodass es ebenfalls im Fremdsprachunterricht eingesetzt werden kann.

Lückentexte (Maze-Prozedur und Cloze-Test)

Bei dieser Art der Lesediagnostik – im Englischen auch *maze* genannt – müssen Kinder entscheiden, welches von (zumeist drei) angebotenen Wörtern am besten in eine Textlücke passt. Dabei kann entweder jeweils nach einer festgelegten Anzahl von Wörtern eine Lücke auftreten (z. B. jedes siebte Wort) oder die Lücken werden gezielt an Schlüsselstellen eingefügt (siehe Beispiel 3.10). Eine Variante des *Maze*-Verfahrens ist der *Cloze*-Test, bei dem für die Lücke keine Antwortalternativen angeboten werden, sondern stattdessen selbst ein passendes Wort gefunden werden muss.

Beispiel 3.10: Lückentext (Maze)

»*Bitte lies den Text. Unterstreiche jeweils das Wort in der Klammer, das in die Lücke passt.*«

Es war einmal ein armes .... (Feld : Stern : Kind) und hatte keinen Vater und keine .... (Mutter : Schule : Ruhe) mehr. Es waren alle tot, und es war niemand mehr auf der .... (Welt : Stelle : Grenze). Alle tot, und es ist hingegangen und hat gesucht .... (Nacht : Tag : Woche) und Nacht. Und weil auf der Erde .... (jemand : einsam : niemand) mehr war, wollte es in den .... (Himmel : Meer : Stadt) gehen, und der Mond guckt es so freundlich an; und wie es endlich zum .... (Mond : Sonne : Sterne) kam …

Anmerkung: Beispiel eines Lückentextes auf der Basis der Geschichte der Großmutter aus Büchners Woyzeck. Es wurden ausschließlich Substantive und ein Pronomen ersetzt. Durch gezielte Ersetzung von Konjunktionen kann die Schwierigkeit der Aufgabe weiter gesteigert werden.

Der Vorteil dieses Aufgabenformats besteht, wie bei der Verwendung von Fließtexten, darin, dass hier auch der Satzkontext Berücksichtigung findet. Indem die Lücken gezielt bei wichtigen Funktionswörtern wie beispielsweise Konjunktionen gesetzt werden, lässt sich außerdem überprüfen, ob der Leser die Fähigkeit zum Erfassen der Satzbedeutung hat. Das Verfahren ist auch gut für höhere Jahrgangsstufen geeignet, da beliebig schwierige Texte verwendet werden können. Auch stehen verschiedene Programme mit vorab konstruierten Texten zur Verfügung. Hierzu gehören z. B. das Verfahren »Leseflüssigkeit fördern« (Rosebrock et al., 2011).

Ein Nachteil des *Maze*-Verfahrens besteht in der hohen Ratewahrscheinlichkeit, sodass die ausschließliche Beachtung der Lesezeit auf der einen oder der Anzahl korrekt bearbeiteter Lücken auf der anderen Seite nicht verlässlich ist und mit umfassenden Lesetestbatterien nur niedrig korreliert. Bei Verwendung eines Leistungsquotienten (korrekte Lösungen/Zeit) ist die *Maze*-Prozedur dagegen ein sehr robustes Maß (Hale et al., 2011a, 2011b; Williams, Ari & Santamaria, 2011). Reine (*open-ended*) *Cloze*-Tests haben sich als wenig brauchbar erwiesen.

Satzbewertungstechnik (»Sentence Verification Technique«)

Ein in deutschsprachigen Testverfahren weit verbreitetes Antwortformat wurde bislang im internationalen Bereich nur wenig erforscht: die Bewertung einer nach aufsteigender Schwierigkeit geordneten Liste von Sätzen entsprechend ihres Wahrheitsgehaltes (ja/nein-Entscheidung; siehe z. B. Marcotte & Hintze, 2009; Rasool & Royer, 1986; Royer, 1990; vgl. Beispiel 3.11). Es wird erfasst, wie viele Sätze Schülerinnen und Schüler in einer vorgegebenen Zeit richtig bewerten können. Anders als das Lesen isolierter Wörter ist das Lesen von Sätzen besonders auch in der Sekundarstufe anwendbar, verfügt über eine sehr hohe Reliabilität und stellt einen guten Indikator für das Leseverständnis dar, da es bereits Leseverständnisanteile beinhaltet. Zur Erfassung der Leseflüssigkeit in der Sekundarstufe ist es neben dem *Maze*-Verfahren das Mittel der Wahl.

Beispiel 3.11: Satzbewertungstechnik

»*Bitte lies die Sätze zu schnell wie möglich und kreuze an, ob sie richtig oder falsch sind.*«

	Falsch	Richtig
1. Schweine können fliegen.	X	
2. Äpfel wachsen an Apfelbäumen.		X
3. Ein Auto kann schneller fahren als ein Fahrrad.		X
...		

3.4.2 Erfassung des Leseverständnisses

Während in niedrigen Jahrgangsstufen das Leseverständnis maßgeblich von der Automatisierung der basalen Leseprozesse abhängt, genügt spätestens ab der Sekundarstufe die Erfassung der Leseflüssigkeit als Indikator für das Leseverständnis nicht mehr (Marcotte & Hintze, 2009, S. 330). Zwar ist es weiterhin sinnvoll, die Leseflüssigkeit zu erheben, um potenzielle Probleme bei basalen Teilleistungen des Lesens zu erkennen. Darüber hinaus sollte das Leseverständnis aber auch direkt erfasst werden. Hauptansatzpunkte der Diagnostik sind hierbei die mündliche oder schriftliche Nacherzählung sowie das Stellen offener und geschlossener Fragen zum Text (z. B. Mehrfachwahlaufgaben).

Mündliches Nacherzählen

Beim mündlichen Nacherzählen liest eine Person still einen Text und hat dafür eine begrenzte Zeit zur Verfügung. Anschließend soll mündlich nacherzählt werden, worum es im Text ging. Bewertet werden können entweder die Anzahl der korrekt erinnerten Wörter oder die Qualität der mündlichen Zusammenfassung des Inhalts. Die Anzahl der korrekt erinnerten Wörter hat sich nicht als brauchbares Maß herausgestellt. Weder stimmen verschiedene Beobachter gut miteinander in ihrer Bewertung überein, noch korreliert das Maß hoch mit anderen Indikatoren der Lesefähigkeit. Es scheint sich also nicht um eine sinnvolle Form der Leistungserhebung zu handeln, sofern auf die Wiedergabe von Wörtern fokussiert wird (vgl. Marcotte & Hintze, 2009). Für das mündliche Zusammenfassen eines Textes sind mir dagegen keine Forschungsergebnisse bekannt. Da hierbei genau diejenigen Prozesse angewandt werden müssen, die zum Verstehen eines Textes erforderlich sind (vgl. *Construction-Integration Modell*, ▶ Kap. 2.1.2), handelt es sich um ein vielversprechendes Maß. Ein Nachteil besteht in der Schwierigkeit, die Leistung objektiv zu bewerten.

Schriftliches Zusammenfassen

Das Zusammenfassen von Texten kann auch schriftlich vorgenommen werden. Es hat dann den Vorteil, leichter auswertbar zu sein, auch wenn es in der Verlässlichkeit der Bewertung deutlich hinter geschlossenen Formaten – wie z. B. Mehrfachwahlaufgaben – zurückbleibt. Schreiben Personen Zusammenfassungen als Fließtext, so sind bei trainierten Bewertern und vorab definierten Inhaltskatalogen Übereinstimmungen von $r =.6$ bis $r =.8$ möglich (z. B. Lenhard et al., 2007). Alternativ lässt sich in der Zusammenfassung auch die Anzahl von Inhaltswörtern (Adjektive, Adverbien, Substantive und Verben) zählen, wobei auch Synonyme als korrekt anerkannt werden. Die schriftliche Nacherzählung oder Zusammenfassung scheint neben anderen Diagnoseinstrumenten wie der Satzbewertungstechnik, dem Ausfüllen von Lückentexten und dem lauten Vorlesen zusätzliche Informationen zu enthalten und zudem eine zuverlässigere Bewertung des Leseverständnisses als die eben genannten zu ermöglichen (Marcotte & Hintze, 2009). Ein großer Nachteil liegt allerdings in der Konfundierung mit der Schreibfähigkeit, sodass in der Auswertung verschiedene Kompetenzen strikt getrennt werden sollten (vgl. Beispiel 3.12). Trotz dieses Problems scheint das schriftliche Zusammenfassen dem mündlichen Nacherzählen im Hinblick auf die Vorhersagegüte überlegen zu sein (Fuchs, Fuchs & Maxwell, 1988).

Beispiel 3.12: Anleitung zur Erstellung eines Bewertungsrasters zur Analyse schriftlicher Zusammenfassungen

Da viele Faktoren die Qualität eines schülerverfassten Textes beeinflussen, wie z. B. Wortwahl, Orthografie, Syntax und Satzlänge, Handschrift etc. ist es wichtig, vorab ein klares Bewertungsraster auszuarbeiten. Da es an dieser Stelle darum geht, zu erfassen, wie gut ein Schüler oder eine Schülerin ein Situationsmodell eines Textes bilden kann, dürfen die genannten Faktoren die Bewertung nicht verzerren. Gehen Sie bei der Entwicklung des Bewertungsrasters und der Bewertung der Schülerzusammenfassungen folgendermaßen vor:

1. Lesen Sie den Originaltext Absatz für Absatz.
2. Notieren Sie die zentralen Gedanken des Absatzes möglichst kurz und in eigenen Worten. Manche Absätze können mehr als einen oder vielleicht auch keinen zentralen Gedanken aufweisen. Versuchen Sie, möglichst sparsam zu sein und nur wirklich zentrale Inhalte zu notieren.
3. Erstellen Sie sich eine Checkliste oder eine Tabelle der zentralen Aussagen. Sie können einzelne Aussagen mit einem Gewichtungsfaktor versehen, wenn diese besonders wichtig sind.
4. Überprüfen Sie bei der Bewertung der Zusammenfassungen der Schülerinnen und Schüler, ob diese die zentralen Punkte enthalten. Ignorieren Sie Schrift, Orthografie, Zeichensetzung, irrelevante Details und zunächst auch die Inhaltsorganisation. Die Organisation der Inhalte (logischer Aufbau oder auch Abfolge der Inhalte) kann in höheren Jahrgangsstufen einen Hinweis darauf geben, wie kohärent ein Inhalt beim Schüler oder der Schülerin repräsentiert ist. Da dies jedoch auch von den Schreibfähigkeiten abhängt, sollte die Bewertung der Organisation getrennt erfolgen.
5. Ist die Zusammenfassung sehr kurz oder wurden sehr viele Textstellen kopiert, so können Sie keine sicheren Rückschlüsse auf das Textverständnis ziehen. Wiederholen Sie die Aufgabe mündlich und stellen Sie ggf. offene Fragen.

Offene und geschlossene Fragen zum Text

Bei geschlossenen Fragen werden zu einem Text eine oder mehrere Fragen gestellt. Aus einer unterschiedlichen Anzahl von Antwortalternativen (meist 4 oder 5) müssen die Richtigen identifiziert werden (sog. Mehrfachwahlaufgabe, englisch: *multiple choice*). Wenn bereits im Voraus feststeht, dass nur eine der Antworten richtig ist, bezeichnet man das Verfahren auch als Einfachwahlaufgabe (englisch: *single choice*). Dieses Aufgabenformat ist vermutlich das am häufigsten verwendete Aufgabenformat im Bereich der Leseverständnisdiagnostik. Seine Vorteile liegen in der einfachen Durchführung und verlässlichen Auswertbarkeit, weswegen auch die meisten standardisierten Verfahren darauf zurückgreifen. Andererseits müssen die Antwortalternativen sehr sorgfältig konstruiert werden, um die Gültigkeit des Aufgabenformats zu gewährleisten: Selbst wenn man nur die Antwortalternativen ohne Text und Fragestellung darbietet, und die Schülerinnen und Schüler auffordert zu raten, was wohl die richtige Antwortalternative sein könnte, so kann es dazu kommen, dass überzufällig häufig die richtige Alternative benannt wird (Rost & Sparfeldt, 2007; vgl. Beispiel 3.13). Verbale Intelligenz, Wortschatz und strategisches Vorgehen bei der Identifikation der richtigen Alternative spielen deshalb vermutlich bei der Lösung von geschlossenen Formaten ebenfalls eine bedeutsame Rolle. Aus diesem Grund ist es wichtig, bei der Erstellung der Aufgaben besonderes Augenmerk auf die Konstruktion gleichwertiger Alternativen zu legen. Auch sollten verschiedene Komplexitätsniveaus berücksichtigt werden, beispielsweise indem sowohl Fragen zur Textoberfläche (z. B. Identifikation von Wörtern und Textstellen), zur Kohärenzbildung auf lokaler Ebene (Verständnis für einzelne Sätze oder kurze Textstellen) als auch zur globalen Kohärenzbildung (Verknüpfung mehrerer Textabschnitte) gestellt werden.

Offen gestellte Fragen haben dagegen den Vorzug, dass sie nicht per Ausschlussprinzip oder durch reine Wiedererkennung gelöst werden können. Auch lässt sich die Komplexität bei offenen Fragen leichter steigern (Rauch & Hartig, 2010). Im Gegensatz dazu ist ihre Auswertung erheblich aufwändiger und fehleranfälliger. Auch bei offenen Fragen sollte darauf geachtet werden, unterschiedliche Komplexitätsniveaus zu berücksichtigen.

Beispiel 3.13: Validität von Mehrfachwahlaufgaben

Rost und Sparfeldt (2007) stellten Schülerinnen und Schüler vor eine Serie von z. T. bizarr anmutenden Aufgabenstellungen. Sie legten einen Leseverständnistest vor, dessen Aufgaben aus einem kurzen Texten gefolgt von einer Frage und mehreren Antwortalternativen besteht. Während in einem Teil der Klassen die regulären Aufgaben bearbeitet wurden, erhielt eine zweite Gruppe den gleichen Test mit Aufgaben ohne Aufgabentext. Eine dritte Gruppe erhielt ausschließlich die Antwortalternativen ohne Text und ohne Frage und sollte raten, was wohl die richtige Antwort sei. Auch wenn bei der regulären Testdurchführung die Aufgaben mit Abstand am besten bearbeitet wurden, zeigte sich, dass auch in den informationsreduzierten Untersuchungsbedingungen deutlich über Zufall die richtige Lösung gefunden wurde. Dies verdeutlicht, dass bei der Beantwortung von *Multiple-Choice*-Leseverständnistests geschicktes Raten eine Rolle spielen kann, wobei selbstverständlich auch dies auf Leseverständnis hindeuten könnte. Gleichermaßen zeigt die Studie, wie wichtig eine sehr sorgfältige Auswahl der Antwortalternativen bei der Erstellung von Aufgaben ist.

3.4.3 Überblick und Fazit

Der Leseverständnisprozess ist komplex und hängt von vielen Voraussetzungen ab. Aus diesem Grund sollte nicht auf ein einzelnes Maß allein fokussiert werden. Darüber hinaus bestimmt das Alter bzw. die Dauer der Beschulung, welche Informationen eingeholt werden sollten.

Zu Beginn des Schriftspracherwerbs und in den ersten beiden Jahren der Grundschule hängt das Leseverständnis maßgeblich von der Lesegeschwindigkeit und -genauigkeit ab. In der Diagnostik bei Leseanfängerinnen und -anfänger steht deshalb zunächst am Beginn der Grundschule das Erlesen einzelner Wörter und kurzer Texte im Vordergrund. Zunächst wird diese Fähigkeit in der Regel durch lautes Vorlesen erfasst. Spätestens ab der Mitte der 2. Klasse der Grundschule sollten neben der Leseflüssigkeit auf Wortebene auch die Fähigkeit zur Interpretation von Sätzen und das Verständnis von einfachen Texten erfasst werden. Es treten nun Diagnoseinstrumente zum leisen Lesen in den Vordergrund, z. B. Mehrfachwahlaufgaben zur Worterkennung, Lückentexte und die Bewertung der Richtigkeit von Sätzen. Am Ende der Grundschulzeit und möglicherweise auch am Beginn der Sekundarstufe scheint eine Kombination aus Lückentexten mit der Satzbewertungstechnik und dem schriftlichen Zusammenfassen von Geschichten die Leistung von Schülerinnen und Schülern am besten abbilden zu können (Marcotte & Hintze, 2009).

In höheren Jahrgängen ist es schwer, einheitliche Empfehlungen abzuleiten, da zu diesem Zeitpunkt das Leseverständnis ein sehr facettenreiches und komplexes Fähigkeitskonstrukt darstellt, das seinerseits von sehr vielen Determinanten beeinflusst wird. Die *Leseflüssigkeit* ist bei der Mehrheit der Schüler zu diesem Zeitpunkt nicht mehr der entscheidende Einflussfaktor. Insbesondere im leistungsschwachen Bereich kann sie allerdings die *Leseverständnisleistung limitieren*.

Einschätzungen der Lehrkräfte stimmen in diesem Altersbereich nur noch mäßig miteinander überein. Gleiches gilt auch für standardisierte Testverfahren untereinander und die Übereinstimmung von Testverfahren mit Lehrereinschätzungen. Es scheint sinnvoll, auch in höheren Klassen eine Kombination verschiedener Aufgabenformate anzuwenden, um zu einer verlässlichen Einschätzung zu kommen. Trotz des insgesamt niedrigeren Einflusses sollte die Leseflüssigkeit bei leistungsschwachen Jugendlichen für Förderentscheidungen miterfasst werden.

3.5 Diagnoseverfahren im Überblick

Seit Mitte der 90er Jahre des letzten Jahrhunderts hat sich die Forschung zum Themengebiet Leseverständnis erheblich intensiviert. Im Zuge dieser Entwicklung entstanden einige gut evaluierte und qualitativ hochwertige standardisierte Diagnoseverfahren, sodass inzwischen auch für höhere Klassenstufen Diagnoseinstrumente zur Verfügung stehen bzw. standen. Leider müssen einige dieser Tests mittlerweile als veraltet betrachtet werden. Testverfahren müssen in regelmäßigem Abstand neu normiert werden, beispielsweise um Sprachwandel Rechnung zu tragen. Deshalb werden hier nur Tests vorgestellt, deren Normdaten zum Zeitpunkt der Revision des Buches nicht älter als 12 Jahre sind, oder die sich aktuell meines Wissens in der Neunormierung befinden. Spätestens bei einem Alter der Normierung von mehr als 15 Jahren sollten die Normen eines Tests nicht mehr verwendet werden. Ältere Verfahren wie SLS 2–9, Lesen 6–7, Lesen 8–9, HAMLET 3–4 und FLVT 5–6 werden deshalb hier nicht mehr gelistet. Im letzten Teilkapitel wird auf digitale Ansätze eingegangen, die unter anderem auch informelle Diagnoseverfahren einschließt. Diese können standardisierte Diagnostik ergänzen oder bei der Generierung von Ideen für pädagogische Maßnahmen helfen. Die Ergebnisse sollten aber generell vorsichtig interpretiert werden.

3.5.1 Vorläuferfähigkeiten

Vorschulscreenings haben generell nicht das Ziel auszusondern. Ihr Anliegen ist es, Förderschwerpunkte zu identifizieren, um Kindern einen guten Start in die Schule zu ermöglichen. Dieser Bereich hat möglicherweise das größte Potenzial für die Weiterentwicklung unseres Bildungssektors und der Lernentwicklung von Kindern. Kindertagesstätten sollten nicht nur als Betreuungseinrichtung für Kinder im Vorschulalter angesehen werden. Natürlich ist auch die Schaffung von Betreuungsmöglichkeiten wichtig, insbesondere um den Eltern Berufstätigkeit zu erleichtern. Jedoch wäre hier gerade für die Vorbereitung auf den Leseerwerb und die Kompensation von Chancenungleichheit ein immenser Raum, der noch viel stärker in den Fokus gelangen sollte.

Exemplarisch für den Bereich der Früherkennung schriftsprachlicher Probleme soll an dieser Stelle der WVT (Endlich et al., 2017) herausgegriffen werden. Es gibt darüber hinaus noch viele weitere Verfahren, die vordringlich auf die Prävention einer Lese-Rechtschreibstörung abzielen (z. B. PB-LRS: Barth & Gomm, 2014; LRS-Screening: Endlich et al., 2019). Andere Verfahren fokussieren beispielsweise auf die Sprachentwicklung im Vorschulalter und erfassen somit sehr wichtige Faktoren für das spätere Leseverständnis, allerdings ohne Berücksichtigung schriftsprachlicher Vorläufermerkmale.

Würzburger Vorschultest (WVT)

Aufbau und Anwendung: Ziel des WVT (Endlich et al., 2017) ist die frühzeitige Erkennung von Förderbedarf. Das Verfahren umfasst drei Abschnitte, die jeweils 20 Minuten dauern: Sprache, Schriftsprache und mathematische Vorläuferfertigkeiten mit insgesamt 29 Untertests. Der Test kann 10 Monate und 4 Monate vor der Einschulung angewandt werden. Das Verfahren ist nicht speziell auf den leistungsschwachen Bereich oder ausschließlich auf die Identifikation von Risikokindern ausgerichtet, sondern es differenziert im gesamten Leistungsbereich. Sollte es Hinweise auf schwächere Leistungen in den untersuchten Leistungsbereichen geben, so können diese gezielt bis zur Einschulung gefördert werden. Zudem existiert mit dem LRS-Screening (Endlich et al., 2019) ein Verfahren, das gezielt den Aufgabenbereich des WVT zum leistungsschwachen Bereich hin erweitert und speziell auf die Früherkennung von Risiken der Entstehung einer LRS fokussiert.

Testgüte und Normen: Das Verfahren weist auf Ebene der Inhaltsbereiche eine hohe Homogenität der Aufgaben und – angesichts des großen Abstands von 6 Monaten – eine sehr gute Retestreliabilität auf. Die prognostische Validität wurde längsschnittlich überprüft und eine Teilstichprobe der Kinder erneut am Ende der

Tab. 3.4: Übersicht über diagnostische Verfahren zur Erfassung verschiedener Facetten von Lesefertigkeiten

Verfahren	Ansatz und Aufbau	Normierung	Bewertung
Vorläuferfähigkeiten (▶ Kap. 3.5.1)			
WVT	Erfassung von Vorläuferfähigkeiten im Bereich Sprache, Schriftsprache und Mathematik	2012–2015	+ Früherkennung von sprachlichen Leistungen, die für den Erwerb der Schriftsprache erforderlich sind + Möglichkeit der frühen Prävention beim Vorliegen von Risikomerkmalen
Screenings zur Erfassung der Leseflüssigkeit (▶ Kap. 3.5.2)			
WLLP-R (Schneider et al., 2011)	Wort-Bild-Zuordnung	2009 (aktuell in Überarbeitung)	+ gute Reliabilität und Validität + sehr ökonomisch einsetzbar
DiLe-D (Paleczek et al. 2017)	Lautes Vorlesen von Listen von Wörtern und Pseudowörtern	2015	+ Hohe Ökonomie + Klarer theoretischer Rahmen – Eingeschränkte regionale Streuung der Normierungsstichprobe (Österreich & NRW)
LGVT 5–12+ (Schneider, Schlagmüller & Ennemoser, 2017)	Stilles Lesen von Lückentexten	vermutlich 2014/2015 (aktuell in Überarbeitung)	+ Hohe Ökonomie + Großer Altersbereich – v. a. Lesegeschwindigkeitsmaß verlässlich
Leseverständnistests (▶ Kap. 3.5.3)			
ELFE II (W. Lenhard, Lenhard & Schneider, 2017)	Erfassung von Wort-, Satz- und Textverständnis	2015/2016 (aktuell in Überarbeitung)	+ sehr gute Reliabilität und Validität + sehr ökonomisch einsetzbar + zusätzliche Normen für Kinder mit nichtdeutscher Familiensprache
ProDi-L (Richter et al., 2017)	Computerbasiertes Verfahren mit Messung der Effizienz von Prozessen auf Wort-, Satz- und Textebene		+ differenzierte Betrachtung verschiedener kognitiver Prozesse

ersten Klasse mit Schulleistungstests untersucht. Die Normierung fand im Zeitraum zwischen 2012 und 2014 statt.

Nachteile: Die Vorhersage zukünftiger Leistungen kann in diesem Altersbereich nicht perfekt gelingen, da die Entwicklung sehr flexibel ist und dynamisch verläuft. Dennoch sind es sehr wertvolle Informationen, um in der Frühförderung gezielter vorzugehen und Kinder besser auf den Schulbeginn vorzubereiten.

Fazit: Der WVT identifiziert Entwicklungsvorsprünge und Förderbedarf im Vorschulalter. Er stellt eine Möglichkeit dar, gezielter auf den Schriftspracherwerb vorzubereiten. Angesichts der hohen Stabilität von Entwicklungsverläufen bietet er die Möglichkeit, frühzeitig präventiv zu fördern, bevor sich Probleme verfestigen.

3.5.2 Screenings zur Erfassung der Leseflüssigkeit

Screeningverfahren verzichten darauf, eine differenzierte Untersuchung verschiedener Facetten einer Fähigkeit vorzunehmen. Sie zielen stattdessen darauf ab, so ökonomisch wie möglich einen quantitativen Überblick über die Leistungsfähigkeit zu geben. Die im Folgenden beschriebenen Verfahren erfassen deshalb vornehmlich basale Lesefertigkeiten.

Würzburger Leise-Leseprobe – Revision (WLLP-R)

Aufbau und Anwendung: Die WLLP-R hat das Ziel, die Lesegeschwindigkeit zu erfassen. Schneider et al. (2011, S. 9) begründen diese Fokussierung mit der Tatsache, dass in regulären Orthografien wie dem Deutschen sich starke von schwachen Lesern vor allem in Hinblick auf das Lesetempo, nicht aber in der Lesegenauigkeit unterscheiden. Der Aufbau der WLLP-R ist entsprechend einfach gehalten: Das Testheft besteht aus 140 (1.–3. Klasse) bzw. 180 Wörtern (4. Klasse), zu denen jeweils vier Bildchen dargestellt werden. Das Kind muss so schnell wie möglich das dem Wort entsprechende Bild markieren. Insgesamt stehen für die Bearbeitung fünf Minuten Zeit zur Verfügung.

Testgüte und Normen: Die WLLP-R wurde in Anlehnung an den OS 400 (Søegård & Petersen, 1974) konstruiert – einem Test, der in Skandinavien weit verbreitet ist (Schneider et al., 2011, S. 13). Es liegen neben der deutschen Fassung auch Versionen für das Französische und Luxemburgische vor. Die Normen basieren auf einer Eichstichprobe von 2333 Kindern aus fünf Bundesländern und liegen jeweils getrennt nach Jungen und Mädchen für die einzelnen Schuljahre vor. Die Normtabellen enthalten Prozentränge und T-Werte. Bemerkenswerterweise gibt es in keiner Normtabelle Boden- oder Deckeneffekte, sodass der Test in der gesamten Grundschule in allen Leistungsbereichen differenziert. Die Retestreliabilität (Abstand 1 Woche) liegt um r_{tt} =.80 und die Validitätsangaben (Lehrerurteil und andere Testverfahren) bewegen sich im hohen bis mittleren Bereich.

Nachteile: Dem Ansatz des Verfahrens gemäß erfasst die WLLP-R ausschließlich die Lesegeschwindigkeit. Für weiterführende Analysen ist die Hinzuziehung differenzierterer Tests notwendig. Die Normen stehen nur für das Ende des Schuljahres zur Verfügung.

Fazit: Die WLLP-R zeichnet sich durch ihre hohe Ökonomie und Differenzierungsfähigkeit in allen Leistungsbereichen aus. Sie ist deshalb zur schnellen Ermittlung leistungsschwacher wie leistungsstarker Kinder sehr gut geeignet. Das Verfahren wird aktuell überarbeitet und neu normiert (Stand 08/2024).

Differenzierter Lesetest – Dekodieren (DiLe-D)

Aufbau und Anwendung: Der DiLe-D (Paleczek et al., 2018) erfasst lexikalische und nicht-lexikalische Leseprozesse in der ersten bis dritten Jahrgangsstufe. Hierzu müssen Kinder in Einzeluntersuchungen Wörter und Pseudowörter laut vorlesen. Wörter und Pseudowörter werden jeweils in verschiedenen Untertests dargeboten und es wird gemessen, wie viele Wörter in einer Minute korrekt vorgelesen werden. Das Verfahren operationalisiert folglich das Zwei-Wege-Modell des Lesens (▶ Kap. 2.1.2).

Testgüte und Normen: Die Normierung fand 2015 mit einer großen, jedoch regional eingeschränkten Stichprobe statt. Positiv hervorzuheben ist die Stratifikation der Normdaten. Die Retestreliabilität liegt in einem guten bis sehr guten Bereich, die Validitätskennwerte in einem guten Bereich, jedoch mit einer starken Streuung zwischen verschiedenen Stichproben. Aufgrund der einfachen Durchführung und Auswertung kann bei Einhaltung der Vorgaben Objektivität sehr gut hergestellt werden.

Nachteile: Das Verfahren ist klar und nachvollziehbar strukturiert, jedoch liegen nur wenige Informationen zur Güte der Aufgaben vor. Ebenso wären weiterführende Analysen zur Konstruktvalidität interessant gewesen, beispielsweise zur Häufigkeit von Diskrepanzen zwischen den Untertests und mögliche Implikationen, die sich daraus ergeben.

Fazit: Insgesamt ist der DiLe-D ein sehr ökonomisch und klar strukturiertes Verfahren mit hoher Reliabilität, mit dem sich in der Einzeldiagnostik sehr schnell basale Lesefähigkeiten erfassen lassen.

Lesegeschwindigkeits- und -verständnistest für die Klassen 5–12 (LGVT 5–12+)

Aufbau und Anwendung: Der LGVT 5–12+ (Schneider, Schlagmüller & Ennemoser, 2017) ist ein etabliertes Verfahren, das bereits in der zweiten Überarbeitung vorliegt. Es ist hier als Screening eingeordnet, da es eine sehr starke Geschwindigkeitskomponente aufweist und das Leseverständnis nur auf basaler Ebene erfasst (Maze-Prozedur siehe ▶ Beispiel 3.10). Ein Alleinstellungsmerkmal liegt im großen Altersbereich. Der Test deckt die gesamte Sekundarstufe ab und ist somit sogar bei jungen Erwachsenen anwendbar. Der Test basiert auf Fließtexten, in denen in regelmäßigen Abständen Lücken eingefügt sind. Die Aufgabe besteht darin, unter drei Wörtern dasjenige auszuwählen, das die Lücke korrekt schließt. Für die Bearbeitung stehen 6 Minuten zur Verfügung. In der Auswertung werden die Anzahl der bearbeiteten Lücken und der Anteil richtiger Lösungen ausgewertet. Es gibt drei Parallelfassungen.

Testgüte und Normen: Die Retestreliabilität liegt im guten (Leseverständnis) bis befriedigenden Bereich (Lesegeschwindigkeit). Die Validität wurde systematisch überprüft. Die Korrelationen mit der Deutschnote liegen eher im niedrigen Bereich, wobei bedacht werden muss, dass diese in den betreffenden Jahrgangsstufen nur noch zu einem kleineren Teil auf Lesefähigkeiten basiert. Die Normstichprobe ist hinreichend groß und repräsentativ.

Nachteile: Die im Test gemessene Leseverständnisleistung bezieht sich nur auf lokale Kohärenzbildung und die Lücken sind nicht zwangsläufig voneinander unabhängig. Liegt an einer Stelle ein Leseverständnisproblem vor, so kann sich das auch auf folgende Textstellen auswirken. Die lokale stochastische Unabhängigkeit ist somit eingeschränkt.

Fazit: Es handelt sich um ein sehr ökonomisches Verfahren, mit dem sich in Einzel- und Gruppenuntersuchungen schnell ein Überblick über die Leistungsverteilung gewinnen lässt.

3.5.3 Leseverständnisdiagnostik

Es gibt zum gegenwärtigen Zeitpunkt eine Reihe von Verfahren, die das Leseverständnis vom Ende der 1. Klasse bis in die Sekundarstufe verlässlich messen können. Neben den hier dargestellten Tests gibt es zudem veraltete Verfahren (HAMLET 3–4, FLVT 5–6, LESEN 6–7, LESE 8–9), die noch im informellen Rahmen durchgeführt werden können, sofern für den Altersbereich keine anderweitigen Möglichkeiten verfügbar sind. Da speziell im Erwachsenenalter kaum standardisierte Diagnostika vorliegen, sei auf den in ▶ Kapitel 3.5.4 erwähnten SLS-Berlin hingewiesen.

Ein Leseverständnistest für Erst- bis Siebtklässer (ELFE II)

Aufbau und Anwendung: Ziel von ELFE II (W. Lenhard, Lenhard & Schneider, 2017) ist die Erfassung der Lesegenauigkeit, der Lesegeschwindigkeit und des Leseverständnisses von der ersten bis zur siebten Jahrgangsstufe. Hierfür werden Prozesse auf Wort-, Satz- und Textebene erfasst, die unterschiedliche Aspekte des Leseprozesses abbilden. Diese Modellvorstellung deckt sich mit Ergebnissen der Leseforschung, dass eine effiziente Worterkennung, die syntaktische Verarbeitung von Sätzen und das Verständnis für Textpassagen unabhängig zum Leseverständnis beitragen (Klauda & Guthri, 2008). Dementsprechend verfügt das Verfahren über drei Untertests:

1. Im Untertest »Wortverständnis« müssen Kinder zu einem Bild das passende Wort aus einer Liste mit vier orthografisch und phonetisch ähnlichen Wörtern suchen.
2. Beim »Satzverständnis« geht es darum, eine Leerstelle in einem Satz durch ein passendes Wort zu ergänzen. Durch die Berücksichtigung von Konjunktionen erfasst dieser Test z. T. auch syntaktische Fähigkeiten.
3. Der Textverständnistest enthält kurze Texte mit jeweils zwei oder drei Fragen mit vier Antwortalternativen. Die richtige Antwortalternative muss herausgefunden werden.

In der Testauswertung kann seit der zweiten Auflage auch der Fehleranteil ausgewertet und Rückschlüsse auf das Arbeitsverhalten gezogen werden. Zudem lassen sich Diskrepanzen zwischen den Untertests differenziell analysieren (siehe auch Lenhard et al., 2024). Neben der Papier- und Bleistiftfassung existiert eine digitale Version (▶ Kap. 3.5.4), die die Testung und Auswertung vollautomatisch durchführt und die über einen vierten Untertest zur Messung der Worterkennungsgeschwindigkeit verfügt und die Ergebnisse in Form eines Elternbriefes in den Sprachen Deutsch, Russisch, Türkisch, Englisch und Arabisch aufbereitet. Die Durchführung des Tests nimmt inklusive Instruktion 20 bis 30 Minuten in Anspruch und kann somit als sehr ökonomisch bezeichnet werden. Dazu trägt auch der große Altersbereich des Tests bei. Eine Adaption auf Spanisch für den südamerikanischen Raum liegt seit 2024 ebenfalls vor.

Testgüte und Normen: Aufgrund der genauen Vorgabe zur Durchführung und Auswertung kann der Test als objektiv bezeichnet werden. Die Reliabilität ist mit Werten über $r_{tt} > .9$ sehr gut. Die Übereinstimmung mit dem Lehrkrafturteil ist mit durchschnittlich $r_{tc}=.70$ ebenfalls sehr hoch. Die Normen wurden im Jahr 2015/2016 erhoben und liegen in Form von T-Werten, Prozenträngen und Prozentrangbändern vor. Sie basieren auf einer Stichprobe von insgesamt 5070 Kindern aus 9 Bundesländern, aus der anhand der Merkmale Geschlecht, Familiensprache und Schulform eine repräsentative Stichprobe stratifiziert gezogen wurde. Auch Kinder mit sonderpädagogischem Förderbedarf und Kinder mit Lese-Rechtschreibstörung wurden ihrem Anteil an der Bevölkerung entsprechend korrekt berücksichtigt. Normen liegen für den gesamten Zeitraum vom 9. Schulmonat bis zum Ende des ersten Quartals der siebten Jahrgangsstufe für das gesamte Schuljahr vor. Die Anwendung ist zu jedem Zeitpunkt des Schuljahres möglich. Zusätzlich sind Normen für bilingual aufwachsende Kinder und für Kinder mit nichtdeutscher Familiensprache verfügbar (A. Lenhard & Lenhard, 2017). Zudem wurde die Gültigkeit der Normen für die Anwendung in Österreich bestätigt (Aspalter et al., 2020).

Nachteile: Der Textverständnistest weist am Ende der 1. und zu Beginn der 2. Klasse noch eine hohe Schwierigkeit auf, sodass in der Auswertung unter Umständen auf die ebenfalls mögliche Kurzform (bestehend aus Wort- und Satzverständnistest) zurückgegriffen werden muss. Dies kann auch bei sehr leistungsschwachen Kindern beispielsweise bei mangelnder Sprachbeherrschung sinnvoll sein, sofern die Leistung im Textverständnistest signifikant tiefer liegt als in den anderen Untertests.

Fazit: ELFE II ist ein verlässlicher und sehr weit verbreiteter Test, der durch seine hohe Ökonomie und Verlässlichkeit besticht und der einen differenzierten Blick auf verschiedene Leseprozesse ermöglicht.

Prozessdiagnose Lesen (ProDi-L)

Aufbau und Anwendung: Das von Richter et al. (2017) entwickelte Verfahren umfasst 6 Untertests, die am Computer dargeboten werden. Es zielt darauf ab, Teilprozesse des Lesens zu erfassen, um defizitäre und ineffiziente Verarbeitung zu identifizieren. Auf Ebene des Wortlesens werden phonologisches Kodieren von Pseudowörtern (Vergleich auditiv und schriftlich dargebotener Pseudowörter), orthografische Vergleichsprozesse und das semantische Kategorisieren von Wörtern erfasst. Auf Satzebene muss entschieden werden, ob dargebotene Sätze syntaktisch plausibel sind und ob der Inhalt zum Weltwissen passt (Satzverifikation). Auf Textebene werden jeweils zwei Sätze dargeboten und es muss entschieden werden, ob diese zusammenpassen. Es handelt sich folglich um die Erfassung lokaler Kohärenzbildung. Es werden sowohl Antwortrichtigkeit wie Bearbeitungszeiten erfasst und zu einem Effizienzwert verrechnet.

Testgüte und Normen: Die Reliabilitätskennwerte bewegen sich bei den Untertests fast durchweg im guten bis sehr guten Bereich. Sowohl die Kennwerte der Konstruktvalidität als auch die Übereinstimmung mit Außenkriterien liegen im guten Bereich. Die Normierung fand 2013 und 2014 in den Klassenstufen 1 bis 4 mit N = 1418 Fällen statt.

Nachteile: Das Verfahren ist computerbasiert, da Reaktionszeiten erfasst werden müssen. Dies ist einerseits ein Vorteil, da Reaktionszeiten beim Lesen wichtige Informationen beinhalten. Andererseits steigen hierdurch auch die Anforderungen an die Testdurchführung. Das Konstrukt des Tests ist kohärent und der Aufbau sehr gut theoriebasiert. Das gilt insbesondere für den Test zur Erfassung lokaler Kohärenz. Darüberhinausgehende, komplexere Leistungen werden jedoch nicht erfasst.

Fazit: Der ProDi-L ist ein theoretisch hervorragend fundiertes Verfahren. Er hat das Potenzial, ineffiziente Teilprozesse des Lesens sichtbar zu machen.

3.5.4 Digitale Diagnostik

Die computerbasierte Erfassung von Leseleistungen ist nicht nur in der experimentellen psychologischen Forschung bereits seit langem präsent. Auch der Einsatz zur zielgenauen Förderung von Kindern reicht bis in die 60er Jahre des letzten Jahrhunderts zurück. Eines der ersten Beispiele war der Stanford Programmed Reading Test aus dem Jahr 1964 (Suppes & Jerman, 1969). Bei diesem Verfahren kam ein Computer zum Einsatz, bei dem Studierenden und Schulkindern eine Reihe von Textpassagen vorgelegt und dann Fragen zum Inhalt der Passagen gestellt wurden. Der Computer war so programmiert, dass er den Schwierigkeitsgrad der Passagen und Fragen auf der Grundlage der Antworten anpasste, so dass der Test die Lesefähigkeit messen würde. Der Ansatz trägt also bereits die Züge einer adaptiven Lehr-Lern-Umgebung. Auch in Harvard gab es zu dieser Zeit ähnliche Bestrebungen zur Förderung von Kindern im Grundschulalter (Serwer & Stolurow, 1970).

Der Einsatz computergestützter Lesetests hat sich seit den 1960er Jahren ständig weiterentwickelt, wobei neue Technologien und Ansätze entwickelt wurden, um die Genauigkeit und Zuverlässigkeit dieser Tests zu verbessern. In der praktischen Anwendung dominieren bis heute papierbasierte Verfahren, was sich beispielsweise an den Absatzzahlen des ELFE-II (W. Lenhard, Lenhard & Schneider, 2017) zeigt, der sowohl in einer Papier- als auch einer weitgehend parallelen Computerfassung vorliegt. Der Digitalisierungsschub in Schulen und Praxen sowie die Notwendigkeit internetgestützten Testens aufgrund der Lockdowns der COVID-19-Pandemie hat jedoch zu einer starken Zunahme digitaler Anwendung geführt (vgl. Gnambs & Lenhard, 2023). Heute stellen computergestützte Lesetests in Diagnostik und Forschung ein wichtiges Instrument zur Erfassung, Analyse und Verbesserung von Leseprozessen dar. Selbst bislang schwer zugängliche Aspekte, wie die Beurteilung der Lesegenauigkeit beim lauten Lesen sind dabei durch Fortschritte im Bereich künstlicher Intelligenz zugänglich geworden (Microsoft Bildungsteam, 2021).

Diese Zunahme der Anwendung ist zum Teil auf praktische Erwägungen zurückzuführen. Computerbasierte Diagnostik ist weniger anfällig für Fehler bei der Durchführung und Auswertung und ermöglicht genauere Normierungen (W. Lenhard & Lenhard, 2021). Computerbasierte Testformate werden deshalb in vielen Hochschulaufnahmetests und ähnlich wichtigen Auswahlverfahren eingesetzt, da sie eine bessere Standardisierung der Testinstruktionen, der Aufgabenpräsentation und der Antwortkodierung ermöglichen. Sie haben somit das Potenzial zu weniger fehleranfälligen und faireren Messungen zu führen und Fehlentscheidungen zu reduzieren. Sogar viele groß angelegte Studien im Bildungsbereich sind in jüngster Zeit auf Computer als bevorzugtes Medium umgestiegen, was auch die Verwaltung innovativer Aufgabenformate (z. B. simulationsbasierte Aufgaben) und die Erfassung zusätzlicher Informationen (z. B. Prozessdaten) ermöglicht, um neuartige Konstrukte genauer zu erfassen (siehe von Davier et al., 2019). Die automatisierte Durchführung und Auswertung erleichtert verwaltungsintensive diagnostische Ansätze im Bildungsbereich wie die Lernverlaufsdiagnostik erheblich (Förster et al., 2024): So ermöglicht die Plattform *Quop* eine kontinuierliche Erfassung der Lesekompetenzen über das Schuljahr hinweg, sodass Lehrkräfte Fehlentwicklungen und Potenziale schneller erkennen und ihre Leseinstruktionen entsprechend anpassen können (Hebbecker et al., 2022), was sich wiederum positiv auf die Entwicklung der Kinder auswirkt.

Es sind aber auch prinzipiell andere Vorgehensweisen möglich als in der konventionellen Lesediagnostik. Anders als bei einer statisch vorgegebenen Reihenfolge auf Papier, besteht prinzipiell die Möglichkeit des fähigkeitsspezifischen, adaptiven Testens, auch wenn die bestehenden Verfahren diese Möglichkeit bislang nur z. T. ausschöpfen. Ein Beispiel wäre die Erfassung der Worterkennungsgeschwindigkeit durch zeitbegrenzte Darbietung von Stimuli (siehe z. B. Lenhard et al., 2024), die bei papierbasierter Präsentation von Textmaterial nicht präzise möglich ist. Eine echt adaptive Erfassung der Worterkennungsgeschwindigkeit liegt beispielsweise beim betreffenden Untertest in ELFE-II (W. Lenhard et al., 2017a) vor. Bei diesem Untertest werden Wörter dargestellt und nach kurzer Zeit durch eine Helligkeitsmaske kaschiert. Das Kind muss nun entscheiden, zu welcher Kategorie – Tier, Pflanze oder künstliches Objekt – das Wort gehört. Zufallskritisch abgesichert verkürzt oder verlängert sich nach jeweils vier Wörtern die Darstellungsdauer, sodass die Schwelle bestimmt werden kann, mit der ein Kind ein Wort zuverlässig erkennt. Auf diese Weise zeigt sich, ob der Leseprozess bereits hinreichend automatisiert ist. Die computergestützte Erfassung des Antwortverhaltens ermöglicht zudem eine sehr genaue Messung und Auswertung der Bearbeitungszeiten. Hierdurch können Leseprozesse zuverlässiger und differenzierter abgebildet werden (Richter et al., 2013, 2017; siehe auch Schindler et al., 2024), insbesondere da bei basalen Leseprozessen nur wenige Fehler auftreten und Kinder sich v. a. durch die Verarbeitungsgeschwindigkeit unterscheiden. Beim Testverfahren ProDi-L (Richter et al., 2017), wie auch beim Tablet-basierten LONDI-Screening (Endlich et al., 2022), wird die Effizienz des Leseprozesses auf Einzelaufgabenebene ermittelt. Diese wird mit der Effizienz von Kindern der gleichen Altersstufe in Bezug gesetzt. Und schließlich ist auch die internetbasierte Untersuchung von Lesefähigkeiten möglich. Tabelle 3.5 zeigt eine Auflistung computerbasierter Lesetests und Diagnoseplattformen (ohne Vollständigkeitsanspruch).

3.6 Zusammenfassung: Wie könnte eine sinnvolle diagnostische Strategie aussehen?

Leseverständnis ist eine komplexe Fähigkeit, die zahlreiche Facetten umfasst. Neben der Erfassung des Leseverständnisses zielt die Diagnostik auf zugrundeliegende Prozesse und dabei vorwiegend auf die Leseflüssigkeit. Im schulischen Kontext werden hierzu vor allem informelle Diagnoseinstrumente genutzt, die gut an die jeweilige Unterrichtssituation angepasst werden können. Die seltener angewandte standardisierte Diagnostik ermöglicht es, den Leistungsstand von Kindern und Jugendlichen durch den Vergleich mit einer Normstichprobe quantitativ einzuschätzen.

Die Diagnose schriftsprachlicher Kompetenzen ist kein Selbstzweck, sondern sie verfolgt verschiedene Ziele:

1. **Erhebung des aktuellen Leistungsniveaus**
   Alle Kinder und Jugendliche haben das Recht auf schulische Förderung, jedoch profitieren nicht alle gleichermaßen von den didaktischen Herangehensweisen. Die Erhebung des Leistungsniveaus ist deshalb notwendig, um überhaupt zu erkennen, welche Kinder und Jugendlichen besondere Probleme beim Lesen haben. Häufig werden schwache Leser in den Schulen nicht erkannt und in der Folge immer weiter abgehängt (▶ Kap. 3, Einleitung). Insbesondere ist es möglich, dass Kinder trotz guter Leistungen beim lauten Vorlesen über ein schlechtes Leseverständnis verfügen.
2. **Erkennen von Ansatzpunkten für eine gezielte Förderung**
   An die Diagnostik knüpft sich die Hoffnung, Probleme und Stärken aufzudecken und Förderung gezielt ansetzen zu können. Vordringlich werden die Leseflüssigkeit und das Leseverständnis erhoben, um zu ermitteln, ob die niedrigen Leistungen an schlechten Dekodierleistungen liegen oder ob trotz guter basaler Fähigkeiten verstehendes Lesen nicht gelingt. Dementsprechend setzen Interventionen meist entweder an der Leseflüssigkeit oder an höheren Fähigkeiten an. Bei Kindern mit Migrationshintergrund ist auch ihre möglicherweise mangelnde Beherrschung der deutschen Sprache zu berücksichtigen, sofern die Familiensprache nicht Deutsch ist.
3. **Überprüfung von Interventionsmaßnahmen**
   Und schließlich gibt es noch die lernbegleitende Diagnostik, deren Ziel die

Tab. 3.5: Computer-basierte Lesetests und Diagnoseplattformen

Verfahren	Zielsetzung	Altersbereich	Computer- und / oder internetgestützt?	Normierung
Online-Plattformen				
Lernstandserhebungen (VERA / www.onlinetest.schule, iKM^{Plus} ...), herausgegeben von Kultusministerien und zugehörigen nationalen Instituten	Bewertung unterschiedlicher Lesefähigkeiten mit dem Ziel der Einschätzung der Leistungsfähigkeit von Klassen und Ermittlung von Förderbedarf	VERA (BRD): 3. und 8. Klassenstufe; iKM^{Plus} (Österreichisch): Anwendung in der 3. und 7. Klassenstufe.	Teilweise: Die Darbietung der Aufgaben findet nur z. T. am Computer und ebenfalls nur teilweise online statt.	Teilweise
Quop (siehe Förster et al., 2024)	Lernverlaufsdiagnostik mit 10 Paralleltests pro Klassenstufe; Inhaltsbereiche unterscheiden sich je nach Klassenstufe, z. B. Lesegeschwindigkeit, Lesegenauigkeit, textbasiertes Leseverständnis und wissensbasiertes Leseverständnis in der 3. und 4. Klassenstufe	1. bis 6. Klassenstufe	Online-Plattform mit internetgestützter Darbietung und Auswertung	ja
Reading Progress in Microsoft Teams (Microsoft Bildungsteam, 2022)	Erfassung des lauten Lesens von Fließtexten. Automatische Klassifikation von Lesefehlern in der Tradition der »Running Records« aus dem angloamerikanischen Bereich	Unbegrenzt	ja: eingebettet in die Videokonferenzsoftware Microsoft Teams	nein
Online-Plattformen der Schulbuchverlage	Schulbuchverlage wie Cornelsen (Plattform Leseo; lesen.cornelsen.de), Westermann (OnlineDiagnose; onlinediagnose.westermann.de; Antolin) und Klett (Klett Diagnostik; diagnostik.klett.de) bieten eine Reihe von internetbasierten und Tablet-gestützten Lesetests an,		ja	nein

3.6 Zusammenfassung: Wie könnte eine sinnvolle diagnostische Strategie aussehen?

Tab. 3.5: Computer-basierte Lesetests und Diagnoseplattformen – Fortsetzung

Verfahren	Zielsetzung	Altersbereich	Computer- und / oder internetgestützt?	Normierung
	die unterschiedliche Lesefähigkeiten abbilden, in der Regel jedoch nicht normiert oder psychometrisch analysiert sind und die nicht immer über eine theoretische Fundierung verfügen.			
Standardisierte Testverfahren				
Prozessbezogene Diagnostik von Lesefähigkeiten im Grundschulalter (ProDi-L; Richter et al., 2017; siehe auch Schindler et al., 2024)	Effizienz von Leseprozessen auf verschiedenen Komplexitätsebenen: 1. visuelle Worterkennung (phonologische Rekodierung; lexikalische Entscheidungsaufgabe) 2. Satzebene: syntaktische und semantische Integration 3. Textebene: Lokale Kohärenzbildung (Plausibilität von Satzpaaren)	1. bis 4. Klassenstufe	Über das Hogrefe Testsystem (HTS) verfügbar, d.h. auch online-gestützte Darbietung möglich	ja
Ein Leseverständnistest für Erst- bis Siebtklässler (ELFE-II; W. Lenhard et al., 2017a; siehe auch Lenhard et al., 2024)	Leseverständnis auf Wort-, Satz- und Textebene, sowie die adaptive Ermittlung der Schwelle der Worterkennungsgeschwindigkeit	1. bis 7. Klassenstufe	Computerbasierte Darbietung und Auswertung. Tablet-basierte Versionen bislang als Laborprototypen vorhanden.	ja
LONDI-Screening (Endlich et al., 2022)	Lexikalische Entscheidungsaufgabe auf Wortebene, Satzverifikation und lokale Kohärenzbildung auf Textebene. Weitere Subtests: Orthografie, flüssiges Rechnen. Die Auswertung basierend auf Effizienzmaß (Reaktionszeit und Akkuratheit)	2. bis 5. Klassenstufe	Tablet-Fassungen für iOS und Android; für Schulen kostenlos verfügbar	ja

Tab. 3.5: Computer-basierte Lesetests und Diagnoseplattformen – Fortsetzung

Verfahren	Zielsetzung	Altersbereich	Computer- und / oder internet-gestützt?	Normierung
SLS-Berlin; Forschungsinstrument für den Erwachsenenbereich von Lüdtke et al. (2019)	Satzverifikationsaufgabe	Erwachsene im Alter von 16–88	Computergestützte Darbietung (Inquisit), geschützter Online-Zugang	ja

Überprüfung des Lernverlaufs und des Erreichens von Lernzielen ist. Auf diese Weise erhält die Lehrkraft Informationen, ob ihre Bemühungen Früchte tragen oder ob sie umplanen muss.

In der Praxis fokussiert die Diagnostik des Lesens fast ausschließlich auf die Erhebung des Leistungsniveaus im Bereich Leseflüssigkeit und Leseverständnis, da eine Untersuchung aller relevanten Determinanten sehr aufwändig ist. Auch verfügen nur wenige standardisierte Testverfahren über Profilanalysen, die Hinweise auf Förderansätze geben.

3.6.1 Güte der Diagnoseinstrumente

Die Leseflüssigkeit – also das schnelle und zugleich genaue Lesen – bestimmt das Leseverständnis in der Elementarstufe sehr stark. Zur Bewertung dieser Fähigkeit wird auf lautes Lesen von Wortlisten und Texten sowie auf das leise Bearbeiten von Mehrfachwahlaufgaben zurückgegriffen. Der Einsatz von Lückentexten und die Bewertung des Wahrheitsgehalts von Sätzen erfasst darüber hinaus bereits grundlegendes Leseverständnis. Ab der Mitte der Grundschule geht der Einfluss der Leseflüssigkeit zurück. Dennoch bleibt sie eine wichtige Voraussetzung des Leseverständnisses. Nun wird zusätzlich die Erfassung des Leseverständnisses, z. B. über das schriftliche Zusammenfassen von Texten oder Mehrfachwahlaufgaben, relevant.

Standardisierte Verfahren greifen in unterschiedlichem Ausmaß ebenfalls auf diese Maße zurück. Sie haben den Vorteil, klar hinsichtlich ihrer Qualität einschätzbar zu sein. Beim Einsatz standardisierter Tests sollte neben den Hauptgütekriterien auch auf die Ökonomie, die Aktualität und Repräsentativität der Normen Wert gelegt werden. Die Verwendung von Kompetenzstufen stellt eine Vereinfachung psychometrischer Kennwerte dar. Ihre inhaltliche Interpretation und die darauf basierende Ableitung von Fördermaßnahmen sollten mit großer Vorsicht erfolgen.

3.6.2 Auswahl der Instrumente nach Untersuchungszweck

Wie könnte nun basierend auf der Betrachtung der Güte der Messinstrumente eine sinnvolle Strategie zur Diagnose von Leseleistungen aussehen? Machen Sie sich vor der Auswahl der Instrumente und der Durchführung der Diagnostik bewusst, welchen Zweck die Diagnostik hat. Es gibt eine Reihe von Szenarien, für die jeweils unterschiedliche Verfahren ratsam sind:

- Geht es um die Feststellung einer *Eignung*, z. B. im Rahmen der Einschulung, der Wahl der Schulform in der Sekundarstufe oder für die Passung mit einem Beruf? In diesem Fall sollten Sie großen Wert auf die Belastbarkeit der Ergebnisse und die Qualität der Untersuchungsinstrumente legen. Verwenden Sie hierfür standardisierte Verfahren.
- Möchten Sie den Lernprozess begleiten und die Entwicklung der *Lesefähigkeiten dokumentieren*, um frühzeitig bei Fehlentwicklungen steuernd eingreifen zu

können? Nutzen Sie hierfür Tests, die öfters wiederholt werden können und die auf diese Weise einen Verlauf abbilden. Brauchbar sind für diesen Fall Testverfahren aus dem Bereich des CBM, also z. B. das wiederholte laute oder leise Vorlesen von Wortlisten oder Texten innerhalb einer vorgegebenen Zeit, Lückentexte mit Zeitbegrenzung oder die Satzbewertungstechnik (▶ Kap. 3.4).
- Liegt die diagnostische Fragestellung in der *Diagnose von Ursachen niedriger Leseverständnisleistungen* und der Kompensation von Lernschwierigkeiten? Neben der Feststellung der Leistungshöhe geraten bei dieser Fragestellung die Determinanten des Leseverständnisses in den Blickpunkt: Untersuchen Sie unter Zuhilfenahme von Intelligenztests die sprachliche Intelligenz, ermitteln Sie den Wortschatz, die Leseflüssigkeit, das Strategiewissen, die syntaktischen Fähigkeiten und das themenspezifische Vorwissen. Achten Sie auf Motivationsprobleme und deren Ursachen. Liegt möglicherweise Leistungsängstlichkeit vor? Nutzen Sie bei jüngeren Kindern auch Verfahren zur Erfassung metalinguistischer Fähigkeiten wie der phonologischen Bewusstheit und des phonologischen Arbeitsgedächtnisses. Könnte ein anderssprachiges Aufwachsen für niedrige Leistungen verantwortlich sein, so achten Sie insbesondere auf Wortschatz und grammatikalische Fähigkeiten. *Unter allen diesen Determinanten nehmen die Leseflüssigkeit und der Wortschatz eine besonders wichtige Stellung ein.* Sollte das Ziel der Diagnostik eine Gutachtenerstellung sein, dann ist bei der Auswahl der Verfahren auf eine Standardisierung zu achten. Sollte die Diagnostik eher in einem informellen Rahmen in der Schule stattfinden, so können Sie viele dieser Informationen nebenbei im regulären Unterrichtsgespräch und dem Vergleich mit anderen Schülerinnen und Schülern sowie in Einzelfördersituationen sammeln. Die Einschätzung ist dann allerdings weniger verlässlich. *Generell gilt: Beobachten Sie aufmerksam die Entwicklung von Lernproblemen der Schülerinnen und Schüler.*
- Ist das Ziel der Diagnostik die *Evaluation des Unterrichts*? Nutzen Sie standardisierte Verfahren (vorzugsweise Gruppentests) und ermitteln Sie die Normwerte der Schülerinnen und Schüler in der Klasse. Betrachten Sie nicht ausschließlich die mittlere Leistung der Klasse im Vergleich zur Normstichprobe, da zwischen verschiedenen Regionen große Unterschiede in der Lesekompetenz auftreten können, sondern vergleichen Sie das Resultat mit dem Leistungsstand der Parallelklassen in der Schule. Beachten Sie daneben auch die Streuungsbreite der Leistungen, da bei einer höheren Streuung Leistungsdifferenzierung in der Klasse notwendig ist. Einen schnellen Überblick geben insbesondere Screeningverfahren (▶ Kap. 3.5.1) und auch die Lernstandserhebungen (▶ Kap. 3.5.4).

3.6.3 Auswahl der Instrumente nach Lebensalter

Diagnostische Fragestellungen und Informationsquellen variieren mit dem Alter. Dementsprechend müssen in unterschiedlichen Altersbereichen verschiedene Ansätze angewandt werden:

- **Vorschule und Einschulung**
  Zu diesem Zeitpunkt fokussiert die Diagnostik auf die Erfassung sprachlicher

3.6 Zusammenfassung: Wie könnte eine sinnvolle diagnostische Strategie aussehen?

Fähigkeiten, die die Voraussetzung für den späteren Schriftspracherwerb und die Entwicklung von Lesekompetenz bilden. Zu diesen gehören einerseits allgemeine sprachliche Fähigkeiten wie der rezeptive und produktive Wortschatz, das Satzverständnis, das Nachsprechen von Sätzen (phonologisches Arbeitsgedächtnis) und syntaktische Fähigkeiten (Komplexität sprachlicher Äußerungen des Kindes, Fähigkeit, Verben und Adjektive zu flektieren). Zum anderen gibt es mit der phonologischen Bewusstheit (Segmentieren von Wörtern in Silben; Erkennung von An- und Endlaut; Bilden von Reimen) und der frühen Buchstabenkenntnis Frühindikatoren für den Schriftspracherwerb, die einen Hinweis auf potenzielle Probleme geben können. Es existiert eine Fülle an Einschätzungsskalen, Screening-Verfahren und Sprachentwicklungstests, die diese Fähigkeiten erfassen und auf die aufgrund des begrenzten Umfangs des Buches nicht eigens eingegangen werden kann (exemplarisch siehe Endlich et al., 2017). Bei der Förderung in vorschulischen Einrichtungen wird aufgrund des diagnostischen Aufwands häufig auf subjektive Einschätzskalen zurückgegriffen oder implizit im Rahmen der Fördermaßnahmen die Leistungen der Kinder beobachtet. Im Falle des Vorliegens von Entwicklungsbeeinträchtigungen oder -risiken ist eine formelle Diagnostik ratsam.

- **Phase des Schriftspracherwerbs in den ersten beiden Grundschuljahren**
Neben den phonologischen Fertigkeiten (Wortdurchgliederung, Unterscheidung von Sprachlauten), der Spanne des phonologischen Arbeitsgedächtnisses und der Benennungsgeschwindigkeit sind in dieser Zeit die Kenntnis der Schriftzeichen und die vorwiegend verwendete Lesestrategie (lautierend oder bereits ganze Wörter erkennend) wichtig. Aus diesem Grund ist die Erhebung mündlicher Leistungen notwendig, um zu erkennen, auf welche Weise sich ein Kind ein Wort »erarbeitet«: Ist es in der Lage, das Wort zu gliedern, kennt es alle Schriftzeichen, liest es noch lautierend? Im Laufe der 1. Klasse kann damit begonnen werden, die Leseflüssigkeit quantitativ über das laute Lesen von Wortlisten oder kurzen Texten zu erfassen und allmählich auch das Leseverständnis in den Blick zu nehmen. Für die Ermittlung der Leseflüssigkeit steht beispielsweise mit der WLLP-R ein standardisiertes Verfahren zur Verfügung. Eine Bewertung des Leseverständnisses beim stillen Lesen ist mit dem mit ELFE II und ProDi-L gut möglich. Da der Automatisierung und somit der Übungsintensität eine große Bedeutung für die weitere Entwicklung zukommt, sollte auch die Lesehäufigkeit im Blick behalten werden.

- **Übergang zur Sekundarstufe**
Am Ende der Grundschulzeit sollten basale Worterkennungsfähigkeiten sicher und schnell eingesetzt werden können, damit der Leseverständnisprozess nicht durch eine zu hohe kognitive Last bei der Dekodierung von Wörtern eingeschränkt wird. Die Diagnose der Leseflüssigkeit ist deshalb an dieser Stelle unverzichtbar, da sie einen limitierenden Faktor für das Leseverständnis darstellen kann. Als grobe Faustregel kann ein Wert von ca. 100 Wörtern pro Minute beim lauten Lesen am Ende der 4. Klasse angenommen werden (▶ Kap. 3.4.1). Flüssiges, lautes Lesen garantiert aber nicht verstehendes Lesen und stockende Leserinnen und Leser können unter Umständen Texte bei stillem Lesen gut verstehen. Aus diesem Grund sollte auch die Höhe des Textverständnisses beim stillen Lesen

entweder über standardisierte Verfahren oder über das Stellen von Verständnisfragen zu Texten und das Anfertigen von Textzusammenfassungen beobachtet werden. Achten Sie zudem auf metakognitive Fähigkeiten: Ist ein Kind in der Lage, Verständnisprobleme zu erkennen und selbstständig zu beheben? Nehmen Sie auch hier das Vorwissen in den Blick: Kennt das Kind schwierige Wörter? Kann es den Sinn unbekannter Wörter aus dem Zusammenhang erschließen?

- **Sekundarstufe und Ausbildung**
In diesem Alter gewinnt das Leseverständnis eine hohe Bedeutung als Voraussetzung für nachfolgende Lernprozesse und sie wird deshalb häufig in der Eignungsdiagnostik bewertet (z. B. zur Wahl geeigneter Auszubildender). Jedoch sind auch in diesem Alter Leseflüssigkeit, metakognitive Fähigkeiten und Wortschatz als Voraussetzungen für das Leseverständnis weiterhin bedeutsam. Das gilt insbesondere dann, wenn es um die Wahl von Ansätzen zur Verbesserung der Lesekompetenz geht. Insgesamt stehen in diesem Alter erheblich weniger standardisierte Verfahren zur Verfügung (bis maximal 9. Klasse oder als *Maze*-Test der LGVT auch bis zur 12. Jahrgangsstufe), sodass stärker auf informelle Verfahren oder die Bewertung der Lesefähigkeiten mittels des Stellens offener Fragen zu Texten oder dem Anfertigen von Textzusammenfassungen zurückgegriffen werden muss. Auch können Handlungsanleitungen (z. B. Baupläne) eingesetzt werden, um zu erkennen, ob ein Schüler oder eine Schülerin schriftliche Anleitungen in Handlungen umsetzen kann.

3.6.4 Analyse von Lesefehlern

In den frühen Phasen des Schriftspracherwerbs ist es sinnvoll, zwischen lautierendem Lesen, der Fähigkeit zur Segmentierung von Wörtern und der Ganzworterkennung zu unterscheiden, um entsprechend fördern zu können. Davon abgesehen enthalten Lesefehler keine verlässlichen Informationen, die eine getrennte Betrachtung lohnenswert machen würde. Zum einen ist der Prozentsatz an Fehlern ab der 3. Jahrgangsstufe zu gering, um eine Unterscheidung zwischen starken und schwachen Leserinnen und Lesern zu gewährleisten. Zum anderen beinhalten weder die Fehlerrate noch die Fehlerart valide und reliable Informationen, die eine Ableitung von Fördermaßnahmen erlauben würden.

Bei der Diagnostik von Leseverständnisleistungen können dagegen Leistungsunterschiede beim Interpretieren unterschiedlichen Textmaterials (kontinuierliche versus nicht-kontinuierliche Texte; verschiedene Textgattungen wie z. B. Sachtexte und literarische Texte etc.) Hinweise auf Vorwissensunterschiede in Bezug auf Textformat, Wortschatz und Strategiewissen geben. Beachten Sie besonders Verständnislücken, die auf mangelnden Wortschatz, schwierige syntaktische Strukturen oder fehlendes Vorwissen zurückführbar sind. Eine Förderung kann dann an diesen potenziellen Wissensdefiziten anknüpfen.

Fragen und Aufgaben zur Selbstüberprüfung

1. Reliabilität ist ein Testgütekriterium, das[14]
   a) angibt, ob man mit dem Test Wiederholungsmessungen machen kann.
   b) eine Aussage über die Genauigkeit einer Messung erlaubt.
   c) angibt, ob der beschriebene Inhalt eines Tests gut erfasst wird.
   d) lediglich angibt, ob der Test genau das messen kann, was er messen soll.
2. Bitte nennen Sie jeweils zwei standardisierte Verfahren zur Erfassung der Leseflüssigkeit und des Leseverständnisses!
   a) Leseflüssigkeit:

   b) Leseverständnis:

3. Was ist das Hauptanliegen des Curriculum Based Measurement (CBM)?[15]
   a) Es soll festgestellt werden, inwieweit der Unterricht einer Lehrkraft mit den Vorgaben des Lehrplans übereinstimmt.
   b) CBM ist ein Untersuchungsansatz zum Vergleich der Lehr- und Bildungspläne unterschiedlicher Bundesländer.
   c) Dieser Ansatz zielt auf die Dokumentation von Leistungsfortschritten und der Überprüfung der Wirksamkeit von Fördermaßnahmen.
   d) CBM beschreibt ein Verfahren zur Sicherung der Validität von Testverfahren Testaufgaben werden direkt aus dem Curriculum abgeleitet.
4. Worin liegen die Stärken informeller Diagnostik in den Schulen?[16]
   a) Informelle Tests werden gut auf den Unterrichtsgegenstand abgestimmt.
   b) Sie weist meist einen hohen Theoriebezug auf.
   c) Informelle Diagnostik zeichnet sich durch hohe Reliabilität und Objektivität aus.
   d) Informelle Tests sind oft sehr ökonomisch.
   e) Informelle Tests erlauben häufig eine klare Aussage über das Erreichen oder Verfehlen eines Lernziels.
5. Wann bzw. mit welchem Zweck kann man auf lautes Lesen als Diagnoseinstrument zurückgreifen und wann nicht? Welche der folgenden Aussagen sind richtig?[17]
   a) Lautes Lesen stellt keine Benachteiligung von Kindern mit Artikulationsproblemen dar, da diese Kinder ohnehin meist schwach begabt sind.
   b) Beim lauten Lesen von Fließtexten kann bestimmt werden, ob ein Kind flüssig lesen kann und ob es in der Lage ist, expressiv zu lesen.
   c) Lautes Lesen ist ein sehr guter Prädiktor für das Leseverständnis über die Grundschulzeit hinaus.

---

14 Lösung b
15 Lösung c
16 Lösung a, d und e
17 Lösung: b und c

4 Förderung von Leseverständnis und -kompetenz

Leseförderung ist in einem breiten Altersbereich möglich. Sie kann zudem spezifisch ansetzen oder allgemein förderliche Bedingungen schaffen. In diesem Kapitel wird gegliedert nach Altersbereichen auf allgemeine und konkrete Fördermaßnahmen eingegangen. Diese werden zudem – vorzugsweise anhand empirischer Belege – bezüglich ihrer Wirksamkeit bewertet. Darüber hinaus werden einzelne Initiativen von Stiftungen und Kultusbehörden beleuchtet.

Medien in ihren unterschiedlichen Formen und potenziell negative Konsequenzen des Medienkonsums standen seit jeher im Zentrum gesellschaftlichen Diskurses. Während in den 80er Jahren des letzten Jahrhunderts v. a. der Fernsehkonsum und nach der Jahrtausendwende der Computerspielekonsum und die Online-Abhängigkeit thematisiert wurden und werden, wirkt die in den Jahrhunderten davor dominierende Lesesuchtdebatte aus heutiger Sicht bizarr. Häufiges Lesen gilt heute meist unhinterfragt als erstrebenswertes Ziel und als elementarer Bestandteil des Bildungsbegriffs und der damit verknüpften »Belesenheit«. Viele Projekte z. B. der Stiftung Lesen streben an, Kinder und Jugendliche für das Lesen zu begeistern und zielen dabei, wie auch das untenstehende Zitat (Beyer, 1795) vornehmlich auf genussvolles Lesen von Belletristik. Hiermit verknüpft ist die implizite Idee, Kinder und Jugendliche würden einerseits durch häufiges Lesen ihre Lesefähigkeiten automatisieren und somit durch die Tätigkeit an sich zu kompetenteren Lesern werden (für eine Diskussion siehe Rosebrock & Nix, 2012, S. 45 ff.). Zum anderen ist damit die Hoffnung verbunden, Kinder und Jugendliche würden am Lesen Gefallen finden und habituelle Lesemotivation ausbilden, was sich dann wieder positiv auf die Kompetenzen auswirken könnte.

> *Und nicht anders ist es mit dem, der einmal das Vergnügen des Lesens gekostet und sich an diese Art von Zerstreuung und Zeitvertreib gewöhnt hat. Daher sieht man Bücherleser und Leserinnen, die mit dem Buche in der Hand aufstehen und zu Bette gehen, sich damit zu Tische setzen, es neben der Arbeit liegen haben, auf Spaziergängen sich damit tragen, und sich von der einmal angefangenen Lektüre nicht wieder trennen können, bis sie sie vollendet haben. Aber kaum ist die letzte Seite eines Buches verschlungen, so sehen sie sich schon wieder gierig um, wo sie ein anderes herbekommen wollen; und wo sie nur irgend etwas auf einer Toilette, auf einem Pulte, oder sonst wo, erblicken, das in ihr Fach gehört, oder für sie lesbar scheinet, da nehmen sie es mit, und verschlingen es mit einer Art von Heißhunger. Kein Tabaksbruder, keine Kaffeeschwester, kein Weintrinker, kein Spielgeist kann so an seine Pfeife, Bouteille, an den Spiel- oder Kaffeetisch, attachirt seyn, als manche Lesehungrige an ihre Lesereyen.*
>
> Johann R.G. Beyer (1795)

Ob häufiges Lesen hinreichend dafür ist, ein hohes Maß an Lesekompetenzen auszubilden bzw. welche weiteren Aspekte beachtet werden müssen, ist Gegenstand dieses Kapitels. Aufbauend auf den theoretischen Darstellungen zu Determinanten und Untersuchungsansätzen wird aufgezeigt, wo eine Förderung in Abhängigkeit des Lebensalters und des Fähigkeitsbereichs ansetzen kann. Es wird dabei auf vorschulische Bildung, auf den Schriftspracherwerb, auf die weitere Beschulung in der Grundschule und die Sekundarstufe jeweils getrennt eingegangen. Für jedes Lebensalter wird dargestellt, wie a) ein allgemein leseförderliches Leseumfeld geschaffen werden kann (»Allgemeine Maßnahmen«), b) welche spezifischen (geschlossene Interventions-)Ansätze und Programme es gibt und c) welche Projekte der Kultusbehörden Stiftungen und Vereine im jeweiligen Lebensalter verfügbar sind. Da sich Maßnahmen und insbesondere die Projekte häufig auf einen größeren Altersbereich beziehen, werden diese im jeweils besonders relevanten Lebensalter behandelt.

Anders als im anglo-amerikanischen Sprachraum, wo man auf eine lange Forschungstradition zu Leseverständnisinterventionen mit unzähligen Publikationen aus der Grundlagenforschung blicken kann, gab es im Deutschen weniger Programme und Untersuchungen. Diese Situation ist seit der Jahrtausendwende kontinuierlich besser geworden: Die Forschungsaktivität hat deutlich zugenommen und mittlerweile münden wissenschaftliche Publikationen auch in die Entwicklung zahlreicher anwendbarer Programme. Im Folgenden werden vor allem jene Programme dargestellt, die theoretisch fundiert und vorzugsweise empirisch überprüft sind. Dort wo Effektivitätsbelege vorliegen, wird gesondert auf diese eingegangen. Der Schwerpunkt liegt auf konkret für die deutsche Sprache verfügbare Ansätze und Programme.

4.1 Vorschule

Der Schuleintritt stellt nicht den Ausgangspunkt des Schriftspracherwerbs dar. Vielmehr werden wichtige Vorläufermerkmale bereits vorher ausgebildet. Unterstützende Maßnahmen in diesem Alter beziehen sich auf die Förderung zentraler Basisfertigkeiten und die Vermittlung von Leseerfahrungen. Ein Teil der Maßnahmen bezieht sich auf das Elternhaus.

4.1.1 Allgemeine Maßnahmen

Da im Vorschulalter Kinder ihre Lesesozialisation zu einem erheblichen Teil zu Hause erhalten, spielt die häusliche Leseumgebung (*Home Literacy Environment, HLE*; McElvany, 2009; Stubbe, et al., 2007) eine zentrale Rolle. Hierzu gehören beispielsweise das Vorleseverhalten der Eltern, die Menge an Büchern und Zeitschriften zu Hause, Zugang zu Bibliotheken, aber auch leseverdrängende Tätigkeiten wie ein hoher familiärer Fernsehkonsum oder die intensive Nutzung von Kurzvideoplattformen im Internet. Die häusliche Leseumgebung hat einen bedeutenden Einfluss auf die Kompetenzentwicklung der Kinder (der Anteil aufgeklärter Varianz an den linguistischen Kompetenzen beträgt etwa 8%). Aus diesem Grund liegt es nahe, häusliche Leseumgebung günstiger zu strukturieren, um auf diesem indirekten Weg die spätere Kompetenzentwicklung der Kinder positiv zu beeinflussen. Zu den dabei angewandten Maßnahmen gehören die Bereitstellung von Ressourcen, gemeinsames Lesen von Eltern und Kindern, das gezielte Training von basalen Fähigkeiten durch die Eltern und die Weiterbildung der Eltern. Während für den Vorschulbereich einige Metaanalysen größere Effekte berichten (z. B. Sénéchal & Young, 2008: d = 0.65), kommen van Steensel et al. (2011) bei der Betrachtung einer größeren Anzahl von Studien über einen größeren Altersbereich nur zu kleinen positiven Effekten. Auch wenn die Effekte möglicherweise nicht durchschlagend sind, so weisen solche Maßnahmen signifikant positive Effekte auf, was sie zu einem wertvollen Mosaikstein in der Schaffung der Voraussetzungen für die Entwicklung der Lesekompetenzen macht. Auf zwei solcher Aspekte wird im Folgenden eingegangen: auf das Vorlesen und dialogische Lesen sowie auf zweisprachige Kinder- und Vorlesebücher.

Vorlesen, dialogisches Lesen und Geschichtenerzählen

Das elterliche Vorleseverhalten stellt ein wichtiges Element in der Lesesozialisation dar und steht positiv mit den schulischen Leseleistungen der Kinder in Zusammenhang (Bus, van Ijzendoorn & Pellegrini, 1995). Auch das *Leseverhalten* und das *Lesevorbild* der Eltern stehen in deutlich positivem Zusammenhang zu den späteren Leistungen (Artelt, Naumann & Schneider, 2010, S. 108; Kloosterman et al., 2010). Betrachtet man ausschließlich die real aufgewandte Zeit und kontrolliert den sozialen Hintergrund der Familien, so kann jedoch kein klarer Einfluss des Vorlesens nachgewiesen werden (Ellinger & Koch, 2004; Ennemoser, 2003). Stattdessen scheint das Vorlesen Bestandteil eines generell bildungsnahen Erziehungsklimas in der Familie zu sein und somit zur Leseentwicklung beizutragen. Darüber hinaus spielt allerdings die Art und Weise, wie Kindern vorgelesen wird, eine entscheidende Rolle. Lesen sollte als interaktiver Prozess gestaltet werden, bei dem sich Vorleser (Eltern, Lehrkräfte oder Erzieher) aktiv mit dem Kind über die Inhalte austauschen. Diese Vorgehensweise wird als *dialogisches Lesen* (Whitehurst et al., 1988; Lonigan & Whitehurst, 1998; Kraus, 2005) bezeichnet und richtet sich nach den folgenden Verhaltensratschlägen:

- **W-Fragen stellen**
  Das Vorlesen wird zeitweise unterbrochen und der Vorleser stellt dem Kind eine offene Frage zum Inhalt (Wer? Was? Wo? Warum?). Bei jüngeren Kindern sind diese Fragen einfacher gehalten und beziehen sich auf konkret im Text benannte Sachverhalte oder Akteure. Bei Kindern kurz vor Schuleintritt können diese aber auch bereits komplexer sein und den Inhalt erweitern. Wichtig dabei ist, keine geschlossenen Ja/Nein-Fragen zu stellen, sondern Raum für Interaktion zu lassen, auf Fragen des Kindes Gegenfragen zu stellen etc.

- **Aufgreifen kindlicher Aussagen**
  Kindliche Aussagen sollten vom Erwachsenen aufgegriffen, in korrekter Form wiederholt und mit komplexerem Vokabular und Syntax erweitert werden. Das Kind wird bei kurzen Aussagen zum Weitererzählen aufgefordert.
- **Aufforderungen**
  Ältere Kinder können dazu aufgefordert werden, Sätze zu vervollständigen oder eine Geschichte zu Ende zu erzählen. Beispielsweise kann an einer sehr spannenden Stelle unterbrochen und gefragt werden: »Was meinst du, wie geht es nun weiter? Was passiert als nächstes?«

Zum einen sollten die Vorlesenden in ihrem eigenen Vorleseverhalten diese aktivierenden und dialogischen Elemente beherzigen. Zum anderen kann diese Vorgehensweise auch Eltern beigebracht werden. Die Verhaltensratschläge sollten allerdings nicht technisch angewandt werden. Im Vordergrund steht der Spaß am Austausch über ein interessantes Buch. Die Auswahl der Bücher sollte sich zudem an den Interessen des Kindes orientieren und das Kind sollte häufig gelobt werden.[18] Das dialogische Vorlesen hat langfristig positive und stabile Auswirkungen auf die sprachlichen Kompetenzen der Kinder, insbesondere auf Wortschatz, Textverständnis und phonologische Bewusstheit. Das Vorlesen kann im Leben eines Kindes nicht früh genug beginnen (Lenhart et al., 2022), d.h., es ist sinnvoll, bereits im ersten Lebensjahr Kinder an Bücher heranzuführen. Selbstverständlich handelt es sich dabei nicht um Vorlesen im klassischen Sinn, sondern beispielsweise um Bilderbücher in denen Objekte gesucht oder benannt werden. Der Effekt des Zeitpunkts, zu dem mit dem gemeinsamen Bücherlesen begonnen wurde, kann bis in die Grundschule nachgewiesen werden.

Eine noch aktivere Form der sprachlichen Interaktion ist das freie Erzählen von Geschichten und schließlich das Nacherzählen der Geschichten durch die Kinder selbst (Suggate et al., 2021), da es hierbei zu erheblich mehr Interaktion zwischen Erzählenden und Kindern kommt, die Kinder erheblich aktiver sind und das Nacherzählen eine erheblich tiefere Verarbeitung bedingt. Von diesem Ansatz profitieren Kinder mit deutscher und anderer Familiensprache gleichermaßen stark.

Zweisprachige Kinder- und Vorlesebücher

Bei vielen Familien mit nicht-deutscher Familiensprache erschwert die Kombination zweier Risikofaktoren die Literalitätserziehung: Zum einen verfügen die Eltern selbst bisweilen über mangelnde Kenntnisse des Deutschen und können den Kindern kein Lesevorbild in dieser Sprache sein. Zum anderen sind mehr Familien in einer sozio-ökonomisch ungünstigen Position als deutschsprachige Familien, sodass generell wenige Bücher vorhanden sind. Eine Hilfe können in dieser Situation zweisprachige Vorlesebücher geben (vgl. Engin, 2011), die in vielen Sprachkombi-

---

18 Eine kurze und gut verständliche Einführung in das dialogische Lesen ist bei Kraus (1995) unter https://www.kindergartenpaedagogik.de/1892.html zu finden. Videoportale im Internet bieten unter dem Schlagwort »dialogic reading« viele Vorlesebeispiele.

nationen verfügbar sind. Als Grundlage für solche speziell aufbereiteten Materialien dienen meist attraktive und populäre Kinderbücher, in denen anders als in der Originalausgabe mehrere Sprachversionen abgedruckt sind. Auch die Vielfalt digitaler, mehrsprachiger Angebote ist groß und wächst fortlaufend.[19] Vorschulische Bildungseinrichtungen und Grundschulen sollten eine Auswahl solcher Bücher bereithalten. Das Vorlesen aus diesen Büchern sollte darüber hinaus den Grundregeln dialogischen Lesens folgen. Inwieweit diese Vorgehensweise die Bildungschancen bei anderssprachigem Aufwachsen unterstützt, ist nach meiner Kenntnis im Deutschen bislang nicht geklärt. Für den amerikanischen Bereich (Englisch–Spanisch) liegen erste Effektivitätsbelege vor (z. B. Tsybina & Eriks-Brophy, 2010). Aber auch unabhängig davon, ob die Vorlesebücher mehrsprachig oder einsprachig sind, kann dialogisches Lesen und Geschichtenerzählen im Vorschulalter für mehrsprachig aufwachsende Kinder als erwiesen vorteilhaft angesehen werden (Fitton, McIlraith & Wood, 2018). Gerade aufgrund der in manchen Kulturen sehr reichhaltigen Tradition mündlichen Geschichtenerzählens, kann dies ein sehr guter Anknüpfungspunkt für vorschulische Spracherziehung sein (Suggate et al., 2021).

4.1.2 Konkrete Förderprogramme

Da in der Vorschule in der Regel noch keine systematischen Schriftkenntnisse verfügbar sind, zielt eine Förderung in diesem Altersbereich auf Vorläuferfertigkeiten des Schriftspracherwerbs und Determinanten des Leseverständnisses (▶ Kap. 2.2). Hierzu gehören Wortschatz, Syntax, phonologische Fertigkeiten und die frühe Buchstabenkenntnis.

Wortschatzvermittlung und Syntax

Wichtige Determinanten der Leseverständnisentwicklung sind Wortschatz und syntaktische Fähigkeiten (▶ Kap. 2.2.1). Zugleich stellen diese Bereiche Flaschenhälse in der schulischen Entwicklung von mehr- oder anderssprachigen Kindern und Jugendlichen dar. Aus diesem Grund empfehlen verschiedene Bundesländer für Kinder mit sprachlichen Rückständen eine integrierte Sprachförderung im Kindergartenalter (▶ Kap. 4.1.3). Stellvertretend für viele weitere Ansätze wird in Bezug auf die Förderung syntaktischer Fähigkeiten auf die Kontextoptimierung (Schmidt, 2011) und bezüglich der Wortschatzförderung auf die Vorschläge von Bromley (2007) verwiesen. Die Kontextoptimierung ist ein Ansatz, bei dem sprachlicher Input sehr sorgfältig ausgewählt wird und systematisch Sprachformen vermittelt werden. Die Vorgehensweise ist eingebettet in authentische Kommunikationssituationen. Der Leitfaden von Schmidt (2011) umfasst insgesamt 85 Praxiseinheiten und enthält zahlreiche konkrete Übungen, Beispiele und Beschreibungen von

---

19 Beispielhaft sei an dieser Stelle das Informationsangebot des Landesbildungsserver Baden-Württemberg genannt, das eine Auflistung verschiedener Ressourcen und Projekte enthält: https://www.schule-bw.de/themen-und-impulse/ideenpool-lesen/grundschule/grundschule12/lernfoerderliche-umgebung/mehrsprachig/vorleseangebote

Spielsituationen. Er ist für mehrsprachige Kinder geeignet und wurde darüber hinaus positiv evaluiert.

Die Vertiefung und Erweiterung des Wortschatzes ist eine sehr effektive Herangehensweise zur Steigerung des Leseverständnisses (Stahl & Fairbanks, 1986). Sie ist deshalb nicht nur in der Vorschule, sondern über die gesamte Schullaufbahn hin zentral. Es gibt zahlreiche Möglichkeiten zur Förderung der Wortschatzentwicklung (siehe Bromley, 2007). Eine Maßnahme im Vorschulalter ist beispielsweise das dialogische Lesen (s. o.). Weiterhin können den Kindern systematisch Prä- und Suffixe sowie Wortstämme vermittelt werden. Durch die Analyse der Bestandteile von Wörtern kann leichter der Sinn unbekannter Wörter erschlossen werden. Wörter sollten gezielt eingeführt werden, indem Vorwissen aktiviert und Assoziationen hergestellt werden. Dabei ist es wichtig, eher weniger Wörter einzuführen, diese aber intensiv zu behandeln, anstatt viele neue Wörter oberflächlich zu behandeln. Kinder und Schüler sollten ermutigt werden nachzufragen, wenn sie ein Wort nicht kennen. Auch gibt es viele kooperative Lernformen, z. B. indem Kinder in Ratespielen Synonyme finden, Sätze anderer Kinder umformulieren, sich Bezeichnungen ausdenken, Beschreibungen ausschmücken etc.

Phonologische Bewusstheit und frühe Buchstabenkenntnis

Die sogenannte phonologische Informationsverarbeitung ist ein Fähigkeitsbündel, das verschiedene Prozesse der Aufnahme und Verarbeitung von Sprachlauten zusammenfasst (Marx, 2004, S. 56 ff.). Man zählt hierzu (1) die Fähigkeit, die Lautstruktur der Sprache analysieren zu können (*phonologische Bewusstheit*), (2) Laute im Arbeitsgedächtnis präsent zu halten (*phonologisches Arbeitsgedächtnis; phonologische Schleife des Arbeitsgedächtnisses*) und (3) auf sprachliche Informationen im Langzeitgedächtnis schnell zugreifen zu können. Auf die Lesegeschwindigkeit wirkt sich der schnelle Abruf aus dem Langzeitgedächtnis besonders stark aus, jedoch kann diese Fähigkeit nur schwer gefördert werden. Die phonologische Bewusstheit, die dagegen sehr gut vor dem Eintritt in die Schule und zu Beginn des Schriftspracherwerbs förderbar ist, steht sehr stark mit der Schreibentwicklung in Zusammenhang. Sie gilt allerdings generell als Steigbügelhalter für den Schriftspracherwerb, da hierdurch der Erwerb des alphabetischen Prinzips erleichtert wird. Es ist deshalb nachdrücklich empfehlenswert, diesen Förderansatz als ein Element in die vorschulische Bildung systematisch einzubetten.

Aufgrund seiner Bedeutung als Vorläufermerkmal für den Schriftspracherwerb gibt es verschiedene gut untersuchte Programme, die die phonologische Bewusstheit im letzten Kindergartenjahr und zu Beginn der Grundschule fördern. Von diesen seien an dieser Stelle *Hören, Lauschen, Lernen* (Küspert & Schneider, 2003) und *Hören, Lauschen, Lernen 2* (Plume & Schneider, 2004) herausgegriffen. Das erste Programm umfasst die sechs Themenkomplexe Lauschspiele, Reime, Sätze und Wörter, Silben, Anlaut und Phoneme. Das Programm ist auf 20 Wochen mit einer täglichen Übungseinheit, bestehend aus jeweils zwei Spielen, angelegt. Der Trainingsplan und die Materialien sind genau vorgegeben und die Übungen sind nach Schwierigkeit gestaffelt. Das zweite Programm hat das Ziel, zusätzlich das alphabetische Prinzip anzubahnen und einige Sprachlaute mit Buchstaben in Beziehung zu setzen. Es knüpft am ersten Programm an und wird in der zweiten Hälfte des Trainings ergänzend angewandt. Zu den vermittelten Buchstaben gehören beispielsweise die Vokale und die Dauerkonsonanten.

Kinder profitieren bei diesem Förderansatz sowohl bei basalen Leseprozessen als auch in Bezug auf den Rechtschreiberwerb (Schneider & Marx, 2008). Diese Herangehensweise gilt deshalb als Standard in der vorschulischen Sprachförderung. Trotz einer gut belegten Effektivität zur Prävention von Problemen in der Rechtschreibung, aber auch bei basalen Leseprozessen, kommt es in der Folge nicht zwangsläufig auch zu einer Verbesserung des Leseverständnisses. Darüber hinaus profitieren von einem kombinierten Training phonologischer Kompetenzen und der frühen Buchstabenkenntnis sowohl monolingual deutsch- als auch mehr- und anderssprachig aufwachsende Kinder, jedoch gelingt es durch ein einseitiges Training dieser Fertigkeiten in der Regel nicht, alle Risikofaktoren vollständig zu kompensieren (Weber, Marx & Schneider, 2007). Aus diesem Grund stellt das Training der phonologischen Bewusstheit einen wichtigen Mosaikstein in der vorschulischen Sprachförderung dar. Er sollte aber in jedem Fall durch weitere Ansätze (Wortschatz, syntaktische Fähigkeiten, Sprachverständnis etc.) erweitert werden.

4.1.3 Projekte von Stiftungen und Kultusbehörden

In fast allen Bundesländern existieren Projekte, die mit Blick auf die Einschulung eine gezielte Förderung der sprachlichen Fertigkeiten von Kindern anstreben und Bildungsbenachteiligungen kompensieren sollen. In den meisten Bundesländern ist die Teilnahme an diesen Programmen sogar verbindlich (Lisker, 2011, S. 70 ff.) und in der Regel zielt die Sprachförderung auf alle Vorschulkinder. Eine Ausnahme bildet der in Bayern durchgeführte »Vorkurs Deutsch 240« (Staatsinstitut für Frühpädagogik, 2006), der insgesamt 240 Stunden umfasst und gezielt die sprachlichen Kompetenzen von mehr- und anderssprachig aufwachsenden Kindern verbessern möchte. In anderen Bundesländern, exemplarisch sei an dieser Stelle das Projekt »Schulreifes Kind« in Baden-Württemberg (Kultusportal Baden-Württemberg, 2012) genannt, wird versucht, vorschulische Förderung und Schuleintritt besser zu verzahnen. Die Projekte der Länder Bayern, Berlin, Bremen, Nordrhein-Westfalen und Schleswig-Holstein zielen darüber hinaus nicht nur auf allgemeine Sprachförderung, sondern auch auf die Anbahnung schriftsprachlicher Kompetenzen (für eine detaillierte Darstellung siehe Lisker, 2011, S. 70 ff).

4.2 Beginn des Schriftspracherwerbs

Der Anfangsunterricht stellt eine besonders kritische Phase der Schullaufbahn dar: Kinder beginnen mit stark unterschiedlichen Lernvoraussetzungen die 1. Klasse, was hohe Anforderungen an die diagnostische Kompetenz und die Differenzierungsfähigkeiten der Lehrkräfte stellt. Zugleich müssen die Kinder innerhalb kurzer Zeit wesentliche Fähigkeiten erwerben, die für den weiteren Bildungserfolg zentral sind. Neben allgemeineren Aspekten wie den Arbeitstechniken gehören hierzu die Kulturtechniken, also Lesen, Schreiben und einige Grundrechenarten. Gelingt es nicht, Verständnisprobleme in dieser Zeit rechtzeitig zu erkennen und zu kompensieren, so kann dies langfristig stark negative Auswirkungen für die gesamte Schulzeit bedeuten (▶ Kap. 2.2.2).

Anders als in englischsprachigen Ländern, in denen sich der Schriftspracherwerb aufgrund der niedrigen Korrespondenz zwischen Schrift- und Lautsprache häufig über die gesamte Grundschulzeit erstreckt und das Lesen und Schreiben zu einem guten Teil ein Ratespiel ist,[20] werden die wesentlichen Grundlagen der Schriftsprache in den meisten Bundesländern der BRD innerhalb des ersten, z.T. sogar innerhalb des ersten halben Schuljahres gelegt.

4.2.1 Allgemeine Maßnahmen

Viele der in den weiteren Klassenstufen der Grundschule dominierenden Ansätze zur Schaffung von Lesemotivation und der Automatisierung des Leseprozesses sind bereits im zweiten Halbjahr der 1. Klasse anwendbar (▶ Kap. 4.3.1). Lehrkräfte der 1. Klasse sollten prüfen, ob diese in Abhängigkeit des Leistungsstands ihrer Klasse bzw. des betreffenden Kindes und des zugrundeliegenden Lehrplans bereits anwendbar sind. Während des Schriftspracherwerbs sind zusätzlich die folgenden Punkte relevant:

Einsatz von Hilfsmitteln

Hilfsmittel, die den Leseprozess vorstrukturieren, reduzieren die hohe kognitive Last, die zunächst beim nicht-automatisierten Lesen auftritt. Gleichzeitig helfen sie dabei, Lesefehler zu vermeiden. An erster Stelle sind hierbei *Lineal*, *Lesepfeil* (halbtransparenter Streifen mit Markierung der Leserichtung) oder schlicht der eigene *Zeigefinger* zu nennen, die Kindern dabei helfen, die Zeile nicht zu verlieren. *Leselupen* erleichtern Menschen mit visuellen Beeinträchtigungen das Lesen von kleingeschriebenem Text. Leseanfänger sowie Kinder mit chronischen Leseproblemen haben oft Probleme dabei, die Silbengrenzen in Wörtern zu erkennen. Bücher, in denen die *Silben* jeweils in eigenen Farben markiert sind, können eine zusätzliche Erleichterung bedeuten und dabei helfen, die Fähigkeiten zu automatisieren (▶ Kap. 4.2.2). Entsprechende Bücher sind im Buchhandel (z.B. die Reihe »Leseraben« des Ravensburger Verlags und des Mildenberger Verlags) verfügbar.

Einige Förderprogramme versuchen, den Leseprozess durch den Einsatz von *Lautgebärden* weiter zu strukturieren. Hierbei wird den Kindern für jeden Laut eine eigene Handbewegung vermittelt, die diese während des Lesens begleitend einset-

---

20 Zu Fehlerprofilen und Entwicklungsverläufen in verschiedenen Sprachsystemen siehe Landerl, Wimmer und Frith (1997) sowie Seymour, Aro und Erskine (2003).

zen sollen. Zum gegenwärtigen Zeitpunkt gibt es keine Hinweise darauf, dass die lesebegleitenden Lautgebärden einen Fördereffekt nach sich ziehen (z. B. Walter et al., 1997), sodass angesichts des zusätzlichen Lernaufwands eher davon abgeraten werden kann.

Initiierung von Leseaktivitäten durch extrinsische Verstärkung

Wie bei allen Lernaktivitäten können extrinsische Anreize (Verstärker) gesetzt werden, um Tätigkeiten zu belohnen oder ihre Frequenz zu steigern. Verstärker können materiell (z. B. Geld), sozial (Lob der Lehrkraft), informationell (Wissen über den eigenen Leistungsstand) oder auch in Form von Tätigkeiten (»Premack-Prinzip«) erfolgen.

Leicht anwendbar sind Tokens, also beispielsweise Stempel oder Punkte, die die Leseaktivitäten in einem Plan dokumentieren. Je nach Alter lassen sich geeignete Motive finden. Beispielsweise können Leseanfänger einen Lese-Pilotenschein erwerben, indem sie für vorab festgelegte Lesemengen jeweils einen kleinen Teil einer Rakete ausmalen dürfen. Andere Motive sind beispielsweise Schatzkarten mit ausmalbaren Wegpunkten oder in höheren Jahrgangsstufen ein formell gestalteter Lesepass (Bedeutung von Vielleseverfahren ▶ Kap. 4.3.1). Während des Schriftspracherwerbs ist darauf zu achten, als Lesematerial geeignete Texte zur Verfügung zu stellen, die möglichst keine Schriftzeichen enthalten, die noch unbekannt sind. Auch muss der Inhalt dem Entwicklungsstand der Kinder angemessen sein. Verstärkersysteme dienen in erster Linie dem Aufbau von Verhalten, aber sie können eine bereits vorhandene intrinsische Motivation durch das Setzen eines Übermaßes an extrinsischer Belohnung zerstören. Bitte berücksichtigen Sie deshalb paradoxe Effekte der Verstärkung bei der Planung der Maßnahmen (▶ Kap. 4.3.1).

4.2.2 Konkrete Förderprogramme

Es gibt verschiedene didaktische Ansätze zur Vermittlung der Schriftsprache, wie z. B. Fibellehrgänge, welche zumeist analytisch-synthetische Verfahren anwenden, eher offene Formen oder die silbenanalytische Methode, um nur einige zu nennen. Zum gegenwärtigen Zeitpunkt gibt es allerdings keine klaren Belege dafür, dass eine bestimmte Methode per se überlegen wäre (Weinhold, 2009, S. 53). Kinder scheinen unabhängig von der verwendeten Methode annähernd gleich schnell das Lesen und Schreiben zu erwerben. Es gibt allerdings deutliche Unterschiede, wenn man unterschiedliche Fähigkeitsniveaus betrachtet: Schwächere Leserinnen und Leser benötigen eine stärkere Strukturierung des Schriftspracherwerbs, wohingegen leistungsstarke Kinder von offenen, kreativen Formen profitieren (siehe Schründer-Lenzen, 2004). Dies gilt insbesondere für die »Lesen durch Schreiben«-Methode sensu Reichen, die insbesondere für schwächere Schülerinnen und Schüler und für Kinder mit Deutsch als Zweitsprache im Schnitt sehr ungünstige Auswirkungen hat (siehe Funke, 2014) und von der nach aktuellem Wissensstand nachdrücklich abgeraten werden muss. Davon abgesehen gibt es zum Ende der Grundschulzeit kaum noch systematische Unterschiede in den Leistungsprofilen der Kinder, die mit verschiedenen Verfahren beschult wurden.

Als Fazit lässt sich festhalten, dass begabte Kinder von kreativen und freieren Formen profitieren, da sie entsprechend ihres Lerntempos mehr Erfahrungen sammeln können. Für schwächere Kinder sind dagegen strukturiertere Lehrformen vorteilhaft, bei denen Material sehr systematisch eingeführt wird und Kompetenzen schrittweise aufgebaut werden. Es empfiehlt sich dabei, entwicklungspsychologischen Modellen des Schriftspracherwerbs entsprechend mit einfachem Wortmaterial zu beginnen, an der Lauterkennung und Wortsegmentierung zu arbeiten, Buchstabenkenntnis und Phonem-Graphem-Zuordnungsregeln zu vermitteln und Schritt für Schritt komplexere Zusammenhänge einzuführen (z. B. Ausnahmen wie die *ie*-Schreibung, *Sp* und *St* am Wortanfang etc.). Nach meiner Kenntnis berücksichtigen heute alle Fibeln der großen Schulbuchverlage diese Herangehensweise, sodass im Folgenden auf eine Auswahl an spezialisierteren Programmen eingegangen wird, die entweder speziell auf die Förderung des Leseverständnisses, auf leistungsschwächere Kinder oder auf die Ergänzung des herkömmlichen Unterrichts ausgerichtet sind. Die Auflistung erhebt keinen Anspruch auf Vollständigkeit.

Das schaffe ich!

Eine Reihe von Kindern hat trotz grundlegendem Verständnis des alphabetischen Prinzips und Kenntnis der Buchstaben auch noch in der 2. und 3. Klasse Probleme, Wörter flüssig zu lesen. Auf diese Kinder zielt *Das schaffe ich!* (Naegle & Valtin, 2007) ab. Die aus Handreichungen (für die Lehrkraft) und Arbeitsheften bestehende Reihe vermittelt Kindern Wissen über Merkmale der Schriftsprache, führt systematisch in Buchstaben-Laut-Beziehungen ein und leitet Kinder auf der Basis entwicklungspsychologischer Modelle schrittweise von der alphabetischen zur orthographischen Strategie. Zur Erleichterung des Leseprozesses werden Grapheme, die aus mehreren Zeichen bestehen (z. B. Doppelkonsonanten, *ch* oder *sch*), farblich hervorgehoben. Mithilfe des »Blitzlesens« soll die Leseflüssigkeit – vor allem in Bezug auf die 100 häufigsten Wörter der deutschen Sprache – geübt werden. Das lernpsychologisch durchdachte und schön gestaltete Programm ist nicht ausschließlich auf das Lesen ausgerichtet, beinhaltet aber im zweiten Teil einen Baustein, der explizit auf das Textverständnis abzielt. Beispielsweise werden Knobelaufgaben oder illustrierte Texte dargeboten, zu denen Verständnisaufgaben (beispielsweise W-Fragen, Aufforderungen zum Unterstreichen und Zusammenfassen, Reflexionen) gestellt werden.

Silbenanalytische Methode

Die deutsche Sprache weist eine geringe orthografische Tiefe auf, d. h. die Zuordnung von Buchstaben zu Lauten ist wesentlich kohärenter als in anderen europäischen Sprachen wie dem Französischen oder Englischen (Seymour, Aro & Erskine et al., 2003). Demgegenüber ist die Silbenstruktur sehr komplex und anders als in romanischen Sprachen, in denen eine Silbe häufig aus einem Konsonanten und einem Vokal besteht, treten im Deutschen komplexe Konsonantencluster auf. Eine Schwierigkeit besteht für Erstleser deshalb darin, Wörter in Silben zu segmentieren. Die silbenanalytische Methode zielt darauf ab, Kindern die Wortsegmentation gezielt zu vermitteln. Kinder lernen, welche Silben betont und welche unbetont sind (vgl. Röber, 2004) und welche Unregelmäßigkeiten in der Verschriftung daraus resultieren.

Nicht in dieser Detailliertheit, aber dennoch dem Prinzip der Erkennung von Silbengrenzen in Wörtern folgend, wird im Rahmen des Unterrichts oder der außerschulischen Therapie die Worterkennung durch didaktische Hilfen wie Silbenschwingen oder Silbenbögen unterstützt. Einige Leselehrgänge, wie beispielsweise die ersten beiden Bände der Reihe *Lese- und Lernprofi* des Mildenberger Verlags[21] (Koppensteiner & Meixner, 2011), färben die einzelnen Silben des verwendeten Wortmaterials ein und helfen auf diese Weise den Kindern, Wörter sicherer zu lesen. Zwar existieren keine unmittelbaren Effektivitätsbelege der Mildenberger-Reihe, jedoch wird die Wirksamkeit durch die Arbeit von Weinhold (2009) gestützt. Sie konnte nachweisen, dass mithilfe der Silbenmethode beim Lesen im Vergleich zu Leselehrgängen keine schlechteren Leistungen erzielt werden, sondern sich in der Tendenz das Lesen positiver entwickelt.

4.3 Grundschule

Wurden die Grundzüge der Schriftsprache erworben, so wendet sich die Vermittlung schriftsprachlicher Kompetenzen rasch der Automatisierung des Leseprozesses und dem verstehenden Lesen zu. Auch die Schaffung von Lesegewohnheiten und in diesem Zusammenhang die Ausbildung habitueller Lesemotivation ist ein wichtiges Element der Lesedidaktik in diesem Alter.

4.3.1 Allgemeine Maßnahmen

Kinder zum Lesen motivieren

Motivation kann entweder intrinsisch, also aus Spaß an der Sache, oder extrinsisch, d. h. aufgrund äußerer Faktoren wie Belohnung, Anerkennung etc. begründet sein. Auch können beide Motivationen gleichzeitig eine Rolle spielen. Die Forderung, an der Lesemotivation anzusetzen, speist sich aus der Hoffnung, motivierte Kinder und Jugendliche würden mehr lesen und auf diese Weise ihre Fähigkeiten schneller steigern. In der Tat verwenden v.a. intrinsisch motivierte Kinder erheblich mehr Zeit auf das Lesen (▶ Abb. 2.7; ▶ Kap. 2.2.1; Wigfield & Guthrie, 1997) und verar-

---

21 Die restlichen Bände der Reihe, die bis in die 6. Klassenstufe reichen, beinhalten Texte mit Fragen, zu denen Lesestrategien und Lerntipps vermittelt werden.

beiten das Gelesene tiefer (Deci & Ryan, 2000). Allerdings ist die Wirkungsrichtung vermutlich eher eine andere: Lesen macht v. a. dann Spaß, wenn es mühelos gelingt (▶ Kap. 2.2). Der stärkste protektive Faktor zur Verhinderung des Rückgangs der Lesemotivation von der Kindheit zur Jugend bzw. zur Steigerung der Motivation über die Zeit liegt im eigenen Kompetenzerleben und dem Vertrauen in die eigene Fähigkeit (Gnambs & Hanfstingl, 2016). Die beste Motivationsförderung liegt also in einer systematischen und effektiven Vermittlung basaler Lesefähigkeiten, die Kinder schnell in die Lage versetzt, sich spannende Texte selbst zu erlesen. Da in erweiterten Definitionen der Lesekompetenz die Lesemotivation darüber hinaus eine eigenständige Facette darstellt (▶ Kap. 2.3), ist sie auch ohne unmittelbare Wirkung auf die Lesefähigkeit an sich förderungswürdig (siehe auch Artelt et al., 2007, S. 54).

Leider scheint es nicht nur keine einseitige Wirkung der Lesemotivation auf die Lesefähigkeiten und -aktivitäten zu geben, sondern auch die reine Lesemenge ist für den Kompetenzerwerb nicht entscheidend (▶ Kap. 4.3.1, Vielleseverfahren). Stattdessen kommt es auf die Verarbeitungstiefe und die Unterstützung/Rückmeldung durch die Lehrkräfte und Eltern an. Einseitige Maßnahmen zur Motivationssteigerung oder zur Erhöhung der Lesemenge verfehlen deshalb i. d. R. das Ziel, der Verbesserung von Lesekompetenz, wenn sie nicht gleichzeitig mit Ansätzen zur Förderung von Lesefähigkeiten kombiniert werden. Es sind dann meist nur kurzfristige Verbesserungen der Motivation zu beobachten, die wieder verloren gehen.

Der Gedanke, eine Leseförderung vermittelt über die Stärkung der Lesemotivation zu erreichen, wird auch als *Leseanimation* (vgl. Rosebrock & Nix, 2012, S. 92 ff.) bezeichnet. Es gibt sehr viele Möglichkeiten, inner- wie außerschulisch motivierende Situationen herzustellen. Die folgende Liste enthält einige Gedankenanstöße, ist aber sicher nicht umfassend.

Lesevorbilder schaffen

Kinder profitieren vom Vorbild anderer. An vorderster Stelle sind hier das *Lesevorbild* und die *Leseeinstellungen* der Eltern zu nennen (▶ Kap. 2.5.1). Im schulischen Kontext können gezielt lesebegeisterte Kinder einer höheren Jahrgangsstufe (*Lesescouts*) eingesetzt werden, um Kindern niedrigerer Jahrgangsstufen zu zeigen, wie viel Spaß lesen machen kann und welche Bücher besonders interessant sind. Auch kann eine feste Zeit in der Woche reserviert werden, in der Eltern oder pensionierte Lehrkräfte in die Schule kommen (*Lesepaten*), die den Schülern in Kleingruppen vorlesen oder Leseaktivitäten der Kinder begleiten. Gleichzeitig lässt sich hierdurch nicht nur Motivation aufbauen, sondern auch im Sinne der Viel- und Lautleseverfahren durch die höhere Betreuungsdichte das Lesen stärker automatisieren (▶ Kap. 4.3.1). Wenn es gelingt, männliche Lesepaten zu gewinnen, so kann hierdurch auch den Jungen ein geschlechtsspezifisches Lesevorbild geboten werden. Wenn Sie in der Grundschule als Lehrkraft arbeiten, dann sprechen Sie bei einem Elternabend die Eltern darauf an. Sicher finden sich Personen, die das Engagement und die Zeit haben, sich in der Schule einzubringen.

Faszination wecken

Setzen Sie im Laufe des Schuljahres Höhepunkte, die den Kindern besonders im Gedächtnis bleiben. Denkbar ist beispielsweise eine *Lange Lesenacht*, bei der die Kinder in der Schule übernachten dürfen und bei der bis tief in die Nacht hinein vorgelesen wird. Eine andere Möglichkeit sind *Autorenlesungen*. Kaum jemand kann ein Buch so spannend vortragen wie der Autor oder die Autorin. An solche Lesungen werden sich Kinder und Jugendliche sicher lange erinnern. Da solche Attraktionen mit einem hohen Planungsaufwand verbunden sind, werden sie sicher seltener, aber dafür vielleicht umso bewusster eingesetzt.

Extrinsische Motivierung über Belohnungssysteme

Wie auch zu Beginn des schulischen Schriftspracherwerbs können Verstärkersysteme eingesetzt werden, um Leseaktivitäten in Gang zu bringen (▶ Kap. 4.2.1) . Tatsächlich sind solche Verstärkungssysteme in viele Unterrichtsmaterialien integriert. Insbesondere Computerprogramme enthalten Feedbackelemente wie z. B. Punktzahlen, die einen Lernfortschritt belohnen und in der Konkurrenz mit anderen Schülern zum Wetteifern anfeuern können. Ein sehr bekanntes Beispiel ist die Online-Plattform Antolin.de: Schülerinnen und Schüler lesen Bücher, beantworten dazu *Multiple-Choice*-Aufgaben und erhöhen auf diese Weise ihre Punktzahl.

Verstärker sind sehr effektiv, bergen jedoch auch einige Gefahren. Eine bereits vorhandene, intrinsische Motivation kann verloren gehen, wenn die (extrinsische) Belohnung zu sehr in den Fokus der Aufmerksamkeit gerückt wird. Kinder und Jugendliche lesen dann primär, um den Verstärker zu erhalten und nicht mehr aus Spaß an der Sache. Fällt irgendwann der Verstärker weg, so geht in diesem Fall auch die Motivation verloren. Diese Gefahr ist v. a. bei materiellen Verstärkern gegeben (sog. *Overjustification Effect* oder *Paradoxer Effekt der Verstärkung*). Bei hoher intrinsischer Motivation sollten Leseaktivitäten deshalb nicht zusätzlich durch extrinsische Anreize belohnt werden. Ist dagegen noch keine Lesemotivation vorhanden oder gelingt es, die Verstärker mit der Zeit langsam auszublenden, dann ist ihr Einsatz eine gute Wahl.

Leseumwelt gestalten

Der soziale Hintergrund beeinflusst die schulischen Leistungen sehr stark (▶ Kap. 2.6.1). Aus diesem Grund ist es notwendig, insbesondere für Kinder aus bildungsfernen Elternhäusern eine anregende Leseumwelt in der Schule bereitzustellen, um ihnen auf diesem Weg den Zugang zum Lesen zu erleichtern.

Ressourcen bereitstellen

Insbesondere jene Kinder und Jugendliche, die zu Hause nur wenige oder keine attraktiven Ressourcen zur Verfügung haben, sind darauf angewiesen, Lesegelegenheiten in der Schule zu bekommen. Besonders vorteilhaft ist es, wenn sich eine öffentliche, kommunale Bibliothek in unmittelbarer Nähe oder vielleicht sogar im Schulhaus befindet. Ist das nicht der Fall, so bietet es sich für größere Schulen an, eine eigene *Schulbibliothek* oder *-mediothek* einzurichten. Hinweise zum Aufbau, zum Betrieb und zur Auswahl des Bücherbestands bietet das Portal www.schulmediothek.de.

Schulen, die nicht über die hinreichende Größe oder über entsprechende Ressourcen verfügen, sollten die Einrichtung von *Klassenbibliotheken* ins Auge fassen. Diese bestehen meist aus einem Regal mit einer begrenzten Zahl attraktiver Bücher. Es sollte dabei darauf geachtet werden, geschlechtsspezifische Interessen zu berücksichtigen und den Bestand in regelmäßigen Abständen zu aktualisieren. Ein Grundbestand mit einer Vorauswahl kann als Lese- und Medienbox beispielsweise bei der Stiftung Lesen (www.stiftunglesen.de) bestellt werden.

Aufgrund des sehr schnellen Publikationstempos im Kinder- und Jugendbuchbereich und der begrenzten Mittel der Schulen ist auch das Ausleihen von Bücherkisten oder Medienboxen eine gute Wahl. Die Kisten werden periodisch ausgetauscht und sind meist gegen eine Leihgebühr erhältlich. Hierdurch sind Klassen stets mit aktueller Literatur ausgestattet. Es gibt zahlreiche Projekte und Angebote von Lehrkraftverbänden, Kultusbehörden oder den lokalen Stadtbüchereien.

Leseecken einrichten

Suchen Sie nach Möglichkeiten, die Klasse und Schule lesefreundlich zu gestalten. Eine angenehme Sitzgelegenheit in einer schön gestalteten Ecke (eine Couch, ein flauschiger Teppich ...) in Nähe des Bücherregals lädt dazu ein, sich ein Buch zur Hand zu nehmen und ein bisschen zu schmökern.

Häuslichen Schriftspracherwerb unterstützen

Die häusliche Leseumwelt ist ein wichtiger Einflussfaktor für die Leseentwicklung von Kindern nicht nur im Vor-, sondern auch im Grundschulalter (siehe Lenhart et al., 2021; McElvany & Schneider, 2009; ▶ Kap. 4.1.1). Es sollte so früh wie möglich mit dem gemeinsamen Lesen von (Bilder-)Büchern angefangen werden. Kinder lieben das Vorlesen. Durch das Vorlesen oder besser noch das gemeinsame, spielerische Erlesen von Büchern mit Diskussion über die Inhalte (sog. *Dialogisches Lesen*) können Eltern ihren Kindern nicht nur Interesse an schriftlichen Inhalten vermitteln, sondern auch Wortschatz, grammatikalische Fertigkeiten und Lesestrategien vermitteln. Es ist deshalb wichtig, Eltern als Lesevorbilder zu gewinnen und diese zum Vorlesen zu bewegen, sofern sie das nicht ohnehin tun. Aber auch das Vorlesen kann unterschiedlich intensiv sein. Eltern sollten beim Vorlesen aktiv auf Fragen der Kinder eingehen oder auch selbst dem Kind offene Fragen stellen, an Interessen anknüpfen und beim Lesen mit dem Kind viel Spaß haben. Nicht alle Eltern haben Zugang zu attraktiver Kinder- und Jugendbuchliteratur oder sie nutzen öffentlich verfügbare Ressourcen nicht. Über die bereits zuvor beschriebenen Schul- und Klassenbibliotheken können Familien niederschwellig Ressourcen verfügbar gemacht werden. Auch können Eltern unterstützt werden, indem man ihnen Tipps zum Vorlesen gibt, sowohl was das Vorlesen selbst als auch was die Auswahl an Büchern betrifft. Konkrete Materialien und Informationen erhalten Eltern beispielsweise unter www.lesestart.de.

Mit externen Partnern kooperieren

Zeitungsverlage haben ein großes Interesse, Kinder für ihre Arbeit zu begeistern. Sie bieten häufig spezielle Konditionen für den Bezug der Tageszeitung an der Schule oder ermöglichen den Besuch der Redaktion oder der Produktionsanlagen. Stellvertretend für viele verschiedene Kooperationen mit Verlagen sei an dieser Stelle das Projekt »Klasse!« (klasse.mainpost.de) der regionalen Mediengruppe Mainpost herausgegriffen, die Materialien für den Projektunterricht von der 1. Klasse bis zur Berufsschule anbieten.

Lesefähigkeiten automatisieren

Verstehendes Lesen hängt zu einem Teil davon ab, wie mühelos und fehlerfrei das Lesen von Wörtern und die lokale Kohärenzbildung abläuft (▶ Kap. 2.2). Ein wichtiges Ziel der Grundschule ist es deshalb, grundlegende Fähigkeiten zu automatisieren, damit diese nicht zu viele kognitive Ressourcen in Anspruch nehmen, die für komplexere Verstehensprozesse benötigt werden. Automatisierung wird durch Üben erreicht. Für die Grundschule gibt es dabei zwei wesentliche Ansätze, die stillen Lesezeiten und sogenanntes Lautleseverfahren.

Vielleseverfahren und stille Lesezeiten

Die Kategorie »Vielleseverfahren« ist eine Sammelbezeichnung für Ansätze, die über die Steigerung der Lesemenge einen Effekt auf die Lesekompetenz erzielen sollen. Sie finden in der Regel im Rahmen des Unterrichts statt und sollen insbesondere schwache Leserinnen und Leser durch das Zugänglichmachen interessanter Quellen und das verbindliche Üben in der gemeinsamen Unterrichtszeit bei der Festigung des Leseverhaltens unterstützen (Rosebrock & Nix, 2012, S. 45 f.). Im anglo-amerikanischen Bereich ist der Ansatz als *Sustained Silent Reading* oder *Independent Silent Reading* seit den 1970er Jahren fester Bestandteil des Unterrichts. Im deutschen Sprachraum werden solche Unterrichtsmaßnahmen oft als *Stille Lesezeiten* bezeichnet. Die stillen Lesezeiten sollen es den Schülern ermöglichen, selbstständig Erfahrungen mit Büchern zu sammeln: Sie wählen sich in vorher reservierten Zeiten des Unterrichts entsprechend ihrer eigenen Interessen Bücher aus, lesen dieses still und selbstständig. Die Schülerinnen und Schüler erhalten nur minimale Begleitung, d. h., eine Anschlusskommunikation oder eine Kontrolle des Gelesenen findet meist nicht statt.

Einige Projekte setzen diesen Ansatz systematischer und z. T. außerhalb des Unterrichts um, wie z. B. die *Leseolympiade* nach Bamberger (2000) oder die Online-

Buch-Plattform Antolin.de. Bei der Leseolympiade wird wie auch bei Antolin über externe Anreize (*Lesepass* oder *Highscore*) ein freundschaftlicher Wettkampf zwischen den Schülerinnen und Schülern darüber in Gang gesetzt, wer am meisten liest. Im Unterschied zum *Sustained Silent Reading* erhalten die Kinder eine Rückmeldung über ihre Leistungen, indem in regelmäßigen Abständen Lesegeschwindigkeit und Leseverständnis (Leseolympiade) oder auch nur das Leseverständnis (Antolin) kontrolliert wird.

Stille Lesezeiten werden häufig in Schulen eingesetzt. Vermutlich wird der Einsatz durch die Beobachtung motiviert, dass gute Leserinnen und Leser oft sehr viel Lesen (NRP, 2000, S. 12) und dass im Umkehrschluss das häufige Lesen für die guten Lesefähigkeiten verantwortlich sei. Im Kontrast zu dieser Annahme und zur Beliebtheit dieses Verfahrens steht die empirische Evidenz: »The available data do suggest that independent silent reading is not an effective practice when used as the only type of reading instruction to develop fluency and other reading skills« (NRP, 2000, S. 13). Zur gleichen Schlussfolgerung kommen Rosebrock und Nix (2012, S. 53 f.) auf der Basis eigener empirischer Untersuchungen: Sofern Schülerinnen und Schüler ohne Rückmeldung arbeiten, zeigt sich im Vergleich zu Kontrollgruppen weder ein Zuwachs in der Lesekompetenz noch in der Lesemotivation oder dem Leseselbstkonzept. Merke, Ganushak und van Steensel (2024) unternahmen in ihrer umfassenden Metaanalyse den Versuch, die Wirkungen verschiedener Einflussfaktoren sowie die allgemeine Stärke der zu erwartenden Effekte des *Independent Silent Reading* zu bestimmen. Die Analyse von 51 Primärstudien ergab einen kleinen kurzfristigen Effekt ($d = 0.27$) auf die allgemeine Lesefähigkeit, wobei noch geringere Auswirkungen auf Leseverständnis, Leseflüssigkeit, Wortschatz, Lesemotivation und Leseverhalten festgestellt wurden. In den wenigen Follow-Up-Studien verschwanden diese Effekte vollständig oder kehrten sich sogar ins Negative. Der stärkste positive Effekt wurde bei Kindern mit niedrigem sozio-ökonomischem Status und in Studien beobachtet, die speziell Kinder mit Leseschwierigkeiten förderten. Für leistungsstarke Kinder hingegen zeigten die Maßnahmen keine Wirkung. Die Ergebnisse bezüglich der Moderatoren waren inkonsistent, mit Ausnahme der Hilfe und Anleitung durch Lehrkräfte, die sich sogar negativ auswirkten. Die Ursache hierfür bleibt unklar, da in den Primärstudien die Art der Unterstützung oft nicht detailliert beschrieben wurde. In jedem Fall scheint die Steigerung der reinen Menge an gelesenem Textmaterial für eine Förderung nicht hinreichend zu sein.

Es sind verschiedene Erklärungen für diese Negativbefunde denkbar, die gleichzeitig Hinweise auf eine verbesserte Praxis geben können:

1. Lernzuwachs hängt wesentlich von der *Verarbeitungstiefe* ab. In stillen Lesezeiten wird jedoch nicht gewährleistet, dass Kinder sich intensiv mit den Texten auseinandersetzen. Es ist denkbar, dass insbesondere leistungsschwächere Kinder Texte lediglich überfliegen. Eine Förderung mit diesem Konzept sollte gewährleisten, dass Kinder sich beim Lesen Mühe geben. Hierfür ist das unmittelbare Stellen von Verständnisfragen, die Korrektur von Lesefehlern und die gemeinsame Reflexion über Textinhalte ein guter Weg.
2. Kinder jüngeren Alters sowie schwächere Leser in der Sekundarstufe bemerken eigene Verständnisprobleme oft nicht selbstständig. Sie brauchen Hilfestellung

beim Erkennen und Beheben der Verständnisprobleme, um auf diese Weise die selbstständige Kontrolle des Leseprozesses zu erlernen. Zeitnahe *Rückmeldungen* und *Hilfestellungen* während des Leseprozesses sind für die Verbesserung der Verständnisleistungen von zentraler Bedeutung.

Auf Grundlage der beschriebenen Ergebnisse lässt sich der Einsatz von stillen Lesezeiten mit dem Ziel der Leseförderung nicht empfehlen. Kindern, die Interesse am Lesen haben und ihre Leseinteressen vertiefen möchten, sollten selbstverständlich Lesezeiten ermöglicht werden. Dies kann unter bestimmten Bedingungen sogar zu einer Verbesserung der Lesekompetenz führen, insbesondere bei hohen kognitiven Fähigkeiten und bereits gut ausgeprägten Lesefertigkeiten, jedoch meist nicht im schwachen Leistungsbereich. Es ist zudem wichtig, dass attraktive Leseinhalte für alle zugänglich sind. Festgelegte Zeiten, in denen alle Schülerinnen und Schüler institutionalisiert still für sich selbst lesen, sind dagegen kein vielversprechender Ansatz, sondern es kann unter ungünstigen Bedingungen die Lesemotivation weiter untergraben. Für schwächere Leserinnen und Leser sind stärker angeleitete Methoden, wie Lesetandems, gezielte Förderung der Leseflüssigkeit und Ansätze mit hoher Rückmeldungsintensität, beispielsweise Lautleseverfahren, zu empfehlen. Leistungsstarke Kinder und Jugendliche benötigen diese Art der Förderung nicht.

Lautleseverfahren

Flüssiges Lesen ist eine sehr wichtige Voraussetzung für das Leseverständnis (▶ Kap. 2.2). Es ist durch schnelles, fehlerfreies Dekodieren und expressives, d. h. betontes Vorlesen gekennzeichnet (NRP, 2000, S. 11 f.; Rosebrock & Nix, 2012: Kap. 3.3). Gelingt dies nicht, so ist der Leseprozess sehr anstrengend und fehleranfällig.

Ein geeigneter Förderansatz zur Verbesserung der Leseflüssigkeit insbesondere in der Grundschule ist das gelenkte oder geleitete laute Lesen, da hierbei unmittelbar Leseschwierigkeiten erkennbar sind und Lehrkräfte oder Eltern während des Leseprozesses unterstützend eingreifen können. Um einen nachhaltigen Übungseffekt zu erreichen, muss das laute Lesen allerdings über einen ausreichend langen Zeitraum immer wieder regelmäßig eingesetzt und begleitet werden. Eine ineffiziente und für leistungsschwache Kinder beschämende Form ist das »Reihumlesen«, bei dem effektiv nur wenig Übungszeit auf jedes Kind entfällt. Das öffentliche Vorlesen kann zudem Ängste auslösen, was einen möglichen Übungseffekt untergräbt. Es existieren jedoch auch günstige Formen, darunter:

1. *Wiederholtes Lesen (Repeated Reading)*: Der Ansatz stammt ursprünglich aus der Einzelförderung von Kindern mit Lernschwächen und ist sehr einfach: Kinder lesen begleitet durch Erwachsene wiederholt immer wieder den gleichen kurzen Text laut vor, bis sie eine hinreichende Genauigkeit und Geschwindigkeit erreichen. Sie prägen sich auf diese Weise die Wörter und Buchstabenkombinationen besser ein und lernen, die Satzzeichen für die Betonung zu nutzen. Rosebrock und Nix (2012, S. 37) schlagen vor, die potenzielle Eintönigkeit des Ansatzes

durch kreative Abwandlungen wie z. B. das Erstellen einer Radiosendung, die Vorbereitung auf Vorlesewettbewerbe, Vorlesen für jüngere Klassenstufen, Vorstellen und auszugsweises Vorlesen des eigenen Lieblingsbuches etc. zu variieren.
2. *Begleitetes, lautes Lesen (Guided Oral Reading)* : Hierbei wird dem Kind ein Lesemodell an die Seite gestellt, das als positives Vorbild agiert. Das Lesemodell liest gemeinsam mit dem Kind zeitgleich einen Text laut und demonstriert diesem dabei, welche Lesegeschwindigkeit und Betonung angemessen ist (Rosebrock & Nix, S. 39).
3. *Reading While Listening*: Man liest simultan einen Text, während man ihn als Hörtext vorgespielt bekommt (▶ Kap. 4.4.2).

Das National Reading Panel empfiehlt explizit den Einsatz der Lautleseverfahren, da es zahlreiche empirische Belege für ihre positiven Wirkungen in Bezug auf Worterkennung, Leseflüssigkeit und Leseverständnis gibt (NRP, 2000, S. 12). Positive Effekte lassen sich sowohl für leistungsschwache wie leistungsstarke Kinder in einer großen Bandbreite von Klassenstufen erzielen. Eine Schwierigkeit im schulischen Einsatz liegt darin, eine hohe Betreuungsdichte herzustellen. Dies kann beispielsweise mithilfe von Lesepaten sichergestellt werden (▶ Kap. 4.3.1) oder durch das von Topping (1995) vorgeschlagene *Paired Reading* (deutsch: *Lesetandems*; siehe Rosebrock et al., 2011). Dieser Ansatz kombiniert das wiederholte und das begleitete laute Lesen: Es werden in der Klasse Paare aus leistungsstarken und leistungsschwachen Schülerinnen und Schülern gebildet, die dann gemeinsam Lesen (▶ Kap. 4.4.2). Erfahrene Lesepaten können bereits in der ersten Jahrgangsstufe unterstützend mitwirken. Paare von gleichaltrigen Kindern lassen sich ab der 3. Klasse effektiv zur Förderung der Leseflüssigkeit und des Leseverständnisses einsetzen.

Die Effekte des wiederholten und des begleitenden lauten Lesens gelten als sehr gut gesichert. Die Höhe der Effekte liegt sowohl für die Leseflüssigkeit als auch für das Leseverstehen bei der Durchführung über einen längeren Zeitraum im mittleren bis hohen Bereich, v. a., wenn Erwachsene den Leseprozess begleiten (Downs, 2021). Für Schülerinnen und Schüler mit Leseschwierigkeiten sind die Effekte sogar sehr hoch (Lee & Yoon, 2016) und bieten somit einen Anlass für pädagogischen Optimismus für die Überwindung der Schwierigkeiten.

4.3.2 Konkrete Förderprogramme

Lesen. Das Training

Das Programm wurde ursprünglich für die Klassenstufen 5 und 6 sowie 7 bis 9 entwickelt (▶ Kap. 4.4.2) und liegt nun auch in einer Version für die Grundschule vor (Kruse et al., 2010). In seinem Aufbau ähnelt es stark den Varianten für die höheren Jahrgangsstufen: Es besteht aus drei Teilen, von denen der erste auf Lesefertigkeiten abzielt (Blickbewegungen, schnelles Erfassen von schriftlichem Material), der zweite die Leseflüssigkeit steigern soll (Steigerung des Lesetempos; schnelles und genaues Lesen) und der dritte auf die Vermittlung von Strategien abzielt. Das schön gestaltete Programm wird durch ein Lehrermanual, eine Audio-

CD und zusätzliche Online-Materialien ergänzt, verfügt aber zurzeit über keine Wirksamkeitsnachweise.

Flüssig lesen lernen

Die Serie an Lesebüchern und Übungen wurde von Tacke im Zeitraum zwischen 1999 und 2003 entwickelt und 2012 aktualisiert. Das Programm beginnt mit Bausteinen zur phonologischen Bewusstheit, vermittelt Buchstaben-Laut-Beziehungen und das lautierende Erlesen von Silben. Danach beginnen die Kinder damit, sich Wörter oder kurze Texte laut vorzulesen, wobei die Silben farblich voneinander abgegrenzt sind. Das Programm fokussiert also ebenfalls auf das silbierende Lesen. Neben der Partnerarbeit enthält das Programm Elemente direkter Instruktion, wobei das Kind der Lehrkraft vorliest und diese bei Lesefehlern unterstützend eingreift, sofern das Kind den Fehler nicht selbstständig bemerkt und korrigiert. Die Materialien sind weitgehend selbsterklärend und können auch von Eltern angewandt werden. Zielgruppe sind Kinder der zweiten bis vierten Jahrgangsstufe. Tacke (2005) untersuchte das Programm an leseschwachen Kindern der 2. Klasse. Die Intervention erstreckte sich über ein halbes Schuljahr mit täglichen Übungen von etwa 20 Minuten. Im Vergleich zu einer unbehandelten Kontrollgruppe zeigte sich ein großer Effekt bei der Lesegeschwindigkeit und ein mittlerer Effekt beim basalen Leseverständnis.

Lesen im Leseteam trainieren

Aus dem anglo-amerikanischen Bereich ist eine Reihe von Förderprogrammen bekannt, die sich der Partner- und Gruppenarbeit bedienen und deren Effektivität klar belegt ist. Zu diesen gehören *Peer-Assisted-Learning Strategies* (*PALS*; Fuchs et al., 1997) und die für die damalige Zeit bahnbrechenden Untersuchungen zum *Reciprocal Teaching* (Palincsar & Brown, 1984). Das Programm *Lesen im Leseteam trainieren* (Kirschhock & Munser-Kiefer, 2012a, 2012b; siehe auch Munser-Kiefer, 2012) adaptiert beide Programme für den Einsatz in der 3. und 4. Klasse an das Deutsche. Es besteht im Wesentlichen aus zwei Modulen, wobei sich das erste Modul schwerpunktmäßig auf PALS und das zweite Modul auf das *Reciprocal Teaching* stützt:

Modul 1: Blitzlesen im Leseteam
Die Schüler arbeiten in Paaren nach der Methode des *Repeated Reading* und lesen sich abwechselnd Textpassagen laut vor. Der Zuhörer macht den Leser auf Lesefehler aufmerksam. Falsch gelesene Wörter werden silbiert und eingeübt. Das Modul umfasst eigenständig vier Unterrichtseinheiten (UE), wird aber in den folgenden Programmabschnitten in jedem Teilmodul wieder aufgegriffen.
Modul 2: Vermittlung von Lesestrategien
Es werden sukzessive kognitive Lesestrategien vermittelt und dabei in jedem Teilmodul die bereits erworbenen Strategien wiederholt. Zu den vermittelten Strategien gehören *Wörter klären* (3 UE), *Fragen stellen und beantworten* (8 UE), *Zusammenfassen*

(10 UE) und *Vorhersagen* (4 UE). Die Strategien werden im Klassenkontext eingeführt, anschließend in Gruppenarbeit geübt und abschließend wieder im Klassenkontext reflektiert. Nachdem alle Strategien erworben wurden, schließt sich eine Trainingsphase mit 8 Unterrichtseinheiten an und die Anwendung wird auch in andere Schulfächer integriert.

Das Programm ist detailliert ausgearbeitet und verfügt über eine reichhaltige Materialiensammlung. Es wurde in mehreren Experimentalstudien überprüft und kann überzeugende Wirksamkeitsbelege vorweisen: Das Programm verbessert im Vergleich zur Kontrollgruppe die Worterkennung in mittlerer Höhe, führt zu sehr deutlichen Verbesserungen im Strategiewissen und der prozeduralen Metakognition und bewirkt einen kleinen bis mittleren Effekt beim Leseverständnis.

Lesespiele mit Elfe und Mathis

Das computerbasierte Übungsprogramm (W. Lenhard, Lenhard & Küspert, 2018) wurde in Anlehnung an ELFE II entwickelt und basiert auf einer ähnlichen Modellvorstellung: Sprachliches Material wird getrennt nach Komplexitätsebenen dargeboten. In der Rahmenhandlung muss sich das Kind durch ein mehrstöckiges Bücherlabyrinth vorarbeiten, das über die Stockwerke »Laute und Silben«, »Wörter«, »Sätze« sowie »Texte und Strategien« verfügt. Jedes dieser Stockwerke verfügt über fünf verschiedene Übungen auf drei Schwierigkeitsstufen. Nach dem erfolgreichen Bestehen einer Übung erhält das Kind einen Edelstein und nach Bewältigung aller Übungen einer Schwierigkeitsstufe einen Schlüssel, der jeweils den nächsten Bereich des Labyrinths aufschließt (▶ Abb. 4.1). Eine Besonderheit des Programms liegt in der Verknüpfung mit standardisierten Testverfahren: Normwerte lassen sich übernehmen und das Programm justiert dementsprechend die Schwierigkeit und Auswahl der Übungen. Neben der spielerischen Rahmenhandlung verfügt das Programm zusätzlich über einen therapeutischen Bereich, der auf die Automatisierung von Graphemen, häufig vorkommenden Wortbestandteilen und Wörtern ausgerichtet ist.

Die Evaluation des Programms erfolgt im Prä-Post-Design mit einer Interventions- und einer Kontrollgruppe in der zweiten bis vierten Grundschulklasse mit insgesamt 303 Kindern. Die Ergebnisse zeigen einen mittleren Fördereffekt von d = 0.40 (W. Lenhard & Lenhard, 2016).

Lesen mit Willy Wortbär

Dabei handelt es sich um ein evaluiertes, silbenbasiertes Training für Kinder der zweiten bis vierten Grundschulklasse, die über schwache basale Lesefähigkeiten verfügen (Müller, Richter & Otterbein-Gutsche, 2020). Es ist auf den Einsatz in Kleingruppen ausgelegt und kann auch auf den Einsatz in der Einzelförderung angepasst werden. Es besteht aus zwei Teilen mit insgesamt 24 Sitzungen. In der ersten Phase werden Phonem-Graphem-Zuordnungen gefestigt und die zweite Phase trainiert das schnelle Erkennen von Silben und Wörtern. Dabei kommen

4 Förderung von Leseverständnis und -kompetenz

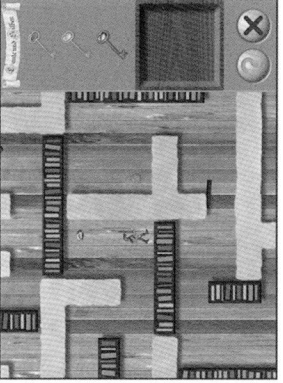

Das Bücherlabyrinth

Die einzelnen Übungen sind als Edelsteine repräsentiert, die vom Kind eingesammelt werden sollen. Wurden die Übungen einer Schwierigkeitsstufe erfolgreich bearbeitet, so öffnet sich die Tür zu den nächst schwierigeren Aufgaben.

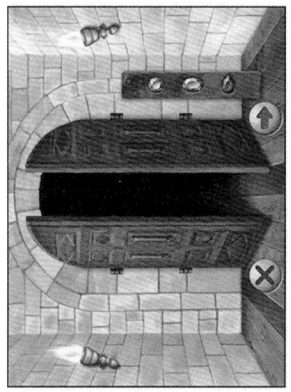

Portal

Bevor in den nächsten Inhaltsbereich gewechselt werden kann, müssen alle Übungen des gegenwärtigen Bereichs erfolgreich bearbeitet worden sein. Erst dann öffnet sich die Tür des Portals zum nächsten Inhaltsbereich.

Auf dem Weg zum nächsten Level ...

Es gibt im Bücherlabyrinth fünf Stockwerke. Ganz oben wartet das Alphabeticon auf das Kind – ein sagenumwobenes Zauberbuch, welches aus der Koboldfestung zurückerobert werden muss.

Abb. 4.1: Darstellungsbeispiele aus den Lesespielen mit Elfe und Mathis. Die Übungen sind in einem 2D-Labyrinth angeordnet und in Inhaltsbereiche (»Stockwerke«) gruppiert (Lenhard, A., Lenhard, W. & Küspert, P. [2018]. Lesespiele mit Elfe und Mathis: Computerbasierte Leseförderung für die erste bis vierte Klasse. 2. Aufl. Göttingen: Hogrefe).

Methoden wie die Markierung des Silbenkerns, Silbenbögen, Silbenschwingen und andere Spiele zum Einsatz. Ziel des Programms ist es folglich, die Automatisierung der Erkennung größerer Einheiten wie Silben und hochfrequenter Wörter zu automatisieren. Die Effekte wurden in zwei Experimentalstudien im Kontrollgruppendesign erfolgreich evaluiert (Müller, Karageoros & Richter, 2021). Besonders ausgeprägt sind diese im Hinblick auf phonologische Rekodierungsprozesse, jedoch können auch Verbesserungen bei orthografischen Vergleichsprozessen und dem Leseverständnis nachgewiesen werden. Derzeit (Stand 01/2024) befindet sich zudem eine Tablet-basierte Fassung (»Uli Eule auf der Silbeninsel«) in der Evaluation.

4.4 Sekundarstufe

Anders als in der Grundschule, deren klares Ziel die Vermittlung der Schriftsprache ist, hatte die explizite Förderung der Lesekompetenz in der Sekundarstufe lange keinen exponierten Stellenwert und gewann erst seit der Jahrtausendwende an Bedeutung. Oft wurde und wird davon ausgegangen, dass das Lesen nun als Werkzeug für die Vermittlung von Inhalten verfügbar sei. Dabei ist nicht zuletzt durch PISA bekannt, dass die Fähigkeit zum verstehenden Lesen in der Schülerschaft in allen Schulformen erheblich variiert und ein bedeutsamer Anteil der Jugendlichen auch im Alter von 15 Jahren nicht über ausreichende Lesekompetenzen verfügt (▶ Kap. 2.5). Es muss deshalb über die Elementarstufe hinaus ein pädagogisches Ziel sein, die Lesekompetenzen zu verbessern. Dies gilt nicht nur für leistungsschwache Jugendliche, sondern insbesondere auch für Jugendliche am Gymnasium. Zugleich ist es wenig sinnvoll, diese Aufgabe allein dem Deutschunterricht zuzuordnen, mit dem es oft unreflektiert in Verbindung gebracht wird, da diese Fähigkeit in fast allen Fächern zentral ist. Da sich das Leseverständnis anhand konkreter und relevanter Inhalte effektiver schulen lässt, sollte es ein Anliegen aller Schulfächer – insbesondere auch der Sachfächer – sein. Zudem verfügen verschiedene Disziplinen über eigene Textgattungen, die am besten in Verbindung mit den konkreten Inhalten vermittelbar sind. Darüber hinaus haben Sachtexte für viele Berufe und den konkreten Lebensvollzug eine hohe Relevanz. Die Vermittlung dieser Fähigkeit auf den Deutschunterricht zu begrenzen wäre folglich verfehlt!

4.4.1 Allgemeine Maßnahmen

Leseflüssigkeit fördern

Es ist nicht einfach, ein eindeutiges Kriterium zu definieren, ab wann die Leseflüssigkeit für die Verstehensanforderungen in der Sekundarstufe ausreichend ausgeprägt ist. Rosebrock et al. (2011, S. 62) schlagen als Faustregeln für die unterrichtliche Praxis vor, dass am Ende der Grundschulzeit die folgenden Mindestkriterien gegeben sein sollten:[22]

1. Es sollten pro Minute mehr als 100 Wörter gelesen werden können.
2. Die Anzahl der Lesefehler sollte 5 % der Wörter nicht übersteigen und es sollte bei altersangemessener Textkomplexität außer bei Eigennamen keine Mühe bei der Dekodierung geben. Hieraus folgt zudem, dass zu viele Lücken im Wortschatz zu einem Einbrechen des Verständnisprozesses führen, da zu viele Kohärenzlücken auftreten.
3. Die Jugendlichen sollten in der Lage sein, einen Text expressiv vorzulesen; Satzzeichen und wörtliche Rede sollten stimmlich beachtet werden.

Das Lesen auf Wortebene sollte also hinreichend schnell, mühelos und fehlerfrei gelingen. Ist das nicht der Fall, so wird der Leseverständnisprozess behindert. Zur Förderung der basalen Worterkennung empfiehlt es sich, auf Lautleseverfahren (▶ Kap. 4.3.1) zurückzugreifen. Als Sozialform bieten sich Lautlesetandems oder medienunterstütztes *Reading While Listening* an (▶ Kap. 4.4.2). Bei mangelndem Wortschatz oder fehlenden Fachtermini muss gleichermaßen diese Vorwissenslücke geschlossen werden.

Strategien vermitteln – Lernregulation verbessern

Gegen Ende der Grundschule ist es zunehmend leichter möglich, den Kindern Lesestrategien zu vermitteln, die diese für die Verbesserung der Lernleistung nutzen können. Zuvor ist es zwar bereits möglich, Kindern Lerntechniken beizubringen. Häufig setzen sie diese jedoch nicht spontan ein (Produktionsdefizit) oder der Einsatz führt nicht zu besseren Lernresultaten (Nutzungsdefizit). Die Sekundarstufe gilt demgegenüber als günstiges Lebensalter zur Strategievermittlung. Sollten die basalen Lesefähigkeiten sehr schwach ausgeprägt sein, so empfiehlt es sich, zunächst dort anzusetzen. Für die Anwendung kognitiver Strategien ist nämlich erst dann genügend Kapazität verfügbar, wenn basale Leseprozesse hinreichend automatisiert sind. Auch fällt es erheblich leichter, Strategien auf Themenbereiche anzuwenden, in denen bereits Vorwissen vorhanden ist (▶ Kap. 2.2.1).

Welche Lesestrategien gibt es?

Unter den Strategien werden drei Kategorien unterschieden (Wild, 2010, S. 482). *Die kognitiven Strategien* beziehen sich auf Prozesse der Informationsaufnahme und

---

[22] Diese Vorschläge sollten lediglich als Richtwerte betrachtet werden, da sie auf Ergebnissen aus dem anglo-amerikanischen Raum beruhen, wo die Entwicklung der Leseflüssigkeit mehr Zeit in Anspruch nimmt. Für transparente Orthografien wie das Deutsche stellen sie beim Lesen von Fließtexten eher einen tief angesetzten Schwellwert zur Abgrenzung des schwachen zum sehr schwachen Leistungsbereichs dar. Eine fundierte Diagnose der basalen Worterkennung muss sich auf standardisierte Verfahren stützen, da diese genauere Normwerte enthalten.

-verarbeitung. Sie helfen dabei, Wissen besser zu konsolidieren, indem Lerninhalte mehrfach wiederholt, umorganisiert oder angereichert und mit vorhandenem Vorwissen verknüpft werden. *Metakognitive Strategien* zielen auf die Planung, Steuerung und Überwachung des eigentlichen Lernprozesses, z. B. indem Inkonsistenzen im eigenen Verständnis wahrgenommen werden. Sie sind die Voraussetzung für selbstgesteuertes, selbstreguliertes Lernen. *Ressourcenbezogene Strategien* schließlich beziehen sich auf die Schaffung einer geeigneten Lernumgebung. Diese Lernstrategien lassen sich auch direkt auf das Lesen beziehen, bzw. unterschiedliche lesebezogene Techniken lassen sich nach diesem Schema einordnen (▶ Tab. 4.1):

Tab. 4.1: Klassifikationsschema für Lesestrategien

Kognitive Strategien	Metakognitive Strategien	Ressourcenbezogene Strategien
Wiederholung	**Planung**	**intern**
• mehrfach lesen • geistig rekapitulieren	• geeignete Strategien auswählen • Textschwierigkeit und Lernerfolg abschätzen	• ausreichend Zeit einplanen • sich anstrengen
Organisation	**Steuerung**	**extern**
• zusammenfassen / Hauptgedanken formulieren • Textstellen markieren • Text gliedern • Einsatz von Mapping-Techniken (z. B. Mind Map) • ...	• Verständnisprobleme nicht ignorieren • Aufmerksamkeit fokussieren • unbekannte Wörter nachschlagen	• Hilfsmittel verwenden (z. B. Lexika) • ruhige Umgebung schaffen
Elaboration	**Überwachung**	
• bildlich vorstellen • Vorwissen aktivieren und Überschrift beachten • Hypothesen generieren • Vergleichen • Querverbindungen herstellen	• Verständnis kontrollieren • sich selbst Verständnisfragen stellen	

Wie effektiv ist der Strategieeinsatz?

Da der Einsatz von Strategien selbst immer auch Ressourcen benötigt, die dann für den eigentlichen Verständnisprozess fehlen, sollte nicht die gesamte Bandbreite an Möglichkeiten vermittelt werden. Es ist unter Umständen besser, nur ein kleines Repertoire zu verwenden, das jedoch sehr gut automatisiert ist. Zugleich ist der Einsatz nicht immer sinnvoll: Sehr einfache Texte lassen sich auch ohne Strategieeinsatz schnell verarbeiten und bei sehr komplexen Texten zieht der Strategieeinsatz möglicherweise zu viele Ressourcen ab (Hasselhorn, 2010, S. 544). Da Lesestrategien bewusst eingesetzt werden müssen und somit von der Motivation abhängig sind, bleibt ihre Verwendung nach dem Erwerb trotz prinzipieller Verfügbarkeit auch bei mittelschweren Aufgaben oft aus. Darüber hinaus handelt es sich um inhaltsleere Techniken (Rosebrock & Nix, 2012, S. 73), die bei übermäßigem Einsatz den eigentlichen Textinhalt verdrängen. Aus diesem Grund führt die Vermittlung von Strategiewissen häufig nicht zu einer Verbesserung des Leseverständnisses, selbst wenn Laborstudien zum Teil exorbitante Effekte nachweisen können. Ernüchtert stellt Klauer (2010, S. 236) bei seiner Betrachtung real verfügbarer Programme fest: »Tatsache ist, dass die Effekte der hochkomplexen Strategien relativ mäßig ausfallen und [der] Erwartung nicht entsprechen«. Er vermutet, dass der gleichzeitige Einsatz mehrerer Strategien sich gegenseitig behindert (»interferiert«). Slavin et al. (2008) beziffern den mittleren Effekt von Programmen zur expliziten Strategievermittlung auf $d = 0.09$ – ein Wert, der vermutlich im realen Schulleben kaum zu bemerken ist. Auch neuere Metaanalysen (Okkinga et al., 2018) kommen zu eher kleinen Effekten von Strategieinstruktion für das Leseverständnis, v.a., wenn diese mit standardisierten Tests gemessen werden ($d = 0.186$). Wenn es dagegen primär darum geht, Strategien zu erwerben, so kann dies sehr effektiv durch die Strategieinstruktion erreicht werden ($d = 0.786$).

Generell lässt sich also festhalten, dass die großen Hoffnungen zur Verbesserung der Lesekompetenz, die immer wieder an die Strategieinstruktion geknüpft werden, sich in der Realität nicht erfüllen.

Wie sollten Lesestrategien vermittelt werden?

Pressley, Borkowski und Schneider (1989) empfehlen auf der Basis ihres Models des »Guten Informationsverarbeiters«, dass Strategien explizit vermittelt werden sollten: Zunächst wird die Strategie durch die Lehrkraft erklärt und demonstriert. Im Klassenkontext wird über die Strategie, die Rahmenbedingungen und die Grenzen ihres Einsatzes diskutiert. Es sollten zur gleichen Zeit nur wenige Strategien vermittelt werden und es sollte viel Zeit zum Üben bereitstehen. Diese Vorschläge werden auch heute noch allgemein akzeptiert. Bezogen auf Lesestrategien empfehlen Duke und Pearson (2002, S. 205) einen fünfstufigen Prozess (▶ Abb. 4.2).

Textformatwissen, bereichsspezifisches Vorwissen und Wortschatz aufbauen

Das Leseverständnis wird maßgeblich vom Vorwissen des Lesers bzw. der Leserin beeinflusst. Hierzu gehören nicht nur das Inhaltswissen auf einem Gebiet, sondern auch die Kenntnis von Textstrukturen und der Wortschatz (▶ Kap. 2.1.2 und ▶ Kap. 2.2.1). Während mit dem Literaturunterricht ein didaktischer Ort für die Vermittlung von Textstrukturen im literarischen Bereich existiert, gibt es zumeist keinen Unterricht, der die Struktur von Sachtexten zum Ziel hat. Dies ist bedauerlich, da Sachtexte und hierunter v.a. die Lehrtexte einen sehr wichtigen Anteil

4.4 Sekundarstufe

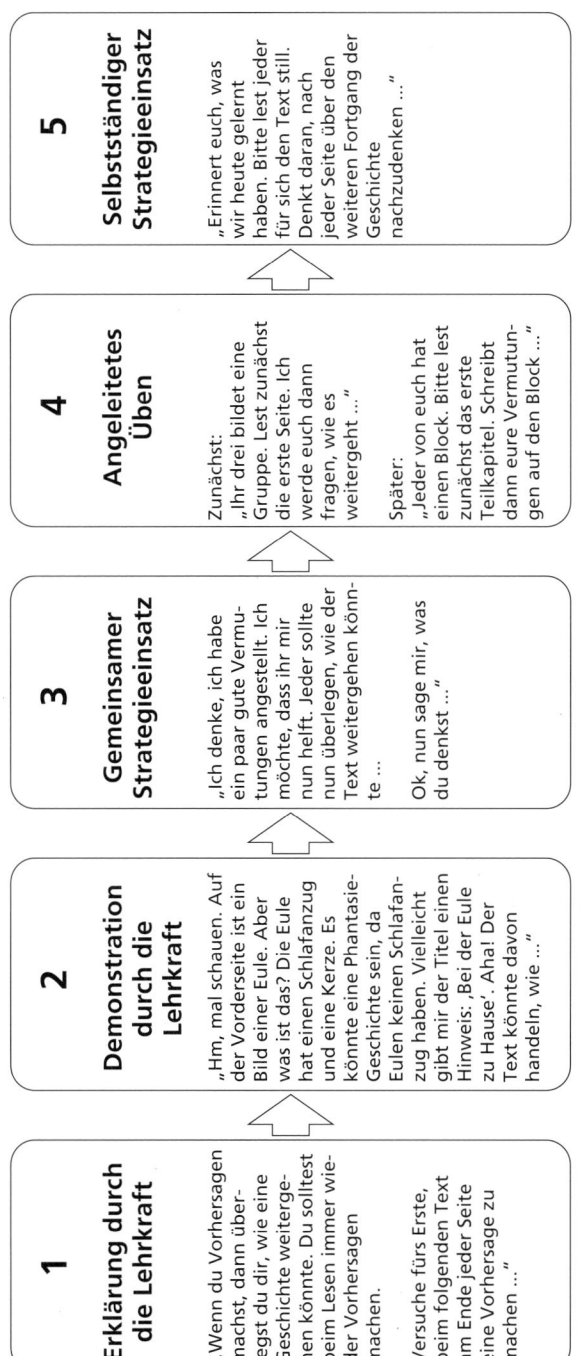

Abb. 4.2: Phasen expliziter Strategievermittlung nach Duke und Pearson (2002, S. 2005) am Beispiel der Strategie »Hypothesen generieren«.

schulischen und beruflichen Lernens darstellen. Es gibt drei miteinander verbundene Aspekte, die die Schwierigkeit für das Verständnis von Lehrtexten bedingen:

1. Sie weisen eine große Vielfalt an Textmustern auf (Rosebrock & Nix, 2012, S. 77): Verschiedene Sachgebiete bedienen sich unterschiedlicher Darstellungsformen – eine geschichtliche Abhandlung ist z. B. völlig anders aufgebaut als eine Sachaufgabe aus der Mathematik.
2. Sie basieren häufig auf einer Fachsprache und weisen deshalb einen z. T. unbekannten Wortschatz auf oder sie besetzen aus der Alltagssprache bekannte Wörter mit einer anderen Bedeutung.
3. Damit Schülerinnen und Schüler ein mentales Modell der Textinhalte aufbauen können, benötigen sie bereichsspezifisches Hintergrundwissen. Andernfalls können sie die Textinhalte nicht adäquat einordnen und haben Schwierigkeiten, Wichtiges von Detailwissen zu unterscheiden.

Aufgrund der Verknüpfung dieser drei Aspekte und ihrer Abhängigkeit vom Sachgebiet lässt sich eine Leseverständnisförderung für Sachtexte nicht vom zugehörigen Schulfach trennen. Textformatwissen und Wortschatz müssen in der Verschränkung mit dem Wissensbereich vermittelt werden. Eine allgemeine Vorgehensweise lässt sich deshalb nicht ableiten, jedoch ist es möglich, Organisationsstrategien wie das abschnittsweise Zusammenfassen gezielt einzusetzen (▶ Kap. 4.4.1). Hierzu gehört auch der Einsatz von Strukturierungshilfen und Darstellungsformen, um die Inhalte überschaubarer zu machen. Als Strukturierungshilfen bieten sich beispielsweise die folgenden Formen an (in Anlehnung an Rosebrock & Nix, S. 87 f.; siehe auch Duke & Pearson, 2002, S. 213 ff.):

- *Begriffsnetz* (*Mind Map*): Zentrale Begriffe werden aus dem Text extrahiert und notiert. In der Mitte steht meistens der zentrale Begriff oder das Thema des Textes. Darum herum werden entweder ähnliche Begriffe oder hierarchisch geordnet Unterbegriffe notiert. Die Verbindung der Begriffe durch Linien verdeutlicht ihre Beziehung untereinander. Auf diese Weise entsteht eine Begriffslandschaft, die einen strukturierten Blick auf ein Thema ermöglicht.
- *Matrix*: Zum systematischen Vergleich von mindestens zwei verschiedenen Objekten (Gegenständen/Situationen/Lebewesen …) bietet sich eine Tabelle an, deren Spalten unterschiedliche Variablen und die Zeilen die verschiedenen Objekte enthalten. In den Zellen wird die Ausprägung der Eigenschaft notiert. Im einfachsten Fall (»vorhanden« versus »nicht vorhanden«) kann beispielsweise schlicht ein – oder + eingetragen werden. Die Eigenschaften von Objekten lassen sich auf diese Weise gut kontrastieren.
- *Sequenz* (*Flow Chart*): Beschreibt der Text eine logische oder zeitliche Abfolge, so kann diese in Form von Textboxen und Pfeilen visualisiert werden.

Lesemotivation unterstützen

Ansätze zur Leseanimation sollten nicht primär unter dem Aspekt der Verbesserung der Lesekompetenz gesehen werden, zumal sich hierdurch die Fähigkeit nicht nachhaltig verbessern lässt (vgl. ▶ Beispiel 2.8, ▶ Kap. 4.3.1). Stattdessen sollte Freude am Lesen als Teil der kulturellen Bildung betrachtet werden und nicht als Mittel zum Zweck. Sondieren Sie, welche der Projekte Sie konkret an Ihrer Schule umsetzen können. Lese-Olympiade und Buchplattformen wie Antolin.de können auch in der Sekundarstufe weiterhin gut genutzt werden. Eine weitere Form extrinsischer Anreize stellt der Vorlesewettbewerb des Börsenvereins des Deutschen Buchhandels dar (siehe z. B. www.vorlesewettbewerb.de), bei dem v. a. leistungsstärkere Schülerinnen und Schüler ihre Fähigkeiten zeigen können.

Digitale Medien bieten vielfältige Möglichkeiten zum kollaborativen und kreativen Arbeiten. Der kreative Umgang mit Schrift kann beispielsweise in die Erstellung einer Schülerzeitung münden. Auch können kollaborativ Online-Projekte verwirklicht werden. Hierzu zählen z. B. Wikis, die Gestaltung von Homepages im Rahmen von Projektwochen etc. Denkbar ist auch der rechnergestützte Austausch mit Klassen aus anderen Ländern im Rahmen des Fremdsprachenunterrichts oder anderer interkultureller Projekte.

Lesefähigkeiten für die digitale Welt

Wie in ▶ Kap. 4.2 dargestellt, verändert das Medium die Art und Weise wie wir lesen bereits auf Ebene der kognitiven Prozesse. Die Anforderungen, die die internetbasierte Wissensgesellschaft mit sich bringt, gehen aber weit darüber hinaus. Online-Medien sind nicht nur ein Hauptlebensort und eine unerschöpfliche Quelle für Wissen geworden, sondern auch eine Quelle der Überforderung und durch gezielte Desinformationskampagnen eine ernste Bedrohung unserer Demokratie. Die Notwendigkeit der Vermittlung erweiterter Lesefähigkeiten liegt auf der Hand. Zu diesen gehören die Beachtung der Glaubwürdigkeit von Quellen, damit einhergehend das Erkennen von Fehlinformationen und die *intertextuelle Integration*, also die Verknüpfung und Repräsentation der Inhalte verschiedener Dokumente in einem sog. *Dokumentenmodell*.

Glücklicherweise lassen sich diese Fähigkeiten fördern, auch wenn aktuell didaktische Konzepte noch in der Entwicklung sind. Einen Überblick über aktuelle Herangehensweisen gibt Phillip (2024). Hilfreich sind

1. die Vermittlung von Organisationsstrategien. Diese können nicht nur dabei helfen, die Inhalte eines Textes zu strukturieren, sondern auch, die Inhalte verschiedener Dokumente zu ordnen und zu bewerten. Die »SOAR«-Technik (Selektion, Organisation, Assoziation, Regulation; Jairam & Kiewra, 2009), bei der gezielt Inhalte gesichtet, strukturiert und verglichen werden und der eigene Verstehensprozess überwacht wird, hat sich beispielsweise bei multiplen digitalen Texten als effektiv erwiesen;

2. Sourcing, also Quellencheck, Quellenbeurteilung und Quellenvergleich. Hierbei werden Metadaten (Glaubwürdigkeit, mutmaßliches Motiv von Autorin oder Autor der Dokumente …) systematisch erfasst, bepunktet und visuell verknüpft;
3. laterales Lesen (= »Faktencheck«). Verschiedene Quellen werden direkt nebeneinandergestellt, beispielsweise über verschiedene Browser-Tabs, und die Inhalte der Seiten werden unmittelbar miteinander Schritt für Schritt abgeglichen.

Es fällt auf, dass die Fähigkeit zur Repräsentation unterschiedlicher Dokumente an sich bereits mit einem sehr viel höheren kognitiven Aufwand einhergeht, erheblich mehr Arbeitsgedächtnis benötigt und eine erheblich tiefergehende Verarbeitung erfordert. Umso wichtiger wird es sein, einfach zu handhabende Strategien verfügbar zu haben, um dies zu erleichtern. Neben der Übersicht von Phillip (2024) sei das sehr praktisch ausgerichtete Buch von Gold (2023) zum Umgang mit digitalen Texten vom Vorschul- bis zum Erwachsenenalter ans Herz gelegt.

4.4.2 Konkrete Förderprogramme

Für die Sekundarstufe existieren einige positiv evaluierte Ansätze, die als Interventionsprogramm öffentlich verfügbar sind, sowie eine Reihe von nicht oder nicht hinreichend überprüften Verfahren. Zu den evaluierten Programmen gehören *Wir werden Textdetektive* (Gold et al., 2004) und das auf dem gleichen Prinzip basierende *Wir werden Lesedetektive* (Rühl & Souvignier, 2006), *conText* (Lenhard et al., 2013/2024), *LekoLemo* (Streblow, Schiefele & Riedel, 2012 a,b), *Burg Adlerstein* (Pissarek, Schilcher & Pronold-Günthner, 2012) und *Leseflüssigkeit fördern* (Rosebrock et al., 2011). Das Kapitel gruppiert die Herangehensweisen in Ansätze zur Förderung basaler Fähigkeiten, Programme zur Vermittlung von Strategiewissen, computerbasierte Ansätze und weitere Verfahren.

Lautlesetandems

Schnelle und sichere Worterkennung ist eine wichtige Voraussetzung für verstehendes Lesen. Eine Möglichkeit zur Förderung der Leseflüssigkeit sind Lautleseverfahren (▶ Kap. 4.3.1 und ▶ Kap. 4.4.1). Mit *Leseflüssigkeit fördern* beschreiben Rosebrock et al. (2011) ein Unterrichtskonzept, das auf die Verbesserung der Leseflüssigkeit zielt und dabei auf das Prinzip der Lesetandems (*Paired Repeated Reading*) zurückgreift. Dabei handelt es sich um eine Kombination aus *Peer Tutoring* und wiederholtem lauten Lesen: Die Schülerinnen und Schüler arbeiten in Partnerarbeit, wobei ein Tandem vorzugsweise aus einem leistungsstarken (»Lesetrainer«) und einem im Vergleich leistungsschwächeren Schüler (»Lesesportler«) bestehen sollte. Beide lesen simultan wiederholt die gleichen Texte laut vor. Dabei fungiert der Trainer als Modell und unterstützt den Sportler im Leseprozess. Er oder sie passt sich beim Vorlesen an das Tempo des Lesesportlers an, fährt beim Lesen mit dem Finger die Textstellen mit, hilft bei Leseproblemen, sofern der Sportler Fehler innerhalb weniger Sekunden nicht selbst erkennt und korrigiert und gibt inhaltliche Hilfestellungen bei schwierigen Textstellen. Es wird versucht, von Durchlauf zu Durchlauf das Lesetempo zu steigern und an Sicherheit zu gewinnen. Auf ein vorab vereinbartes Zeichen hin kann der Lesesportler den Trainer auffordern, seine Unterstützung auszusetzen und allein weiterlesen. Auf diese Weise lässt sich in einer Schulklasse eine sehr hohe Intensität individualisierter Unterstützung gewährleisten.

Diese Vorgehensweise wurde in der 6. Jahrgangsstufe der Hauptschule überprüft. Neben einer Lesetandem-Gruppe wurde auch eine Gruppe mit »Stillen Lesezeiten« (stilles Lesen selbst ausgewählter, attraktiver Bücher) und einer unbehandelten Kontrollgruppe verglichen. Insgesamt nahmen an der Untersuchung 31 Klassen teil. Die Untersuchung erstreckte sich über ein halbes Schuljahr mit dreimal 20 Minuten pro Woche. Es zeigten sich keine Vorteile der stillen Lesezeiten im Vergleich zum normalen Unterricht. Die Schülerinnen und Schüler der Lesetandem-Gruppe verbesserten dagegen ihre Leseflüssigkeit und ihr Leseverständnis stärker als die anderen Gruppen und profitierten auch hinsichtlich ihres Selbstkonzepts. Die Effekte bewegten sich im mittleren, bei Personen mit Leseschwierigkeiten sogar im hohen Bereich (▶ Kap. 4.4.1).

Leseflüssigkeit fördern ist kein geschlossenes Programm im eigentlichen Sinn, sondern verdeutlicht eher, wie eine Förderroutine in den bestehenden Unterricht integriert werden kann. Das Buch ist jedoch sehr praktisch aufgebaut, da Video- und Unterrichtsmaterialien beiliegen, die die Anwendung erleichtern und den Weg für die konkrete Umsetzung der Lesetandems ebnen. Die Materialien bestehen nicht nur aus Übungstexten und Vorlesetexten zur Diagnose der Lesegeschwindigkeit, die beliebig vervielfältigt werden können, sondern enthalten auch ein Video, das die Vorgehensweise während des Trainings aufzeigt. Da sich das Training leicht im Unterricht implementieren lässt, ist es eine einfache und zugleich effektive Herangehensweise – zumindest bei Schülerinnen und Schülern, die über keine ausreichende Leseflüssigkeit verfügen.

Reading While Listening

Eine Variante wiederholten Lesens, die ebenfalls kein geschlossenes Programm, sondern eher eine didaktische Methode ist und die bei Jugendlichen und Erwachsenen sehr gut angewandt werden kann, ist *Reading While Listening*: Ein Text wird simultan auditiv und visuell dargeboten, beispielsweise wie dies bei Karaoke oder Videos mit Untertitel der Fall ist. Während des Hörens wird zeitgleich der Text gelesen und dies wird wiederholt, bis ein hinreichend hohes Lesetempo erzielt wird. Es ähnelt also dem *Repeated Reading*, weist aber eine geringere Rückmeldungsintensität auf. Gleichzeitig ist es weniger beschämend, da man es allein machen kann. Es eignet sich – auch aufgrund der hohen Verfügbarkeit von Smartphones für das Abspielen der Aufnahmen – zum Einsatz in höheren Jahrgangsstufen und bei Erwachsenen, beispielsweise im Rahmen von Literalisierungsangeboten. Der Einsatz ist v.a. im leistungsschwachen Bereich sinnvoll. Dort zeigt dieser Ansatz ermutigende Effekte in mittlerer Höhe (Ege et al., 2020).

Didaktisch lässt sich dieser Ansatz leicht umsetzen, da das Einsprechen eines Textes durch geübte Leserinnen und Leser technisch keine große Herausforderung mehr darstellt. Noch einfacher ist die Verwendung von KI-Systemen zur automatisierten Generierung einer Audioversion eines Textes. Die Audioaufnahmen können über Lernplattformen zusammen mit den zugehörigen Texten leicht verteilt werden. Das Abspielen der Aufnahme kann beispielsweise per Tablet oder Smartphone erfolgen, wobei sich mit der passenden Software die Abspielgeschwindigkeit ändern lässt. Auf diese Weise ist es möglich, reguläre Inhalte des Unterrichts für eine zusätzliche Leseförderung einzusetzen und somit für verschiedene Lernziele gleichzeitig zu nutzen.

Es empfiehlt sich, dass die Texte mehrfach, beispielsweise fünf Mal wiederholt in einer Stunde gelesen werden, bei fortlaufender Steigerung der Abspielgeschwindigkeit bis zu einem natürlich Sprechtempo (siehe Ege et al., 2020). Die Texte können folglich nicht zu lang sein. Beim Lesen sollte leise, aber hörbar mitgelesen werden, um kontrollierbar sicherzustellen, dass auch tatsächlich mitgelesen wird. Es empfiehlt sich ein Einsatz über mindestens ein halbes Schuljahr mit mehreren Sitzungen pro Monat.

Programme zur Vermittlung kognitiver und metakognitiver Strategien

Wir werden Textdetektive/Wir werden Lesedetektive

Die beiden Programme sind vermutlich die bekanntesten und am besten evaluierten Leseverständnisinterventionen im deutschen Sprachraum. Beide Verfahren basieren auf dem Konzept von Paris und Jacobs (1984), das von verschiedenen deutschsprachigen Autoren adaptiert wurde. Gold et al. (2004) entwickelten es im Rahmen einer formativen Evaluation zum strategieorientierten Unterrichtsprogramm *Wir werden Textdetektive* weiter und von Rühl und Souvignier (2006) passten es schließlich mit dem Programm *Wir werden Lesedetektive* für leistungsschwache Schülerinnen und Schüler an.

Beide Programme haben das Ziel, fokussiert Lesestrategiewissen zu vermitteln. In den *Textdetektiven* werden insgesamt sieben verschiedene Strategien vermittelt, die sich in kognitive und metakognitive Strategien unterscheiden lassen. Die kognitiven Strategien beziehen sich auf die Organisation und Elaboration von Textinhalten. Zu ihnen zählen das Unterstreichen wichtiger Textstellen, das Zusammenfassen, die Beachtung der Überschrift und das bildhafte Vorstellen. Die metakognitiven Strategien zielen auf die Kontrolle des eigenen Verständnisprozesses und beinhalten die Prüfung, ob Hauptgedanken erinnert und zentrale Inhalte verstanden wurden sowie die Formulierung von Fragen zum Text. Die *Lesedetektive* zielen auf leistungsschwächere Schülerinnen und Schüler und beinhalten deshalb einen reduzierten Satz an Strategien, nämlich das Beachten der Überschrift, der Umgang mit Textschwierigkeiten, das Zusammenfassen von Sachtexten und das Zusammenfassen von Geschichten. Beide Programme umfassen jeweils ein Manual mit ausgearbeiteten Stundenentwürfen und ein Schülerheft mit Texten, Übungen und Anleitungen. Das Programm enthält Passagen, in denen die Lehrkraft erklärt und demonstriert, sowie Phasen, in denen Schüler allein oder in Partnerarbeit mit ihrem

Schülerheft arbeiten. Beide Programme sind auf eine Dauer von etwa 20 bis 25 Schulstunden ausgelegt.

Im deutschsprachigen Raum gibt es keine andere Leseverständnisintervention mit einer gleichermaßen umfassenden Evaluation wie die *Textdetektive*. So nahmen allein im Zeitraum zwischen 2000 und 2005 77 Gymnasialklassen, 73 Klassen aus Haupt-, Real- und Gesamtschulen sowie 40 Klassen aus dem Förderbereich teil (Gold, Trenk-Hinterberger & Souvignier, 2009). In den Untersuchungen wurde Leseverständnis und Lesestrategiewissen zu Beginn, unmittelbar nach der Intervention und ein halbes Jahr später (Follow-Up) untersucht. Es zeigten sich unmittelbar im Anschluss an die Intervention mittelhohe Effekte in Bezug auf das Lesestrategiewissen. Die Effekte waren in der Förderschule besonders stark, in Haupt-, Real- und Gesamtschule dagegen schwächer ausgeprägt. Ein halbes Jahr später hatte sich der Effekt in allen Schulformen etwas abgeschwächt. In Bezug auf das Leseverständnis konnten für das Gymnasium kleine und in der Förderschule mittlere Effekte erzielt werden, die zum *Follow-Up* hin weiter anstiegen. In Haupt-, Real- und Gesamtschule erwies sich das Programm demgegenüber als nicht effektiv. Neuere Studien zeigen zudem, dass in Gymnasien für eine Nachhaltigkeit der Effekte und insbesondere auch für eine stärkere Verbesserung des Leseverständnisses Auffrischungssitzungen empfehlenswert sind (Souvignier & Trenk-Hinterberger, 2010).

Die Wirksamkeit des Programms *Wir werden Lesedetektive* wurde an Schülerinnen und Schülern mit Lernbehinderung untersucht (Antoniou & Souvignier, 2007). Direkt im Anschluss an die Förderung zeigte sich zwischen Experimental- und Kontrollgruppe lediglich ein Effekt für das Lesestrategiewissen, aber nicht für das Leseverständnis. Jedoch nahmen nach der Untersuchung die Effekte weiter zu, sodass beim Follow-Up vier Monate später auch ein positiver Effekt für das Leseverständnis zu beobachten war. In eigenen Untersuchungen in 6. Klassen der Hauptschule zeigte sich ein Effekt in Bezug auf Leseflüssigkeit und Lesestrategiewissen. Das Leseverständnis profitierte dagegen nicht stärker als in einer Kontrollgruppe, die in der gleichen Zeit lediglich normalen Deutschunterricht erhielt (Lenhard et al., 2012). Zur weiteren Vertiefung des theoretischen Hintergrunds, der Anwendung und Evaluation der Lese- und Textdetektive lege ich Ihnen Gold (2010) ans Herz, das einen sehr gut verständlichen, fundierten und zugleich komprimierten Überblick über strategiebasierte Leseförderung gibt.

LekoLemo

Das *LekoLemo*-Training (Streblow, Holodynski & Schiefele, 2007; Streblow, Schiefele & Riedel, 2012a) zielt auf die Verbesserung von Lesekompetenz und Lesemotivation und bezieht sich auf das englischsprachige Programm CORI (Guthrie, Wigfield & Perencevich, 2004). Es besteht aus den drei Bausteinen: einem Strategietraining, Übungen zu Dimensionen des Textverstehens und Maßnahmen zur Steigerung oder Aufrechterhaltung der Lesemotivation. Das Strategietraining umfasst ähnliche Inhalte wie die Lesedetektive und fokussiert auf die Vermittlung der vier Strategien *Aktivierung des Vorwissens*, *Wichtiges unterstreichen*, *Umgang mit Textschwierigkeiten* und *Wichtiges zusammenfassen*. Der zweite Baustein bezieht sich auf

Aspekte von Übungstexten und Aufgaben und lehnt sich an das Literalitätskonzept der PISA-Studie an: Es gibt Übungen, die sich jeweils auf die *Lokalisierung von Informationen*, auf *textbezogenes Interpretieren* und auf *Reflektieren und Bewerten* beziehen. Die Prinzipien zur Aufrechterhaltung der Lesemotivation sind dem CORI-Programm entlehnt. Es wird versucht, über die freie Wahl von Texten, den Einsatz von Schülern als Experten, die Verdeutlichung der Ziele des Trainings, motivierende Rückmeldungen und die Arbeit in Kleingruppen Schüler intrinsisch zu motivieren. Für das Programm liegen Effektivitätsbelege in mittlerer Höhe vor, die auch in Follow-Ups erhalten bleiben (Streblow, Schiefele & Riedel, 2012a, b).

Burg Adlerstein (Regensburger selbstreguliertes Lesetraining; RESL)

Aufbauend auf einem Konzept zum selbstregulierten Lesen nach Stöger und Ziegler (2008) entwickelten Pissarek, Schilcher und Pronold-Günthner (2012) ein Trainingsprogramm für 5. Klassen der Hauptschulen, das kognitive und metakognitive Strategien vermittelt. Es enthält 30 motivierende Übungstexte, anhand derer die Strategien demonstriert und eingeübt werden. Die Schülerinnen und Schüler lesen jeden Tag einen etwa zweiseitigen Text, der in Kombination mit den anderen Übungstexten eine zusammenhängende Geschichte ergibt. Jeder Text enthält darüber hinaus zehn Fragen und die Schülerinnen und Schüler müssen zunächst einschätzen, welche der Fragen sie vermutlich lösen können. Als nächstes wählen sie aus ihrem Repertoire Strategien aus, von denen sie vermuten, dass sie bei der Lösung der Fragen hilfreich sein könnten. Zur Verfügung stehen dabei a) Analyse der Leseaufgabe und Aufbau einer zielorientierten Lesehaltung, b) Text überfliegen und c) Überschriften zu Abschnitten finden. Anschließend lesen sie den Text mehrfach und versuchen dabei die Aufgaben zu lösen. Abschließend wird der Lernerfolg kontrolliert und überprüft, wie gut die Selbsteinschätzung war. Die Schüler reflektieren nun, inwieweit der Strategieeinsatz erfolgreich war und ob die Anwendung modifiziert werden muss.

Das Programm nimmt etwa 35 Unterrichtsstunden in Anspruch. Es ist leicht anwendbar, da es bereits über ausgearbeitete Übungstexte verfügt. Das Programm wurde an einer Stichprobe von 21 Hauptschulklassen überprüft. Die Ergebnisse lassen einen kleinen Effekt in Bezug auf die Leseflüssigkeit vermuten, dagegen war kein Effekt bei standardisierten Leseverständnistests nachweisbar (Pissarek & Wild, 2018). Das Programm ist bei Westermann erschienen.

Digitale Leseverständnisförderung mit conText und anderen intelligenten tutoriellen Systemen

conText (Lenhard et al., 2013/2024) ist ein intelligentes tutorielles System. Es vermittelt prozedurale Fertigkeiten durch das computerunterstützte Erarbeiten und Zusammenfassen von Texten. Aus dieser Vorgehensweise leitet sich auch das Akronym ab (*conText* = mit Texten arbeiten, aber auch aus dem Zusammenhang erschließen).

Der zentrale Wirkmechanismus von conText ist die Generierung von Rückmeldungen zur Inhaltsabdeckung von Textzusammenfassungen. Es verwickelt Schülerinnen und Schüler während des Schreibens in eine intensive Auseinandersetzung mit den Textinhalten und leitet sie dazu an, den Inhalt eines Originaltextes vollständiger in der Zusammenfassung zu repräsentieren. Zur Generierung der Rückmeldungen greift das Programm auf ein Verfahren aus der automatischen Sprachverarbeitung, der sogenannten *Latenten Semantischen Analyse*, zurück. Anders als in den *Lesedetektiven* oder *LekoLemo* steht nicht die explizite Vermittlung von Lesestrategiewissen im Vordergrund. Stattdessen wird versucht, über geleitetes Üben Strategien implizit zu erwerben.

Bei *conText* werden die folgenden Programmschritte sequenziell durchlaufen:

1. Instruktion zum Vorgehen beim Zusammenfassen von Texten.
2. Darbietung des Originaltextes.
3. Schreiben der Zusammenfassung: Simultan wird eine Rückmeldung über die Länge der Zusammenfassung gegeben. Gleichzeitig muss die Zusammenfassung in eigenen Worten erfolgen. Wie in einer Textverarbeitung werden unbekannte Wörter als potenzielle Falschschreibungen markiert. Außerdem werden plagiierte Textstellen gekennzeichnet.
4. Stilistische Überprüfung (z. B. Überprüfung auf obszöne Begriffe, Anzahl unterschiedlicher Wörter und durchschnittliche Satzlänge).
5. Markierung potenziell irrelevanter und redundanter Sätze.
6. Rückmeldung über die inhaltliche Abdeckung der einzelnen Teilkapitel des Originaltextes in Form von Balkendiagrammen. Nun kann entschieden werden, ob der Entwurf überarbeitet oder die Arbeit beendet wird (▶ Abb. 4.3).

Das Programm wurde über ein Schuljahr hinweg in 6. Klassen der Hauptschule angewandt und die Effekte mit einer Gruppe, die das Programm *Wir werden Lesedetektive* durchführte, und einer unbehandelten Kontrollgruppe verglichen (Lenhard et al., 2012; insgesamt 14 Klassen). *conText* erwies sich bezüglich der Leseflüssigkeit und des Leseverständnisses den beiden anderen Gruppen deutlich überlegen. Im Hinblick auf das Lesestrategiewissen konnten die gleichen Fortschritte erzielt werden wie mit den *Lesedetektiven*. Die im Vergleich zur Kontrollgruppe erzielten Effekte bewegten sich beim Lesestrategiewissen, bei der Leseflüssigkeit und beim Leseverständnis im mittleren bis großen Bereich. Das Programm verfügt über 20 Sachtexte aus den Inhaltsbereichen Biologie, Naturphänomene und Kultur und Technik.

Die Computerlinguistik und die Forschung zu künstlicher Intelligenz haben enorme Fortschritte gemacht. Die Durchbrüche, die sich 2023 mit der Publikation großer Sprachmodelle ereigneten, zeigen enorme Potenziale, auch für die Leseverständnisförderung. *conText* fällt in seiner technischen Komplexität schon allein aufgrund seines Alters deutlich hinter diese Möglichkeiten zurück. Wir entschieden uns deshalb dafür, das Programm zu depublizieren und anschließend frei verfügbar zu machen.

Gleichzeitig zeigt das Programm, dass mit einer hinreichenden Adaptivität und sofortiger Rückmeldung deutliche Lernfortschritte möglich sind. Zum Zeitpunkt

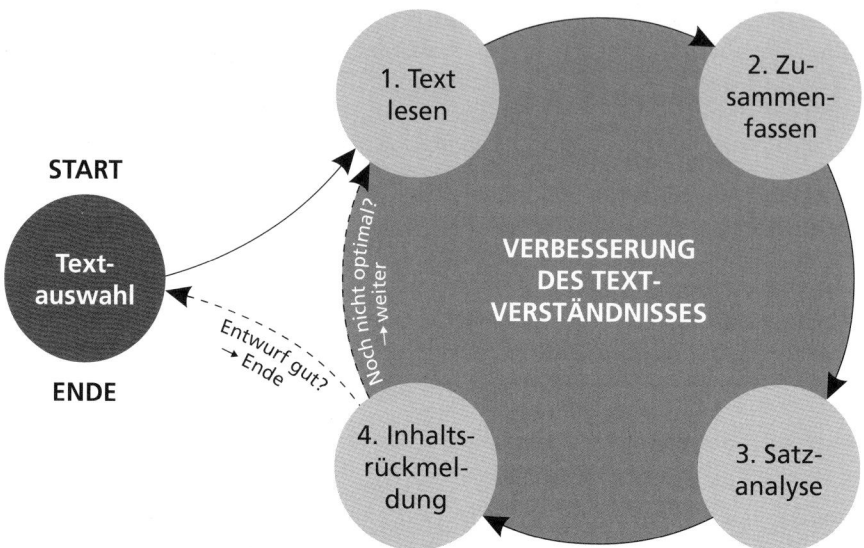

Abb. 4.3: In conText durchlaufen die Schülerinnen und Schüler sequenzielle Programmschritte, die ihnen dabei helfen, einen Text vollständiger zusammenzufassen (Grafik: Alexandra Lenhard).

der Überarbeitung des Buches zeichnen sich spannende Entwicklungen ab. Ein Beispiel wäre, mit einem Dokument sprechen zu können. So ermöglichen die großen Sprachmodelle die Programmierung von DocBots. Dabei handelt es sich um ChatBots auf der Basis eines Dokuments, mit dem man auf diese Weise in Dialog treten kann. Die Möglichkeit für die Nutzung in didaktischen Settings, wie auch das Potenzial für die Weiterentwicklung intelligenter Systeme sind immens.

Weitere Programme

Die Serie *Lernbuch: Lesen* ist ein fokussiertes Training zur Vermittlung von Lesestrategien, das ursprünglich vom Friedrich-Verlag aufgesetzt wurde und nun vom VPN-Verlag und vom Klett-Verlag vertrieben wird. Es handelt sich um eine Reihe von Ringbüchern, die den Bereich der 2. bis 6. Klasse abdecken, jeweils aus einem Arbeitsheft und einem Lehrermanual bestehen und über einen Grund- und Aufbaukurs verfügen. Zum Teil stehen ergänzende Materialien wie z. B. Audioaufnahmen, Materialien zur Lernstandserhebung und Vorlagen für Lesepässe zur Verfügung. In den schön gestalteten Heften wird in jedem Kapitel eine Strategie eingeführt, erklärt und an Texten geübt. Von Klassenstufe zu Klassenstufe nehmen die Anzahl der vermittelten Strategien und deren Komplexität zu. In der 2. Klassenstufe werden bereits vier Strategien vermittelt: Text in Abschnitte einteilen, Fragen zum Text beantworten, Wichtiges herausfinden und Zusammenhänge erkennen. In der 6. Jahrgangsstufe umfassen Grund- und Aufbaustufe zusammen 16 verschiedene Strategien. Aufgrund des Fehlens belastbarer Effektivitätsbelege ist eine abschließende Bewertung des Programms nicht möglich.

Mit *Lesen: Das Training* (Bertschi-Kaufmann et al., 2007) liegt ein umfassendes Konzept zur Leseförderung in jeweils einer Fassung für die Klassenstufe 5 bis 6 und 7 bis 9 vor. Der Aufbau des Programms ist dreigeteilt. Es enthält jeweils eigene Schülerhefte für den Bereich grundlegende Lesefertigkeiten, Lesegeläufigkeit und Lesestrategien. Darüber hinaus beinhaltet es ein Lehrermanual mit ergänzenden Informationen. Das Konzept des Programms ist sehr übergreifend und es setzt an sehr vielen Punkten an, die in der Forschung als potenzielle Förderansätze benannt werden. Darüber hinaus werden auch zum Teil umstrittene Maßnahmen angewandt, so z. B. der Versuch, die Präzision der Blickbewegungen zu verbessern. Effektivitätsbelege liegen nicht vor.

4.4.3 Projekte von Stiftungen und Kultusbehörden

»Lesen macht stark«

»Lesen macht stark – Niemanden zurücklassen« ist ein Projekt des Bundeslandes Schleswig-Holstein, das auch in anderen Bundesländern Einzug gehalten hat. Das Augenmerk des Projekts lag auf der Förderung leseschwacher Schülerinnen und Schüler der Klassen 5 bis 9 und wurde 2013/2014 auf die Grundschule erweitert. Ziel ist die Verbesserung der Lesekompetenz durch die Vermittlung von Strategien, der Erhöhung der investierten Lesezeit und der Steigerung der Lesemotivation. Schülerinnen und Schüler erhalten eine Lesemappe, die als Portfolio für gelesene Texte dient. Die Klasse bekommt darüber hinaus einen Materialordner mit interessanten Übungstexten und Anregungen zur Lesekompetenzförderung. Das Projekt geht über die Förderung der Jugendlichen hinaus, da es zugleich auf die Professionalisierung der Lehrkräfte und Weiterentwicklung der Schulen abzielt: Es werden für Schulen Fortbildungen angeboten, Lehrkräfte können sich zu »NZL-Trainerinnen und -Trainern« ausbilden lassen, die Schulen erhalten zusätzliche Stunden für die Lesekompetenzförderung und auch Eltern werden beispielsweise als Lesepaten eingebunden. Das Projekt wird wissenschaftlich begleitet.

»Bildung in Sprache und Schrift (BiSS-Transfer)«

BiSS-Transfer (verfügbar unter https://www.biss-sprachbildung.de/) ist eine Bund-Länder-Initiative, deren Ziel die Verbesserung (schrift-)sprachlicher Kompetenzen ist. Systematische sprachliche Bildung soll in möglichst vielen Kindertagesstätten und Schulen etabliert werden. Zu den Schwerpunkten gehören dabei sprachsensibler Unterricht und Deutsch als Zweitsprache. Sprachliche Fähigkeiten sollen Themen in allen Unterrichtsbereichen sein und Lesefähigkeiten mittels regelmäßiger Trainings gefördert werden. Neben der Vernetzung von Schulen untereinander spielt auch die Zusammenarbeit zwischen Wissenschaft und Praxis eine große Rolle. Forschungsverbünde untersuchen die Effektivität von Fördermaßnahmen und die Gelingensbedingungen für die Implementation von Maßnahmen in den Schulen. Die Projekthomepage enthält eine große Tool-Datenbank mit umfassenden Beschreibungen der verfügbaren Diagnose- und Fördermaßnahmen, einschließlich einer fachlichen Bewertung der Wirksamkeit. Das Projekt informiert darüber hinaus regelmäßig über Weiterentwicklungen, organisiert Fachtagungen und Blended-Learning-Angebote für Lehrkräfte.

»iKM^{Plus}«

Ähnlich wie durch die jahrgangsübergreifenden Lernstandserhebungen in Deutschland wird auch in Österreich durch das Institut des Bundes für Qualitätssicherung im österreichischen Schulwesen (IQS) eine fortlaufende Überprüfung und Weiterentwicklung schulischer Kompetenzen angestrengt. Allerdings wird die Kompetenzentwicklung nicht nur formativ begleitet, sondern iKM^{Plus} beinhaltet auf die Diagnoseinformation abgestimmte Fördermaßnahmen, die aufbauend auf den Informationen zur Förderung eingesetzt werden können. Ziel ist folglich nicht nur die Erhebung des Ist-Standes der Kinder, sondern zusätzlich das Angebot darauf abgestimmter Fördermaßnahmen und schließlich die Weiterentwicklung des Unterrichts. Die Materialien sind – auch ohne vorangestellte Diagnostik – für den freien Gebrauch unter https://www.iqs.gv.at/downloads/nationale-kompetenzerhebung für den Primar- und den Sekundarbereich verfügbar.

»Lernstörungen: Online-Plattform für Diagnose und Intervention (LONDI)«

Die unter https://londi.de verfügbare Plattform informiert über Lernstörungen und bietet einen Wegweiser für Diagnose und Förderung an. Sie richtet sich an Eltern, Lehrkräfte, Schulpsychologie, Lerntherapie und die Jugendhilfe. Das integrierte Hilfssystem assistiert dabei, geeignete Diagnose- und Föderansätze für die Bereiche Lesen, Schreiben und Rechnen zu identifizieren. Das Spektrum der verfügbaren Maßnahmen reicht dabei von der Vorschule bis zur Sekundarstufe.

4.5 Außerschulische Therapie von Lese-Rechtschreibschwierigkeiten

Bei einem Teil der Kinder verläuft die Schriftsprachentwicklung sehr langsam. Deutlich sichtbar sind v. a. Probleme in der Rechtschreibung, jedoch haben die betroffenen Kinder oft auch sehr große Probleme beim Lesen. Wenn diese Probleme chronisch über die 1. Klassenstufe hinaus weiter bestehen, dann sollten diese in gezieltem und fundiertem Förderunterricht aufgearbeitet werden. Sieht sich die Schule hierzu außerstande, so ist eine außerschulische Therapie notwendig. Mit den Programmen von Carola Reuther-Lier (z. B. 2006) liegen beispielsweise sehr strukturierte Therapieprogramme vor, die aufgrund ihrer detaillierten Ausarbeitung und ihres sehr systematischen und fundierten Aufbaus gut ab Mitte der 2. Jahrgangsstufe anwendbar sind. Das Programm gliedert Wortmaterial nach der Schwierigkeit in sechs sogenannte Phonemstufen und setzt eine Reihe von didaktischen Maßnahmen ein, um Phoneme und Wortbestandteile erfassbar zu machen. Hierzu gehören Lautgebärden, rhythmisches Syllabieren (Silbenbögen und Silbentanzen) und eine bewusst überbetonte Sprechweise (»Pilotsprache«). In Bezug auf die Verbesserung der Rechtschreibung hat sich das Programm in einer Reihe von Untersuchungen bewährt (vgl. Marx, 2007, S. 135). Für das Lesen liegen bislang keine belastbaren Ergebnisse vor, jedoch sollten Kinder durch die Verbesserung der Wortsegmentierung langfristig auch hiervon profitieren.

Ein zweites Programm, der Kieler Leseaufbau (Dummer-Smoch & Hackethal, 2007), deckt einen großen Altersbereich ab und ist vom Erstleseunterricht bis zu Alphabetisierungskursen bei Erwachsenen anwendbar. Er zielt auf die Vermittlung von Graphem-Phonem-Beziehungen, die durch Lautgebärden begleitet werden. Das Programm ist in der Praxis weit verbreitet und geschätzt, kann aber bislang keine systematische Evaluation aufweisen.

4.6 Fazit und Gedankenanstoß: Was ist guter Leseunterricht?

Das Konzept »Leseverständnis« ist schillernd. Es tragen viele Einflussfaktoren zur Entwicklung bei – sowohl individuelle als auch sozio-kulturelle und didaktische. Es existieren zahlreiche diagnostische Ansätze und – wie Sie in diesem Kapitel gesehen haben – noch mehr Fördermöglichkeiten. Das Leseverständnis ist darüber hinaus nicht allein im Unterricht förderbar, sondern kann gleichermaßen im Elternhaus oder bei anderen außerschulischen Lerngelegenheiten verbessert werden. Die Ergebnisse der Grundlagenforschung verdeutlichen, dass Leseförderung v. a. dann effektiv ist, wenn sie zum einen langfristig angelegt ist und zum anderen viele verschiedene Elemente umfasst (Philipp, 2012, S. 63). Die pädagogischen Bemühungen, Kinder und Jugendliche zu kompetenten Leserinnen und Lesern zu machen, müssen sich deshalb über viele Schuljahre erstrecken und sie müssen – angepasst an das Alter und den Lernstand – unterschiedliche Ansätze umfassen und unterschiedliche Teilfähigkeiten in den Blick nehmen.

Unterm Strich bleibt die Frage, wie alle diese Ideen und Möglichkeiten in gutem Unterricht zusammengeführt werden können. Um es vorwegzunehmen: Angesichts der Abhängigkeit vom Alter und den individuellen Befindlichkeiten der Kinder und Jugendlichen ist die Aufstellung eines allgemein gültigen Konzepts nicht möglich. Allerdings lässt sich herausarbeiten, was engagierte, kompetente Leser auszeichnet (in Anlehnung an Guthri et al., 2005) und wie in der Folge günstige Bedingungen für die Entwicklung zum kompetenten Lesen geschaffen werden können:

- *Kognitive Grundlagen:* Die offensichtlichste Voraussetzung für die Entwicklung von Lesekompetenz sind die kognitiven Grundlagen des Lesens. Hierzu gehören neben einem hinreichend großen Wortschatz, der Worterkennung, der gezielten Anwendung von Lernstrategien und der Kontrolle des Leseprozesses (Selbstregulation) auch die Organisation und das Hinzuziehen des Vorwissens.
- *Motivation:* Engagierte Leserinnen und Leser sind motiviert. Das Lesen macht ihnen Spaß und sie haben Vertrauen in ihre eigenen Fähigkeiten.
- *Zielorientierung:* Kompetente Leserinnen und Leser verfolgen mit dem Lesen ein Ziel. Sie sind primär am Inhalt eines Textes interessiert und machen sich ggf. sogar Notizen, Skizzen etc.
- *Sozialer Austausch:* Lesen hat eine soziale Dimension. Motivierte, kompetente Leserinnen und Leser haben Interesse am Austausch über Textinhalte. Diese werden diskutiert und kommuniziert.

Engagierte Leserinnen und Leser verfügen also über gute kognitive Voraussetzungen, das Lesen macht ihnen deshalb Spaß und sie sind an den Inhalten und am sozialen Austausch interessiert. Leicht kann man sich den Gegenpol vorstellen: Nicht engagierte Personen sind gelangweilt. Sie haben Schwierigkeiten beim Lesen und überfliegen einen für sie uninteressanten Text nur oberflächlich, ohne etwas vom Inhalt zu behalten, geschweige denn, sich darüber auszutauschen. Sie beachten auftretende Verständnislücken nicht, sondern wollen so schnell wie möglich den Text zur Seite legen.

Basierend auf den Ergebnissen der internationalen Interventionsforschung formuliert Philipp (2012, S. 82f.; ▶ Tab. 4.2) zehn allgemeine Prinzipien, die diese Aspekte berücksichtigen. Die Prinzipien können zugleich als Leitfaden verstanden werden, den eigenen Unterricht zu reflektieren und weiterzuentwickeln.

Tab. 4.2: Zehn Prinzipien der effektiven Leseförderung (nach Philipp, 2012, S. 82f.)

	Förderprinzip
Inhalte und Zielbereiche	1. *Fördern Sie die Lese- und Schreibmotivation:* Setzen Sie klare Wissensziele, verwenden Sie für die Schülerinnen und Schüler interessante Texte und gewähren Sie den Kindern und Jugendlichen Autonomie. 2. *Trainieren Sie mit leistungsschwachen Kindern und Jugendlichen Basisfertigkeiten* (beispielsweise die Leseflüssigkeit mittels Lautleseverfahren). 3. *Vermitteln Sie Strategien* (z.B. das Zusammenfassen) und verbessern Sie die Selbstregulation (Planung und Steuerung des Lernprozesses, Selbstkontrolle). 4. *Kombinieren Sie Förderelemente und setzen Sie nicht auf eine einzelne Maßnahme allein.* 5. *Integrieren Sie Lese- und Schreibförderung:* Lesen und Schreiben profitieren gegenseitig voneinander. Einzelne Förderansätze wie z.B. conText nutzen dies gezielt.
Art und Weise der Vermittlung	1. *Inszenieren Sie Lernen dialogisch:* In der Interaktion mit Schülerinnen und Schülern können einerseits Verständnisprobleme erkannt und zum anderen Hilfestellungen gegeben und gelobt werden.

Tab. 4.2: Zehn Prinzipien der effektiven Leseförderung (nach Philipp, 2012, S. 82f.) – Fortsetzung

Förderprinzip
2. *Geben Sie Hilfestellungen:* Begleiten Sie Kinder und Jugendliche und helfen Sie ihnen in der Anwendung von Lerntechniken. Bieten Sie durch Gestaltungshilfen Strukturen. Kinder und Jugendliche benötigen umso mehr Vorstrukturierung und Begleitung, je schwächer ihre Fähigkeiten ausgeprägt sind.
3. *Nutzen Sie Modelllernen:* Seien Sie selbst ein gutes Lesemodell für die Schüler oder setzen Sie gezielt leistungsstarke Schüler als Modell in den Unterricht und in Gruppenarbeiten ein.
4. *Ermöglichen Sie kooperatives Lernen:* Schülerinnen und Schüler lernen sehr gut voneinander. Zugleich ist das Lernen in Gruppen motivierender.
5. *Nutzen Sie die Möglichkeiten neuer Medien:* Der Computereinsatz ermöglicht andere Arbeitsformen, eröffnet kreative Gestaltungsmöglichkeiten und kann kooperatives Lernen unterstützen.

Eine effektive Förderung des Leseverständnisses ist kein Ding der Unmöglichkeit. Nutzen Sie die zahlreichen Ansätze, die es auf diesem Gebiet gibt und integrieren Sie sie in den regulären Unterricht. Noch nie zuvor gab es so viele Möglichkeiten, Konzepte und Materialien, um Kindern und Jugendlichen dabei zu helfen, kompetente Leserinnen und Leser zu werden.

Literaturempfehlungen

Neben den Förderprogrammen und weiteren Ressourcen, auf die in diesem Kapitel eingegangen wurde, gibt es eine Reihe von aktuellen Publikationen, die weitere Ideen für den Unterricht bereithalten, geschlechtsspezifische Fördermöglichkeiten vertiefen oder auf spezifische lesedidaktische Fragestellungen eingehen. Zu diesen gehören die folgenden:

Garbe, C., Holle, K. & Jesch, T. (2009). *Texte lesen: Lesekompetenz – Textverstehen – Lesedidaktik – Lesesozialisation.* Paderborn: Schöningh.
Gold, A. (2023). *Digital lesen: Was sonst?* Göttingen: Vandenhoeck & Ruprecht.
Rosebrock, C. & Nix, D. (2011). *Grundlagen der Lesedidaktik und der systematischen schulischen Leseförderung.* Baltmannsweiler: Schneider Hohengehren.

Eine sehr gut verständliche und komprimierte Darstellung des theoretischen Hintergrunds, der Durchführung und der Effektivität strategiebasierter Ansätze, sowie einen Überblick über verfügbare Programme finden Sie bei:

Gold, A. (2010). *Lesen kann man lernen: Lesestrategien für das 5. und 6. Schuljahr.* Göttingen: Vandenhoeck & Ruprecht.

Philipp, M. & Schilcher, A. (2012). *Selbstreguliertes Lesen: Ein Überblick über wirksame Förderansätze.* Seelze: Kallmeyer.

Fragen und Aufgaben zur Selbstüberprüfung

1. Nennen Sie fünf Projektideen zur Steigerung oder Aufrechterhaltung der Lesemotivation.
   a) Welche Probleme können mit dem Einsatz von Verstärkern zur Steigerung der Lesemotivation einhergehen? Wann ist ihr Einsatz sinnvoll?[23]
   b) Vor allem bei materiellen Verstärkern besteht die Gefahr, dass intrinsische Motivation in extrinsische umgewandelt wird.
   c) Attraktive Verstärker sind sehr teuer und bei der gegenwärtigen Situation des Bildungssystems kaum finanzierbar.
   d) Kinder lesen eventuell nicht mehr aus Spaß an der Sache, sondern um eine Belohnung zu erhalten.
   e) Nach Absetzen des Verstärkers kann die Motivation einbrechen und Kinder stellen möglicherweise das Lesen komplett ein.
   f) Materielle Verstärker sollten dann eingesetzt werden, wenn die Lesemotivation sehr gering ist. Bei vorhandener Lesemotivation ist es besser, darauf zu verzichten.
2. Was versteht man unter home literacy environment? Wie kann man sie fördern?
3. Welche der folgenden Programme für die Sekundarstufe beinhalten die explizite Vermittlung von Lesestrategiewissen?[24]
   a) conText
   b) LekoLemo
   c) Wir werden Textdetektive
   d) Leseflüssigkeit fördern!
4. Welche der folgenden Ansätze werden zu den Lautleseverfahren gezählt?[25]
   a) Paired Reading
   b) Independent Silent Reading
   c) Leseanimation
   d) Repeated Reading
5. Worauf zielen vorschulische Maßnahmen bei Deutsch als Zweitsprache ab?[26]
   a) Frühe Buchstabenkenntnis
   b) Vergrößerungen des Wortschatzes in der deutschen Sprache
   c) Lernregulation und metakognitive Strategien
   d) Silbensegmentation

---

23 Lösung a, c, d, e
24 Lösung b, c
25 Lösung a, d
26 Lösung b, f

e) Anlauterkennung
f) Verbesserung der syntaktischen Fähigkeiten

Literatur

Ackerman, R. & Goldsmith, M. (2011). Metacognitive regulation of text learning: On screen versus on paper. *Journal of Experimental Psychology, 17*(1), 18–32. https://doi.org/10.1037/a0022086

Adesope, O. O., Lavin, T., Thompson, T. & Ungerleider, C. (2010). A Systematic Review and Meta-Analysis of the Cognitive Correlates of Bilingualism. *Review of Educational Research, 80(2),* 207–245.

Amelang, M. & Schmidt-Atzert, L. (2006). *Psychologische Diagnostik und Intervention.* Berlin: Springer.

Antoniou, F. & Souvignier, E. (2007). Strategy instruction in reading comprehension: An intervention study for students with learning disabilities. *Learning Disabilities: A Contemporary Journal, 5,* 41–57.

Artelt, C., McElvany, N., Christmann, U., Richter, T., Groeben, N., Köster, J., Schneider, W., Stanat, P., Ostermeier, C., Schiefele, U., Valtin, R. & Ring, K. (2007). *Förderung von Lesekompetenz.* Berlin: Bundesministerium für Bildung und Forschung (BMBF). Zugriff am: 06.06. 2024. Verfügbar unter https://docplayer.org/10419886-17-foerderung-von-lesekompetenz-expertise.html

Artelt, C., Naumann, J. & Schneider, W. (2010). Lesemotivation und Lernstrategien. In E. Klieme, C. Artelt, J. Hartig, N. Jude, O. Köller, M. Prenzel, W. Schneider & P. Stanat (Hrsg.), *PISA 2009: Bilanz nach einem Jahrzehnt* (S. 73–112). Münster: Waxmann.

Artelt, C., Stanat, P., Schneider, W. & Schiefele, U. (2001). Lesekompetenz: Testkonzeption und Ergebnisse. Deutsches Pisakonsortium (Hrsg.), *PISA 2000: Basiskompetenzen von Schülerinnen und Schülern im internationalen Vergleich* (S. 69–140). Opladen: Leske+Budrich.

Aspalter, Ch., Lenhard, W., Jörgl, S. & von Spinn, A. (2020). ELFE II: Praktikable Lesediagnostik »Made in Germany« für österreichische Schüler*innen? *Erziehung und Unterricht, 170,* 832–841.

Autorengruppe Bildungsberichterstattung (Hrsg.). (2016). *Bildung in Deutschland 2016: Ein indikatorengestützter Bericht mit einer Analyse zu Bildung und Migration.* Bielefeld: Bertelsmann.

Balota, D. A. (1990). The role of meaning in word recognition. In D. A. Balota, G. B. Flores D'Arcais & K. Rayner (Hrsg.), *Comprehension processes in reading* (S. 9–32). Hillsdale, NJ: Erlbaum.

Bamberger, R. (2000). *Erfolgreiche Leseerziehung in Theorie und Praxis.* Baltmannsweiler: Schneider Verlag.

Barth, K. & Gomm, B. (2014). *Gruppentest zur Früherkennung von Lese- und Rechtschreibschwierigkeiten.* München: Reinhardt.

Bamberger, R. & Vanecek, E. (1984). *Lesen – Verstehen – Lernen – Schreiben.* Wien: Jugend und Volk.

Becker, M., McElvany, N. & Kortenbruck, M. (2010). Intrinsic and extrinsic reading motivation as predictors of reading literacy: A longitudinal study. *Journal of Educational Psychology, 102*(4), 773–785. https://doi.org/10.1037/a0020084

Bedore, L. M. & Peña, E. D. (2008). Assessment of bilingual children for identification of language impairment: Current findings and implications for practice. *International Journal of Bilingual Education and Bilingualism, 11,* 1–29. https://doi.org/10.2167/beb392.0

Bellinger, J.M. & DiPerna, J. C. (2011). Is fluency-based story retell a good indicator of reading comprehension. *Psychology in the Schools, 48,* 416–426.

Ben-Yehudah, G. & Eshet-Alkalai, Y. (2021). Print versus digital reading comprehension tests: Does the congruency of study and test medium matter? *British Journal of Educational Technology, 52*(1), 426–440. https://doi.org/10.1111/bjet.13014

Bertschi-Kaufmann, A. (2001). *Lesen und Schreiben in einer Medienumgebung. Die literalen Aktivitäten von Primarschulkindern*. Aarau: Sauerländer.

Bertschi-Kaufmann, A., Hagendorf, P., Kruse, G., Rank, K., Riss, M. & Sommer, T. (2007). *Lesen. Das Training*. Seelze: Friedrich.

Beyer, J. R. G. (1795). *Ueber das Bücherlesen, in so fern es zum Luxus unserer Zeiten gehört*. churfürstlich mainzer Academie nützlicher Wissenschaften.

Bialystok, E. (2007). Acquisition of literacy in bilingual children: A framework for research. *Language learning, 57*, 45–77. https://doi.org/10.1111/j.1467-9922.2007.00412.x

Björnsson, C. H. (1968). *Läsbarhet*. Stockholm: Liber.

Böck, M. (2007). *Gender und Lesen. Geschlechtersensible Leseförderung: Daten, Hintergründe und Förderungsansätze*. Wien: Bundesministerium für Unterricht, Kunst und Kultur Österreich. Zugriff am: 03.12. 2012. Verfügbar unter https://pubshop.bmbwf.gv.at/index.php?rex_media_type=pubshop_download&rex_media_file=178_genderlesen.pdf

Bos, W., Lankes, E.-M., Prenzel, M., Schwippert, K., Walther, G. & Valtin, R. (2003). *Erste Ergebnisse aus IGLU. Schülerleistungen am Ende der vierten Jahrgangsstufe im internationalen Vergleich*. Münster: Waxmann.

Bos, W., Valtin, R., Hornberg, S., Buddenberg, I., Goy, M. & Voss, A. (2007). Internationaler Vergleich 2006: Lesekompetenzen von Schülerinnen und Schülern am Ende der vierten Jahrgangsstufe. In W. Bos, S. Hornberg, K.-H. Arnold, G. Faust, L. Fried, E.-M. Lankes, K. Schwippert & R. Valtin (Hrsg.), *IGLU 2006: Lesekompetenzen von Grundschulkindern in Deutschland im internationalen Vergleich* (S. 109–160). Münster: Waxmann.

Britt, M.A. & Rouet, J.-F. (2024). Fortgeschrittene Lesefähigkeiten und wie man sie fördert. In T. Richter & W. Lenhard (Hrsg.), *Diagnostik und Förderung des Lesens im digitalen Kontext* (S. 45–66). Göttingen: Hogrefe.

Bromley, K. (2007). Nine Things Every Teacher Should Know About Words and Vocabulary Instruction. *Journal of Adolescent & Adult Literacy, 50*(7), 528–537.

Bus, A. G., van Ijzendoorn, M. H. & Pellegrini, A. D. (1995). Joint book reading makes for success in learning to read: A meta-analysis on intergenerational transmission of literacy. *Review of Educational Research, 65*, 1–21.

Cattell, J. (1886). The time taken up by cerebral operations. *Mind, 11*, 524–538.

Christman, U. & Groeben, N. (1999). Psychologie des Lesens. In B. Franzmann & G. Jäger (Hrsg.), *Handbuch Lesen* (S. 145–223). München: Saur.

Coltheart, M. & Rastle, K. (1994). Serial Processing in Reading Aloud: Evidence for Dual-Route Models of Reading. *Journal of Experimental Psychology: Human Perception and Performance, 20*, 1197–1211.

Coltheart, M., Rastle, K., Perry, C., Langdon, R. & Ziegler, J. (2001). DRC: a dual route cascaded model of visual word recognition and reading aloud. *Psychological Review, 108*, 204–256.

Cromley, J.G. & Azevedo, R. (2007). Testing and refining the direct and inferential mediation model of reading comprehension. *Journal of Educational Psychology, 99*(2), 311–325.

Cummins, J. (1984). *Bilingual Education and Special Education: Issues in Assessment and Pedagogy*. San Diego: College Hill.

D'Agostino, J. V., Rodgers, E., Winkler, C., Johnson, T. & Berenbon, R. (2021). The generalizability of running record accuracy and self-correction scores. *Reading Psychology, 42*(2), 111–130. https://doi.org/10.1080/02702711.2021.1880177

Deci, E. & Ryan, R. (1993). Die Selbstbestimmungstheorie der Motivation und ihre Bedeutung für die Pädagogik. *Zeitschrift für Pädagogik, 39*, 223–238.

Dehaene, S. (2010). *Lesen: Die größte Erfindung der Menschheit und was dabei in unseren Köpfen passiert*. München: Albrecht Knaus Verlag.

Delgado, P., Vargas, C., Ackerman, R. & Salmerón, L. (2018). Don't throw away your printed books: A meta-analysis on the effects of reading media on reading comprehension. *Educational Research Review, 25*, 23–38. https://doi.org/10.1016/j.edurev.2018.09.003

Delgado, P. & Salmerón, L. (2024). Lesen am Bildschirm. In T. Richter & W. Lenhard (Hrsg.), *Diagnostik und Förderung des Leseverständnisses im digitalen Kontext* (S. 19–43). Göttingen: Hogrefe.

Deno, S. L. (1985). Curriculum-based measurement: The emerging alternative. *Exceptional Children, 52*, 219–232.

Diamond, J. (2000). *Arm und Reich. Die Schicksale menschlicher Gesellschaften.* Frankfurt am Main: Fischer.

Diedrich, J., Schiepe-Tiska, Ziernwald, L., Tupac-Yupanqui, A., Weis, M., McElvany, N. & Reiss, K. (2019). Lesebezogene Schülermerkmale in PISA 2018: Motivation, Leseverhalten, Selbstkonzept und Lesestrategiewissen. In K. Reiss, M. Weis, Klieme, E. & O. Köller (Hrsg.), *PISA 2018: Grundbildung im internationalen Vergleich (Kap. 4).* Münster: Waxmann.

Downs, J. D. (2021). *A Multilevel Meta-Analysis of Paired Oral Reading Methods in Elementary Classrooms.* Doctoral dissertation, Utah State University.

Duke, N. K. & Pearson, P. (2002). Effective Practices for Developing Reading Comprehension. In A. E. Farstrup & S. Samuels (Hrsg.), *What Research Has to Say About Reading Instruction* (S. 205–242). Newark, DE: International Reading Association.

Dummer-Smoch, L. & Hackethal, R. (2007). *Kieler Leseaufbau Ausgabe (7. Auflage).* Kiel: Veris.

Ehmke, T. & Jude, N. (2010). Schülerinnen und Schüler mit Migrationshintergrund. In E. Klieme, C. Artelt, J. Hartig, N. Jude, O. Köller, M. Prenzel, W. Schneider & P. Stanat (Hrsg.), *PISA 2009: Bilanz nach einem Jahrzehnt* (S. 231–254). Münster: Waxmann.

Ege, A., Lenhard, W., Joßberger, R. & Ebert, H. (2021). Technologieunterstützte Förderung der Leseflüssigkeit im Erwachsenenalter mittels Reading While Listening. *Lernen und Lernstörungen, 10*, 1–12.

Egloff, B. (1997). *Biographische Muster funktionaler Analphabeten.* Deutsches Institut für Erwachsenenbildung.

Ellinger, S. & Koch, K. (2004). Häusliches Vorleseverhalten und Schulerfolg in der Grundschule. *Heilpädagogische Forschung, 30*, 125–132.

Endlich, D., Lenhard, W., Marx, P. & Richter, T. (2022). *LONDI-Screening: Früherkennung von Problemen im Lesen, Rechtschreiben und Rechnen in der Grundschule* [Mobile App]. Meister Cody GmbH. Google Play Store/Apple Store.

Else-Quest, N., Hyde, J. & Linn, M. (2010). Cross-national patterns of gender differences in mathematics. *Psychological Bulletin, 136*, 103–127.

Endlich, D., Berger, N., Küspert, P., Lenhard, W., Marx, P., Weber, J. & Schneider, W. (2017). *Würzburger Vorschultest (WVT): Erfassung schriftsprachlicher und mathematischer (Vorläufer-) Fertigkeiten und sprachlicher Kompetenzen im letzten Kindergartenjahr.* Göttingen: Hogrefe.

Endlich, D., Küspert, P., Lenhard, W., Marx, P. & Schneider, W. (2019). *LRS-Screening. Laute, Reime, Sprache – Würzburger Screening zur Früherkennung von Lese-Rechtschreibschwierigkeiten.* Göttingen: Hogrefe.

Engin, H. (2011). Familienorientierte Literalitätsförderung am Beispiel zweisprachiger Bilder-/Lesebücher. In M. Textor (Hrsg.), *Kindergartenpädagogik.* Zugriff am: 06.06. 2024. Verfügbar unter www.kindergartenpaedagogik.de/2164.html

Ennemoser, M. (2003). *Der Einfluss des Fernsehens auf die Entwicklung von Lesekompetenzen. Eine Längsschnittstudie vom Vorschulalter bis zur dritten Klasse.* Hamburg: Verlag Dr. Kovač.

Ennemoser, M., Marx, P., Weber, J. & Schneider, W. (2012). Spezifische Vorläuferfertigkeiten der Lesegeschwindigkeit, des Leseverständnisses und des Rechtschreibens. *Zeitschrift für Entwicklungspsychologie und Pädagogische Psychologie, 44(2)*, 53–67.

Fischer, M. Y. & Pfost, M. (2015). Wie effektiv sind Maßnahmen zur Förderung der phonologischen Bewusstheit? Eine meta-analytische Untersuchung der Auswirkungen deutschsprachiger Trainingsprogramme auf den Schriftspracherwerb. *Zeitschrift für Entwicklungspsychologie und Pädagogische Psychologie, 47*, 35–51.

Fitton, L., McIlraith, A. L. & Wood, C. L. (2018). Shared Book Reading Interventions With English Learners: A Meta-Analysis. *Review of Educational Research, 88(5)*, 712–751. https://doi.org/10.3102/0034654318790909

Flavell, J. H. (1979). Metacognition and cognitive monitoring: A new area of cognitive-developmental inquiry. *American Psychologist, 34*, 906–911.

Flesch, R. (1948). A New Readability Yardstick. *Journal of Applied Psychology, 32*, 221–233.

Förster, N., Forthmann, B., Urbach, O. & Souvignier, E. (2024). Lernverlaufsdiagnostik im Lesen mit quop. In T. Richter & W. Lenhard (Hrsg), *Diagnose und Förderung des Lesens im digitalen Kontext* (S. 117–136). Göttingen: Hogrefe.

Frey, A., Ludewig, U., König, C., Krampen, D., Lorenz, R. & Bos, W. (2023). Lesekompetenz von Viertklässlerinnen und Viertklässlern im internationalen Vergleich: 20-Jahre-Trend. In N. McElvany, R. Lorenz, A. Frey, F. Goldhammer, A. Schilcher & T. C. Stubbe (Hrsg.), *IGLU 2021. Lesekompetenz von Grundschulkindern im internationalen Vergleich und im Trend über 20 Jahre* (S. 111–129). Münster: Waxmann.

Fuchs, D., Fuchs, L. S., Mathes, P. G. & Simmons, D. C. (1997). Peer-Assisted Learning Strategies: Making Classrooms More Responsive to Diversity. *American Educational Research Journal, 34*, 174–206.

Fuchs, L. S., Fuchs, D. & Maxwell, L. (1988). The Validity of Informal Reading Comprehension Measures. *Remedial and Special Education, 9(2)*, 20–28.

Funke, R. (2014). Erstunterricht nach der Methode »Lesen durch Schreiben« und Ergebnisse schriftsprachlichen Lernens – Eine metaanalytische Bestandsaufnahme. *Didaktik Deutsch, 19(36)*, 21–41.

Gabriele, A., Troseth, E., Martohardjono, G. & Otheguy, R. (2009). Emergent literacy skills in bilingual children: evidence for the role of l1 syntactic comprehension. *International Journal of Bilingual Education and Bilingualism, 12(5)*, 533–547.

Garbe, C. (2008). *Gender-Differences in Reading Behaviour and Reading Literacy Instruction: Facts, Theories, Questions*. Vortrag gehalten auf der Tagung »Literalität: Forschungsfeld und Bildungsaufgabe«, Monte Verità, 24.–29.8. 2008.

Gnambs, T. & Hanfstingl, B. (2016). The decline of academic motivation during adolescence: an accelerated longitudinal cohort analysis on the effect of psychological need satisfaction. *Educational Psychology, 36(9)*, 1691–1705. https://doi.org/10.1080/01443410.2015.1113236

Gnambs, T. & Lenhard, W. (2023). Remote testing of reading comprehension in 8-year-old children: Mode and setting effects. *Assessment.* Advance online publication. https://doi.org/10.1177/10731911231159369

Gold, A. (2010). *Lesen kann man lernen: Lesestrategien für das 5. und 6. Schuljahr.* Göttingen: Vandenhoeck & Ruprecht.

Gold, A. (2023). *Digital lesen: Was sonst?* Göttingen: Vandenhoeck & Ruprecht.

Gold, B., Behrendt, S., Lauer-Schmaltz, M. & Rosebrock, C. (2013). Förderung der Leseflüssigkeit in dritten Grundschulklassen. In C. Rosebrock & A. Bertschi-Kaufmann (Hrsg.), *Literalität.* Weinheim: Juventa

Gold, A., Mokhlesgerami, J. Rühl, K., Schreblowski, S. & Souvignier, E. (2004). *Wir werden Textdetektive – Lehrermanual & Arbeitsheft.* Göttingen: Vandenhoeck & Ruprecht.

Gold, A., Trenk-Hinterberger, I. & Souvignier, E. (2009). Die Textdetektive. Ein strategieorientiertes Programm zur Förderung des Leseverständnisses. In W. Lenhard & W. Schneider (Hrsg.), *Diagnose und Förderung des Leseverständnisses* (S. 207–226). Göttingen: Hogrefe.

Greenberg, D., Ehri, L. C. & Perin, D. (2002). Do adult literacy students make the same word-reading and spelling errors as children matched for word-reading age? *Scientific Studies of Reading, 6(3)*, 221–243. https://doi.org/10.1207/S1532799XSSR0603_2

Groeben, N. (2002). Zur konzeptuellen Struktur des Begriffs »Lesekompetenz«. In N. Groeben & B. Hurrelmann (Hrsg.), *Lesekompetenz* (S. 11–21). Weinheim: Juventa.

Gough, P. B. & Tunmer, W. (1986). Decoding, reading and reading disability. *Remedial and Special Education, 7*, 6–10.

Guthrie, J. T., Wigfield, A., Barbosa, P., Perencevich, K. C., Taboada, A., Davis, M. H., Scafiddi, N. T. & Tonks, S. (2004). Increasing Reading Comprehension and Engagement Through Concept-Oriented Reading Instruction. *Journal of Educational Psychology, 96(3)*, 403–423.

Hacke, A. (2004). *Der weiße Neger Wumbaba.* München: Kunstmann.

Hale, A. D., Hawkins, R. O., Sheeley, W., Reynolds, J. R., Jenkins, S., Schmitt, A. J. & Martin, D. A. (2011a). An investigation of silent versus aloud reading comprehension of elementary students using maze assessment procedures. *Psychology in the Schools, 48(1)*, 4–13.

Hale, A. D., Henning, J. B., Hawkins, R. O., Sheeley, W., Shoemaker, L., Reynolds, J. R. & Moch, C. (2011b). Reading assessment methods for middle-school students: An investiga-

tion of reading comprehension rate and Maze accurate response rate. *Psychology in the Schools, 48(1)*, 28–36.
Hamilton, C. & Shinn, M. (2003). Characteristics of word callers: An investigation of the accuracy of teachers' judgments of reading comprehension and oral reading skills. *School Psychology Review, 32*, 228–240.
Hannover, B. & Kessels, U. (2011). Sind Jungen die neuen Bildungsverlierer? Empirische Evidenz für Geschlechtsdisparitäten zuungunsten von Jungen und Erklärungsansätze. *Zeitschrift für Pädagogische Psychologie, 25 (2)*, 89–103.
Hasselhorn, M. & Gold, A. (2009). *Pädagogische Psychologie: Erfolgreiches Lehren und Lernen.* Stuttgart: Kohlhammer.
Hasselhorn, M. (2010). Metakognition. In D. Rost (Hrsg.), *Handwörterbuch Pädagogische Psychologie* (S. 541–547). Weinheim: Beltz.
Hattie, J. (2009). *Visible Learning: A Synthesis of Over 800 Meta-Analyses Relating to Achievement.* New York: Routledge.
Hebbecker, K., Förster, N. & Souvignier, E. (2019). Reciprocal effects between reading achievement and intrinsic and extrinsic reading motivation. *Scientific Studies of Reading, 23*(5), 419–436. https://doi.org/10.1080/10888438.2019.1598413
Heine, J.-H., Heinle, M., Hahnel, C., Lewalter, D. & Becker-Mrotzek, M. (2023). Lesekompetenz in PISA 2022: Ergebnisse, Veränderungen und Perspektiven. In D. Lewalter, J. Diedrich, F. Goldhammer, O. Köller & K. Reiss (Hrsg.), *PISA 2022: Analyse der Bildungsergebnisse in Deutschland* (S. 139–162). Münster: Waxmann.
Helmke, A. (1992). *Selbstvertrauen und schulische Leistungen.* Göttingen: Hogrefe.
Helmke, A. & Weinert, F. E. (1997). Bedingungsfaktoren schulischer Leistungen. In F. E. Weinert (Hrsg.), *Psychologie des Unterrichts und der Schule. Enzyklopädie der Psychologie. Themenbereich D, Serie I, Bd. 3* (S. 71–176). Göttingen: Hogrefe.
Hertel, S., Jude, N. & Naumann, J. (2010). Leseförderung im Elternhaus. In E. Klieme, C. Artelt, J. Hartig, N. Jude, O. Köller, M. Prenzel, W. Schneider & P. Stanat (Hrsg.), *PISA 2009: Bilanz nach einem Jahrzehnt* (S. 255–276). Münster: Waxmann.
Herwartz-Emden, L., Schurt, V. & Waburg, W. (2012). *Mädchen und Jungen in Schule und Unterricht.* Stuttgart: Kohlhammer.
Holle, K. (2010). Diagnostische Verfahren zur Leseförderung: Denkanstöße und praktische Anregungen für Lehrkräfte aller Unterrichtsfächer. In Bayerisches Staatsministerium für Unterricht und Kultus (Hrsg.), *ProLesen: Auf dem Weg zur Leseschule: Leseförderung als Aufgabe aller Fächer* (S. 57–89). Donauwörth: Auer.
Hornberg, S. & Valtin, R. (2011). (Hrsg). *Mehrsprachigkeit. Chance oder Hürde beim Schriftspracherwerb? Empirische Befunde und Beispiele guter Praxis.* Berlin: Deutsche Gesellschaft für Lesen und Schreiben.
Hoover, W. A. & Gough, P. B. (1990). The simple view of reading. *Reading and Writing, 2*, 127–160.
Hulslander, J., Olson, R. K., Willcutt, E. G. & Wadsworth, S. J. (2010). Longitudinal Stability of Reading-Related Skills and Their Prediction of Reading Development. *Scientific Studies of Reading, 14*, 111–136.
Hurrelmann, B. (2002). Prototypische Merkmale der Lesekompetenz. In N. Groeben & B. Hurrelmann (Hrsg.), *Lesekompetenz* (S. 275–286). Weinheim: Juventa.
Hurrelmann, K. (2010). *Leistungs- und Kompetenzdefizite von jungen Männern: Warum wir dringend eine stärkere Jungenförderung benötigen.* Vortrag auf dem Kongress »NEUE MÄNNER – MUSS DAS SEIN?« an der Universität Düsseldorf.
Husfeldt, V. & Lindauer, T. (2009). Kompetenzen beschreiben und messen: Eine Problematisierung selbstverständlicher Begriffe. In A. Bertschi-Kaufmann & C. Rosebrock (Hrsg.), *Literalität: Bildungsaufgabe und Forschungsfeld* (S. 137–150). Weinheim: Juventa.
International Telecommunication Union. (2021). *Measuring digital development: Facts and figures 2021.* Genf, CH: ITU Publications.
Jairam, D. & Kiewra, K. A. (2009). An investigation of the SOAR study method. *Journal of Advanced Academics, 20*(4), 602–629. https://doi.org/10.1177/1932202x0902000403

Joshi, R. & Aaron, P. (2000). The component model of reading: Simple view of reading made a little more complex. *Reading Psychology, 21*(2), 85–97. https://doi.org/10.1080/02702710050084428

Keller, G. (2008). *Ich will nicht lernen! Motivationsförderung in Elternhaus und Schule.* Bern: Huber.

Kindl, J. & Lenhard, W. (2024). A meta-analysis on the effectiveness of functional literacy interventions for adults. *Educational Research Review.*

Kintsch, W. (1998) *Comprehension: A paradigm for cognition.* New York: Cambridge University Press.

Kintsch, W. & van Dijk, T. (1978). Toward a model of text comprehension and production. *Psychological Review, 85,* 363–394.

Kirschhock, E.-M. & Munser-Kiefer, M. (2012a). *Lesen im Leseteam trainieren 1.* Donauwörth: Auer.

Kirschhock, E.-M. & Munser-Kiefer, M. (2012b). *Lesen im Leseteam trainieren 2: Das Materialpaket zum Programm 3./4. Klasse.* Donauwörth: Auer.

Klauda, S. L. & Guthrie, J. T. (2008). Relationships of three components of reading fluency to reading comprehension. *Journal of Educational Psychology, 100*(2), 310–321.

Klauer, K. J. (2010). Schädliche Interferenzen beim Training hochkomplexer Lernstrategien? *Zeitschrift für Pädagogische Psychologie, 24*(3), 235–239.

Klicpera, C. & Gasteiger-Klicpera, B. (1993). *Lesen und Schreiben – Entwicklung und Schwierigkeiten: Die Wiener Längsschnittuntersuchungen über die Entwicklung, den Verlauf und die Ursachen von Lese- und Schreibschwierigkeiten in der Pflichtschulzeit.* Bern: Huber.

Klicpera, C. & Gasteiger-Klicpera, B. (1995). *Psychologie der Lese- und Rechtschreibschwierigkeiten: Entwicklung, Ursachen, Förderung.* Weinheim: Beltz.

Klieme, E. & Leutner, D. (2006). Kompetenzmodelle zur Erfassung individueller Lernergebnisse und zur Bilanzierung von Bildungsprozessen. Beschreibung eines neu eingerichteten Schwerpunktprogramms der DFG. *Zeitschrift für Pädagogik, 52,* 876–903.

Klieme, E., Jude, N., Baumert, J. & Prenzel, M. (2010). PISA 2000–2009: Bilanz der Veränderung im Schulsystem. In E. Klieme, C. Artelt, J. Hartig, N. Jude, O. Köller, M. Prenzel, W. Schneider & P. Stanat (Hrsg.), *PISA 2009: Bilanz nach einem Jahrzehnt* (S. 277–300). Münster: Waxmann.

Kloosterman, R., Notten, N., Tolsma, J. & Kraaykamp, G. (2010). The Effects of Parental Reading Socialization and Early School Involvement on Children's Academic Performance: A Panel Study of Primary School Pupils in the Netherlands. *European Sociological Review, 27*(3), 291–306.

KMK (2012a). *Bildungsstandards im Fach Deutsch für die Allgemeine Hochschulreife.* Berlin: IQB. Zugriff am 06.06.2024. Verfügbar unter: https://www.kmk.org/themen/qualitaetssicherung-in-schulen/bildungsstandards.html

KMK (2012b). *Vereinbarung zur Weiterentwicklung von VERA: Beschluss der Kultusministerkonferenz vom 08.03. 2012.* Berlin: IQB.

KMK (2022a). *Bildungsstandards im Fach Deutsch für den Primarbereich.* Berlin: IQB. verfügbar unter: https://www.kmk.org/themen/qualitaetssicherung-in-schulen/bildungsstandards.html

KMK (2022b). *Bildungsstandards im Fach Deutsch für die Sekundarstufe I.* Berlin: IQB. Zugriff am 06.06.2024. Verfügbar unter: https://www.kmk.org/themen/qualitaetssicherung-in-schulen/bildungsstandards.html

Köller, O., Knigge, M. & Tesch, B. (2010). *Sprachliche Kompetenzen im Ländervergleich.* Münster: Waxmann.

Koppensteiner, C. & Meixner, C. (2011). *Lese- und Lernprofi.* Offenburg: Mildenberger.

Kraus, K. (2005). Dialogisches Lesen – neue Wege der Sprachförderung in Kindergarten und Familie. In S. Roux (Hrsg.), *PISA und die Folgen: Sprache und Sprachförderung im Kindergarten* (S. 109–129). Landau: Verlag Empirische Pädagogik.

Kruse, G., Rickli, U., Riss, M. & Sommer, T. (2010). *Lesen. Das Training I.* Bern: Schulverlag plus.

Kultusportal Baden-Württemberg (2012). *Wissenschaftliche Begleitung des Projekts »Schulreifes Kind«.* Stuttgart: Kultusministerium Baden-Württemberg.

Küspert, P. & Schneider, W. (2006). *Hören, lauschen, lernen. Sprachspiele für Kinder im Vorschulalter (5. Aufl.)*. Göttingen: Vandenhoeck & Ruprecht.

Kutner, M., Greenberg, E., Jin, Y. & Paulsen, C. (2006). *The health literacy of America's adults.* National Center for Education Statistics.

Landerl, K., Wimmer, H. & Frith, U. (1997). The impact of orthographic consistency on dyslexia: A German-English comparison. *Cognition, 63*, 315–334.

Lee, J. & Yoon, S. Y. (2016). The Effects of Repeated Reading on Reading Fluency for Students With Reading Disabilities. *Journal of Learning Disabilities, 50*(2), 213–224. https://doi.org/10.1177/0022219415605194

Lehmann, R. H., Peek, R. & Poerschke, J. (2006). *HAMLET 3–4: Hamburger Lesetest für 3. und 4. Klassen.* Göttingen: Hogrefe.

Lenhard, A., Lenhard, W. & Küspert, P. (2018). *Lesespiele mit Elfe und Mathis: Computerbasierte Leseförderung für die erste bis vierte Klasse* (2. Auflage). Göttingen: Hogrefe.

Lenhard, A. & Lenhard, W. (2017). *Diagnostik von Lesestörungen mit ELFE II bei Kindern mit Migrationshintergrund (inklusive adaptierter Normen).* Dettelbach: Psychometrica.

Lenhard, W. & Artelt, C. (2009). Komponenten des Leseverständnisses. In W. Lenhard & W. Schneider (Hrsg.), *Diagnose und Förderung von Leseverständnis und Lesekompetenz* (S. 1–17). Göttingen: Hogrefe.

Lenhard, W., Baier, H., Hoffmann, J. & Schneider, W. (2007). Automatische Bewertung offener Antworten mittels Latenter Semantischer Analyse. *Diagnostica, 53*, 155–165.

Lenhard, W., Baier, H. Lenhard, A., Schneider, W. & Hoffmann, J. (2013). *conText*. Göttingen: Hogrefe.

Lenhard, W., Baier, H., Endlich, D., Lenhard, A., Schneider, W. & Hoffmann, J. (2012). Computerunterstützte Leseverständnisförderung: Die Effekte automatisch generierter Rückmeldungen. *Zeitschrift für Pädagogische Psychologie, 26* (2), 135–148.

Lenhard, W. & Lenhard, A. (2016). Evidenzbasierte Förderung schulischer Fertigkeiten am Computer: Lernspiele mit Elfe und Mathis. In W. Schneider & W. Hasselhorn (Hrsg.), *Förderprogramme für Vor- und Grundschule* (S. 87–114). Göttingen: Hogrefe.

Lenhard, W., & Lenhard, A. (2018). Diagnostik von Lesestörungen bei Mehrsprachigkeit. *Lernen und Lernstörungen, 7*(3), 159–169. https://doi.org/10.1024/2235-0977/a000212

Lenhard, W. & Lenhard, A. (2021). Bedeutung und Diagnostik des Wortschatzes am Beispiel des Peabody Picture Vocabulary Test (PPVT-IV). *Bulletin suisse de linguistique appliquée, 113*, 9–27.

Lenhard, W., Lenhard, A. & Schneider, W. (2017). *ELFE II: Ein Leseverständnistest für Erst- bis Siebtklässler.* Göttingen: Hogrefe.

Lenhard, W., Lenhard, A. & Schneider, W. (2024). Differenzielle Diagnose von Leseverständnisfacetten mit dem ELFE II-Leseverständnistest. In T. Richter & W. Lenhard (Hrsg), *Diagnose und Förderung des Lesens im digitalen Kontext* (S. 67–83). Göttingen: Hogrefe.

Lenhard, W. & Richter, T. (2024). Leseverständnis: Kognitive Komponenten und Prozesse. In T. Richter & W. Lenhard (Hrsg.), *Diagnostik und Förderung des Leseverständnisses im digitalen Kontext* (S. 1–18). Göttingen: Hogrefe.

Lenhard, W., Schroeders, U. & Lenhard, A. (2017). Equivalence of screen versus print reading comprehension depends on task complexity and proficiency. *Discourse Processes, 54*(5–6), 427–445. https://doi.org/10.1080/0163853x.2017.1319653

Lenhart, J., Suggate, S. & Lenhard, W. (2022). Shared-Reading Onset and Emergent Literacy Development. *Early Education and Development, 33*(4), 589–607. https://doi.org/10.1080/10409289.2021.1915651

Leutner, D. (2010). Programmierter und computerunterstützter Unterricht. In D. Rost (Hrsg.), *Handwörterbuch Psychologie* (S. 663–670). Weinheim: Beltz.

Lisker, A. (2011). *Additive Maßnahmen zur Sprachförderung im Kindergarten – Eine Bestandsaufnahme in den Bundesländern.* München: Deutsches Jugendinstitut e.V. Zugriff am: 06.06.2024. Verfügbar unter: https://www.dbl-ev.de/fileadmin/Inhalte/Dokumente/Kommunikation_Sprache_Sprechen_Stimme_Schlucken/Foerderung_der_Sprachentwicklung/Expertise_Sprachfoerderung_Lisker_2011.pdf

Löffler, C. (2014). Lerntherapie zur Prävention von funktionalem Analphabetismus. *Lernen und Lernstörungen, 3*(4), 269–279. https://doi.org/10.1024/2235-0977/a000082

Lonigan, C. J. & Whitehurst, G. J. (1998). Relative efficacy of parent and teacher involvement in a shared-reading intervention for preschool children from low-income backgrounds. *Early Childhood Research Quarterly, 13*, 163–290.

Lüdtke, J., Froehlich, E., Jacobs, A.M. & Hutzler, F. (2019). The SLS-Berlin: Validation of a German computer-based screening test to measure reading proficiency in early and late adulthood. *Frontiers in Psychology, 10*:1682. https://doi.org/10.3389/fpsyg.2019.01682

Manu, M., Torppa, M., Eklund, K., Poikkeus, A.-M., Lerkkanen, M.-K. & Niemi, P. (2020). Kindergarten pre-reading skills predict Grade 9 reading comprehension but fail to explain gender difference. *Reading and Writing, 34*(3), 753–771. https://doi.org/10.1007/s11145-020-10090-w

Marcotte, A. M. & Hintze, J. M. (2009). Incremental and predictive utility of formative assessment methods of reading comprehension. *Journal of School Psychology, 47*(5), 315–335.

Marston, D. (1989). A curriculum-based measurement approach to assessing academic performance: What is it and why do it? In M. Shinn (Hrsg.), *Curriculum-based measurement: Assessing special children* (S. 18–78). New York: The Guilford Press.

Martohardjono, G., Otheguy, R. Gabriele, A. de Goeas-Malonne, M., Szupica-Pyrzanowski, M., Troseth, E., Rivero, S. & Schutzman, Z. (2005). The role of syntax in reading comprehension: A study of bilingual readers. In J. Cohen, K. McAlister, K. Rolstad & J. MacSwan (Hrsg.), *Proceedings of the 4th International Symposium on Bilingualism* (S. 1522–1544). Somerville, MA: Cascadilla Press.

Marx, A. & Stanat, P. (2011). Reading comprehension of immigrant students in Germany: research evidence on determinants and target points for intervention. *Reading and Writing (Online first), 1–17*.

Marx, H. (1998). *Knuspels Leseaufgaben. Gruppenlesetest für Kinder Ende des ersten bis vierten Schuljahres*. Göttingen: Hogrefe.

Marx, H. & Jungmann, T. (2000). Abhängigkeit der Entwicklung des Leseverstehens von Hörverstehen und grundlegenden Lesefertigkeiten im Grundschulalter: Eine Prüfung des Simple View of Reading-Ansatzes. *Zeitschrift für Entwicklungspsychologie und Pädagogische Psychologie, 32* (2), 81–93.

Marx, P. (2004). *Intelligenz und Lese-Rechtschreibschwierigkeiten. Macht es Sinn, Legasthenie und allgemeine Lese-Rechtschreibschwäche zu unterscheiden?* Hamburg: Verlag Dr. Kovač.

Marx, P. (2007). *Lese- und Rechtschreiberwerb*. Paderborn: Schöningh.

McElvany, N. & Schneider, C. (2009). Förderung von Lesekompetenz. In W. Lenhard & W. Schneider (Hrsg.), *Diagnose und Förderung von Leseverständnis und Lesekompetenz* (S. 151–184). Göttingen: Hogrefe.

McNamara, D.S., Kintsch, E., Songer, N. & Kintsch, W. (1996). Are good texts always better? Interactions of text coherence, background knowledge, and levels of understanding in learning from text. *Cognition and Instruction, 14 (1)*, 1–43.

Mellard, D. F. & Fall, E. (2012). Component model of reading comprehension for adult education participants. *Learning Disability Quarterly, 35*(1), 10–23. https://doi.org/10.1177/0731948711429197

Mellard, D. F., Fall, E. & Woods, K. L. (2010). A path analysis of reading comprehension for adults with low literacy. *Journal of Learning Disabilities, 43*(2), 154–165. https://doi.org/10.1177/0022219409359345

Merke, S., Ganushchak, L. & van Steensel, R. (2024). Effects of additions to independent silent reading on students' reading proficiency, motivation, and behavior: Results of a meta-analysis. *Educational Research Review, 42*, 100572. https://doi.org/10.1016/j.edurev.2023.100572

Microsoft Bildungsteam (2021). *Reading Progress für Microsoft Teams* [Online-Dokument]. Zugriff am 06.06.2024. Verfügbar unter: https://www.microsoft.com/de-de/industry/blog/education/2021/08/31/reading-progress-fur-microsoft-teams/

Millard, E. (1997). Differently literate: Gender identity and the construction of the developing reader. *Gender and Education, 9*, 31–48.

Moll, K. & Landerl, K. (2014). *Salzburger Lese- und Rechtschreibtest – II (SLRT-II)*. Bern: Huber.

Mücke, S. (2009). Schulleistungen von Jungen und Mädchen in der Grundschule – eine metaanalytische Bilanz. *Empirische Pädagogik, 23* (3), 290–337.

Müller, B., Karageorgos, P. & Richter, T. (2021). Training der Worterkennung mit Willy Wortbär: Ein silbenbasiertes Leseförderprogramm für die Grundschule. *Praxis der Kinderpsychologie und Kinderpsychiatrie, 70*, 356–371. https://doi.org/10.13109/prkk.2021.70.4.356

Müller, B., Richter, T. & Otterbein-Gutsche, G. (2020). *Lesen mit Willy Wortbär: Ein silbenbasiertes Training zur Förderung der Worterkennung beim Lesen.* Göttingen: Hogrefe.

Munser-Kiefer, M. (2012). *Lesen im Leseteam trainieren.* In M. Philipp & A. Schilcher (Hrsg.), *Selbstreguliertes Lesen: Ein Überblick über wirksame Leseförderansätze* (S. 100–115). Seelze: Kallmeyer.

Naegele, I. & Valtin, R. (2007). *Das schaffe ich!* Braunschweig: Schroedel.

National Reading Panel (NRP, 2000). *Teaching children to read: An evidence-based assessment of the scientific research literature on reading and its implications for reading instruction.* Rockville, MD: National Institute of Child Health and Human Development.

Naumann, J., Artelt, C., Schneider, W. & Stanat, P. (2010). Lesekompetenz von PISA 2000 bis PISA 2009. In E. Klieme, C. Artelt, J. Hartig, N. Jude, O. Köller, M. Prenzel, W. Schneider & P. Stanat (Hrsg.), *PISA 2009: Bilanz nach einem Jahrzehnt* (S. 23–72). Münster: Waxmann.

Nieding, G. (2006). *Wie verstehen Kinder Texte? Die Entwicklung kognitiver Repräsentationen.* Lengerich: Pabst.

Oakhill, J. & Garnham, A. (1988). *Becoming a skilled reader.* Oxford: Blackwell.

Okkinga, M., van Steensel, R., van Gelderen, A. J. S., van Schooten, E., Sleegers, P. J. C. & Arends, L. R. (2018). Effectiveness of reading-strategy interventions in whole classrooms: A meta-analysis. *Educational Psychology Review, 30*(4), 1215–1239. https://doi.org/10.1007/s10648-018-9445-7

Pape, N. (2011). Politische Partizipation aus der Sicht funktionaler Analphabet/inn/en. *Report, 34*(3), 15–23. https://doi.org/10.3278/REP1103W015

Paleczek, L., Seifert, S., Obendrauf, T., Schwab, S. & Gasteiger-Klicpera, B. (2018). *DiLe-D: Differenzierter Lesetest – Dekodieren.* Göttingen: Hogrefe.

Paris, S. G. & Jacobs, J. E. (1984). The benefits of informed instruction for children's reading awareness and comprehension skills. *Child Development, 55*, 2083–2093.

Palincsar, A. S. & Brown, A. L. (1984). Reciprocal teaching of comprehension-fostering and comprehension-monitoring activities. *Cognition and Instruction, 1*, 117–175.

Perfetti, C. A. (1989). There are generalized abilities and one of them is reading. In L. B. Resnick (Hrsg.), *Knowing, learning, and instruction: Essays in honor of Robert Glaser* (S. 307–335). Hillsdale, NJ: Erlbaum.

Perfetti, C. A., Rouet, J. F. & Britt, M. A. (1999). Toward a theory of documents representation. In H. van Oostendorp & S. R. Goldman (Hrsg.), *The construction of mental representations during reading* (S. 88–108). Hove, UK: Psychology Press.

Pfost, M., Dörfler, T. & Artelt, C. (2011). Reading competence development of poor readers in a German elementary school sample: an empirical examination of the Matthew effect model. *Journal of Research in Reading.* https://doi.org/101111/j.1467–9817201001478.x

Philipp, M. (2011). *Lesesozialisation in Kindheit und Jugend: Lesemotivation, Leseverhalten und Lesekompetenz in Familie, Schule und Peer-Beziehungen.* Stuttgart: Kohlhammer.

Philipp, M. (2012). Was erhöht nachweislich das Leseverstehen? Inhalte, Methoden und Prinzipien einer empiriebasierten Lesedidaktik. In M. Philipp & A. Schilcher (Hrsg.), *Selbstreguliertes Lesen: Ein Überblick über wirksame Leseförderansätze* (S. 59–86). Seelze: Kallmeyer.

Phillip, M. (2024). Verstehendes Lesen multipler Dokumente: Produkte, Prozesse, Förderung. In T. Richter & W. Lenhard (Hrsg.), *Diagnostik und Förderung des Leseverständnisses im digitalen Kontext* (S. 241–257). Göttingen: Hogrefe.

Pissarek, M., Schilcher, A. & Pronold-Günther, F. (2012). *Strategietraining auf Burg Adlerstein – das Regensburger selbstregulierte Lesetraining (RESL).* In M. Philipp & A. Schilcher (Hrsg.), *Selbstreguliertes Lesen: Ein Überblick über wirksame Leseförderansätze* (S. 158–173). Seelze: Kallmeyer.

Pissarek, M. & Wild, J. (2018). Prä-/Post-/Follow-Up-Kontrollgruppendesign. In J. Boelmann (Hrsg.), *Empirische Forschung in der Deutschdidaktik: Grundlagen* (S. 215–236). Baltmannsweiler: Schneider.

Plume, E. & Schneider, W. (2004). *Hören, lauschen, lernen 2. Spiele mit Buchstaben und Lauten für Kinder im Vorschulalter. Würzburger Buchstaben-Laut-Training.* Göttingen: Vandenhoeck & Ruprecht.

Pressley, M., Borkowski, J. & Schneider, W. (1989). Good information processing: What it is and how education can promote it. *International Journal of Educational Research, 13*, 857–867.

RAND Reading Study Group. (2002) *Reading for understanding: toward and R & D program in reading comprehension.* Santa Monica, CA: RAND.

Rasool, J. M. & Royer, J. M. (1986). Assessment of reading comprehension using the sentence verification technique: Evidence from narrative and descriptive texts. *Journal of Educational Research, 79*, 180–184.

Rauch, D. & Hartig, J. (2010). Multiple-choice versus open-ended response formats of reading test items: A two-dimensional IRT analysis. *Psychological Test and Assessment Modeling, 52*, 354–379.

Renkl, A. (2009). Wissenserwerb. In E. Wild & J. Möller (Hrsg.), *Pädagogische Psychologie* (S. 4–26). Heidelberg: Springer.

Reyna, V. F. & Brainerd, C. J. (1995). Fuzzy-Trace theory: An interim synthesis. *Learning and Individual Differences, 7*, 15.

Richter, T. & Abendroth, J. (2017). Comprehension of multiple documents with conflicting information: A two-step model of validation. *Educational Psychologist, 52*(3), 148–166. https://doi.org/10.1080/00461520.2017.1322968

Richter, T. & Christmann, U. (2002). Lesekompetenz: Prozessebenen und interindividuelle Unterschiede. In N. Groeben & B. Hurrelmann (Hrsg.), *Lesekompetenz: Bedingungen, Dimensionen, Funktionen* (S. 25–58). Weinheim: Juventa.

Richter, T., Isberner, M.-B., Naumann, J. & Neeb, Y. (2013). Lexical quality and reading comprehension in primary school children. *Scientific Studies of Reading, 17*(6), 415–434. https://doi.org/10.1080/10888438.2013.764879

Röber, C. (2004). Die Berücksichtigung des kindlichen Sprachwissens für den Schrifterwerb. In H. W. Huneke (Hrsg.), *Geschriebene Sprache. Strukturen, Erwerb, didaktische Modellbildungen* (S. 129–144). Heidelberg: PH Heidelberg.

Robitzsch, A., Lüdtke, O., Goldhammer, F., Kroehne, U. & Köller, O. (2020). Reanalysis of the German PISA data: A comparison of different approaches for trend estimation with a particular emphasis on mode effects. *Frontiers in Psychology.* https://doi.org/10.3389/fpsyg.2020.00884

Rosebrock, C. (2007). Anforderungen von Sach- und Informationstexten; Anforderungen literarischer Texte. In A. Bertschi-Kaufmann (Hrsg.), *Lesekompetenz – Leseleistung – Leseförderung. Grundlagen, Modelle und Materialien* (S. 50–65). Seelze: Kallmeyer.

Rosebrock, C. & Nix, D. (2012). *Grundlagen der Lesedidaktik.* Baltmannsweiler: Schneider Verlag.

Rosebrock, C., Nix, D., Rieckmann, C. & Gold, A. (2011). *Leseflüssigkeit fördern: Lautleseverfahren für die Primar- und Sekundarstufe.* Seelze: Kallmayer.

Rost, D. H. & Sparfeldt, J. R. (2007). Leseverständnis ohne Lesen? Zur Konstruktvalidität von multiple-choice-Leseverständnistestaufgaben. *Zeitschrift für Pädagogische Psychologie, 21*, 305–314.

Rouet, J.-F., Britt, M. A. & Durik, A. M. (2017). RESOLV: Readers' representation of reading contexts and tasks. *Educational Psychologist, 52*(3), 200–215. https://doi.org/10.1080/00461520.2017.1329015

Royer, J. M. (1990). The Sentence Verification Technique: A new direction in the assessment of reading comprehension. In S. Legg and J. Algina (Hrsg.), *Cognitive assessment of language and math outcomes* (S. 144–191). Norword, NJ: Ablex.

Rühl, K. & Souvignier, E. (2006). *Wir werden Lesedetektive – Lehrermanual & Arbeitsheft.* Göttingen: Vandenhoeck & Ruprecht.

Schaffner, E. (2009). Determinanten des Leseverstehens. In W. Lenhard & W. Schneider (Hrsg.), *Diagnostik des Leseverständnisses. Tests und Trends, Band 7* (S. 19–44). Göttingen: Hogrefe.

Schaffner, E., Philipp, M., & Schiefele, U. (2016). Reciprocal effects between intrinsic reading motivation and reading competence? A cross-lagged panel model for academic track and nonacademic track students. *Journal of Research in Reading, 39*(1), 19–36. https://doi.org/10.1111/1467-9817.12027

Schaffner, E., Schiefele, U. & Schneider, W. (2004). Ein erweitertes Verständnis der Lesekompetenz: Die Ergebnisse des nationalen Ergänzungstests. In U. Schiefele, C. Artelt, W. Schneider & P. Stanat (Hrsg.), *Struktur, Entwicklung und Förderung von Lesekompetenz. Vertiefende Analysen im Rahmen von PISA 2000* (S. 197–242). Wiesbaden: Verlag für Sozialwissenschaften.

Schindler, J., Naumann, J. & Richter, T. (2024). ProDi-L: Teilprozesse des Leseverstehens im Grundschulalter kognitionspsychologisch begründet und differenziert erfassen. In T. Richter & W. Lenhard (Hrsg), *Diagnose und Förderung des Lesens im digitalen Kontext* (S. 85–100). Göttingen: Hogrefe.

Schmidt, M. (2011). *Kontextoptimierung für Kinder von 3–6 Jahren.* München: Reinhardt.

Schneider, W., Blanke, I., Faust, V. & Küspert, P. (2011). *Würzburger Leise Leseprobe – Revision.* Göttingen: Hogrefe.

Schneider, W. & Marx, P. (2008). Früherkennung und Prävention von Lese- Rechtschreibschwächen. In F. Petermann & W. Schneider (Hrsg.), *Angewandte Entwicklungspsychologie, Enzyklopädie der Psychologie, Serie Entwicklungspsychologie, Bd. 7* (S. 237–273). Göttingen: Hogrefe.

Schneider, W., Schlagmüller, M. & Ennemoser, M. (2017). *Lesegeschwindigkeits- und Verständnistest für die Klassenstufen 5–12 (LGVT 5–12).* Göttingen: Hogrefe.

Schoor, C., Zink, Th., Mahlow, N., Hahnel, C., Derino, T., Kroehne, U., Gildhammer, F., Naumann, J. & Artelt, C. (2024). Diagnostik des Leseverständnisses multipler Texte: MultiTex. In T. Richter & W. Lenhard (Hrsg.), *Diagnostik und Förderung des Leseverständnisses im digitalen Kontext* (S. 101–116). Göttingen: Hogrefe.

Schroeders, U. & Wilhelm, O. (2011). Equivalence of reading and listening comprehension across test media. *Educational and Psychological Measurement, 71,* 849–869. https://doi.org/10.1177/0013164410391468

Schründer-Lenzen, A. (2004). *Schriftspracherwerb im Unterricht.* Opladen: Leske+Budrich.

Sénéchal, M. & Young, L. (2008). The effect of family literacy interventions on children's acquisition of reading from kindergarten to grade 3: A meta-analytic review. *Review of Educational Research, 78,* 880–907.

Serwer, B. L. & Stolurow, L. M. (1970). Computer-assisted learning in language arts. *Elementary English, 47*(5), 641–650.

Seymour, P. H. K., Aro, M. & Erskine, J. M. (2003). Foundation literacy acquisition in European orthographies. *British Journal of Psychology, 94,* 143–174.

Singer, L. M., Alexander, P. A. & Berkowitz, L. E. (2019). Effects of processing time on comprehension and calibration in print and digital mediums. *Journal of Experimental Education, 87*(1), 101–115. https://doi.org/10.1080/00220973.2017.1411877

Slavin, R. E., Cheung, A., Groff, C. & Lake, C. (2008). Effective Reading Programs for Middle and High Schools: A Best-Evidence Synthesis. *Reading Research Quarterly, 43,* 290–322.

Søegård, A. & Petersen, S. (1974). *OS 400 – Ordstilleløsningsprøve.* Kopenhagen: Dansk Psykologisk Forlag.

Solso, R. (2001). *Cognitive Psychology.* Boston: Allyn & Bacon.

Souvignier, E. & Trenk-Hinterberger, I. (2010). Implementation eines Programms zur Förderung selbstregulierten Lesens: Verbesserung der Nachhaltigkeit durch Auffrischungssitzungen. *Zeitschrift für Pädagogische Psychologie, 24,* 207–220.

Souvignier, E., Trenk-Hinterberger I., Adam-Schwebe, S. & Gold, A. (2008). *Frankfurter Leseverständnistest für 5. und 6. Klassen (FLVT 5–6).* Göttingen: Hogrefe.

Staatsinstitut für Frühpädagogik (2006). *Kindergärten mit integrierter Sprachförderung – Vorkurse Deutsch.* Zugriff am: 15.12. 2012. Verfügbar unter https://www.ifp.bayern.de/projekte/professionalisierung/vorkurs_deutsch.php

Stahl, S. A. & Fairbanks, M. M. (1986). The Effects of Vocabulary Instruction: A Model-Based Meta-Analysis. *Review of Educational Research, 56*(1), 72–110.

Stanat, P., Artelt, C., Baumert, J., Klieme, E., Neubrand, M., Prenzel, M., Schiefele, U., Schneider, W., Schürmer, G., Tillmann, K.-J. & Weiß, M. (2002). *PISA 2000: Die Studie im*

Überblick – Grundlagen, Methoden und Ergebnisse. Berlin: Max-Planck-Institut für Bildungsforschung.

Stanat, P., Rauch, D. & Segeritz, M. (2010). Schülerinnen und Schüler mit Migrationshintergrund. In E. Klieme, C. Artelt, J. Hartig, N. Jude, O. Köller, M. Prenzel, W. Schneider & P. Stanat (Hrsg.), *PISA 2009: Bilanz nach einem Jahrzehnt* (S. 199–230). Münster: Waxmann.

Stanovich, K. E. (1986). Matthew Effects in Reading: Some Consequences of Individual Differences in the Acquisition of Literacy. *Reading Research Quarterly, 21*, 360–407.

Statis (2023). Zahl der Schülerinnen und Schüler 2022/2023 um 1,9 % gestiegen (Pressemitteilung 105). Zugriff am 22.11.2023. Verfügbar unter: https://www.destatis.de/DE/Presse/Pressemitteilungen/2023/03/PD23_105_211.html

Stöger, H. & Ziegler, A. (2008). *Trainingshandbuch selbstreguliertes Lernen II: Grundlegende Textverständnisstrategien für Schüler der 4. bis 8. Jahrgangsstufe.* Lengerich: Pabst.

Strathmann, A., Klauer, K. J. & Greisbach, M. (2010). Lernverlaufsdiagnostik. Dargestellt am Beispiel der Rechtschreibkompetenz in der Grundschule. *Empirische Sonderpädagogik, 2*, 64–77.

Streblow, L., Holodynski, M. & Schiefele, U. (2007). Entwicklung eines Lesekompetenz- und Lesemotivationstrainings für die siebte Klassenstufe. *Psychologie in Erziehung und Unterricht, 54*, 287-297.

Streblow, L., Schiefele, U. & Riedel, S. (2012a). Überprüfung des revidierten Trainings zur Förderung der Lesekompetenz und der Lesemotivation (LekoLemo) für die Sekundarstufe I. *Zeitschrift für Entwicklungspsychologie und Pädagogische Psychologie, 44(1)*, 12–26.

Streblow, L., Schiefele, U. & Riedel, S. (2012b). Förderung von Lesekompetenz und Lesemotivation – das Programm LekoLemo. In M. Philipp & A. Schilcher (Hrsg.), *Selbstreguliertes Lesen: Ein Überblick über wirksame Leseförderansätze* (S. 127–138). Seelze: Kallmeyer.

Stubbe, T. C., Buddeberg, I., Hornberg, S. & McElvany, N. (2007). Lesesozialisation im Elternhaus im internationalen Vergleich. In W. Bos, S. Hornberg, K.-H. Arnold, G. Faust, L. Fried, E.-M. Lankes, K. Schwippert & R. Valtin (Hrsg.), *IGLU 2006. Lesekompetenzen von Grundschulkindern in Deutschland im internationalen Vergleich* (S. 299–327). Münster: Waxmann.

Stubbe, T.C., Kleinkorres, R., Krieg, M., Schaufelberger, R. & Schlitter, T. (2023). Soziale und migrationsbedingte Disparitäten in der Lesekompetenz von Viertklässlerinnen und Viertklässlern. In N. McElvany, R. Lorenz, A. Frey, F. Goldhammer, A. Schilcher & T. C. Stubbe (Hrsg.), *IGLU 2021. Lesekompetenz von Grundschulkindern im internationalen Vergleich und im Trend über 20 Jahre* (S. 151–178). Münster: Waxmann.

Suggate, S., Lenhart, J., Vaahtoranta, E. & Lenhard, W. (2021). Interactive elaborative storytelling fosters vocabulary in pre-schoolers compared to repeated-reading and phonemic awareness interventions. *Cognitive Development, 57*, Article 100996. https://doi.org/10.1016/j.cogdev.2020.100996

Suppes, P. & Jerman, M. (1969). Computer assisted instruction at Stanford. *Educational Technology, 9(1)*, 22–24.

Sutter, T. (2002). Anschlusskommunikation und die kommunikative Verbreitung von Medieninhalten. In N. Groeben & B. Hurrelmann (Hrsg.), *Lesekompetenz* (S. 80–105). Weinheim: Juventa.

Tacke, G. (1999, 2001, 2002, 2003). *Flüssig lesen lernen.* Donauwörth: Auer.

Tacke, G. (2005). Evaluation eines Lesetrainings zur Förderung lese-rechtschreibschwacher Grundschüler der zweiten Klasse. *Psychologie in Erziehung und Unterricht, 52*, 198–209.

Tighe, E. L. & Schatschneider, C. (2016). Examining the relationships of component reading skills to reading comprehension in struggling adult readers. *Journal of Learning Disabilities, 49(4)*, 395–409. https://doi.org/10.1177/0022219414555415

Thordardottir, E. (2015). The relationship between bilingual exposure and morphosyntactic development. *International journal of speech-language pathology, 17*, 97–114. https://doi.org/10.3109/17549507.2014.923509

Topping, K. (1995). *Paired reading, spelling & writing: The handbook for teachers and parents.* London: Cassell.

Tsybina, I. & Eriks-Brophy, A. (2010). Bilingual dialogic book-reading intervention for preschoolers with slow expressive vocabulary development. *Journal of Communication Disorders, 43(6)*, 538–556.

UNESCO (2016). *Why literacy matters. Education for all*. Zugriff am 06.06.2024. Verfügbar unter: https://pdf4pro.com/view/why-literacy-matters-unesco-2c4a.html

United Nations (2020). *Literacy for life, work, lifelong learning and education for democracy*. Report of the Secretary-General.

Vágvölgyi, R., Coldea, A., Dresler, T., Schrader, J. & Nuerk, H.-C. (2016). A Review about functional illiteracy. *Frontiers in Psychology, 7(1617)*. https://doi.org/10.3389/fpsyg.2016.01617

Valtin, R., Hornberg, S., Buddenberg, M., Voss, A., Kowoll, M. & Potthoff, B. (2010). Schülerinnen und Schüler mit Leseproblemen – eine ökosystemische Betrachtungsweise. In W. Bos, S. Hornberg, K.-H. Arnold, G. Faust, L. Fried, E.-M. Lankes, K. Schwippert, I. Tarelli & R. Valtin (Hrsg.), *IGLU 2006 – die Grundschule auf dem Prüfstand: Vertiefende Analysen zu Rahmenbedingungen schulischen Lernens* (S. 43–90). Münster: Waxmann.

Valtin, R., Wagner, C. & Schwippert, K. (2005). Schülerinnen und Schüler am Ende der vierten Klasse – schulische Leistungen, lernbezogene Einstellungen und außerschulische Lernbedingungen. In W. Bos, E.-M. Lankes, M. Prenzel, K. Schwippert, R. Valtin & G. Walther (Hrsg.), *IGLU – Vertiefende Analysen zu Leseverständnis, Rahmenbedingungen und Zusatzstudien* (S. 187–238). Münster: Waxmann.

van Dijk, T. A. & Kintsch, W. (1983). *Strategies of Discourse Comprehension*. New York: Academic Press.

van Steensel, R., McElvany, N., Kurvers, J. & Herppich, S. (2011). How Effective Are Family Literacy Programs? Results of a Meta-Analysis. *Review of Educational Research, 81(1)*, 69–96.

von Davier, M., Khorramdel, L., He, Q., Shin, H. J. & Chen, H. (2019). Developments in psychometric population models for technology-based large-scale assessments: An overview of challenges and opportunities. *Journal of Educational and Behavioral Statistics, 44(6)*, 671–705. https://doi.org/10.3102/1076998619881789

Wagner, I., Loesche, P. & Bißantz, S. (2022). Low-stakes performance testing in Germany by the VERA assessment: analysis of the mode effects between computer-based testing and paper-pencil testing. *European Journal of Psychology of Education, 37(2)*, 531–549. https://doi.org/10.1007/s10212-021-00532-6

Walter, J., Malinowski, F., Neuhaus, N., Reiche, T. & Rupp, M. (1997). Welche Effekte bringt das zusätzliche Einbinden von Lautgebärden für den Leseunterricht bei Förderschülern? *Heilpädagogische Forschung, 23(3)*, 122–131.

Walter, J. (2008). Curriculumbasiertes Messen (CBM) als lernprozessbegleitende Diagnostik: Erste deutschsprachige Ergebnisse zur Validität, Reliabilität und Veränderungssensibilität eines robusten Indikators zur Lernfortschrittsmessung beim Lesen. *Heilpädagogische Forschung, 34*, 62–79.

Walter, J. (2009). Eignet sich die Messtechnik »MAZE« zur Erfassung von Lesekompetenzen als lernprozessbegleitende Diagnostik? *Heilpädagogische Forschung, 35*, 62–75.

Waltzman, D. E. & Cairns, H. S. (2000). Grammatical knowledge of third grade good and poor readers. *Applied Psycholinguistics, 21*, 263–284.

Watermann R. & Baumert, J. (2006). Entwicklung eines Strukturmodells zum Zusammenhang zwischen sozialer Herkunft und fachlichen und überfachlichen Kompetenzen: Befunde national und international vergleichender Analysen. In J. Baumert, P. Stanat & R. Watermann (Hrsg.), *Herkunftsbedingte Disparitäten im Bildungswesen. Vertiefende Analysen im Rahmen von PISA 2000* (S. 61–94). Wiesbaden: VS Verlag für Sozialwissenschaften.

Wayman, M. M., Wallace, T., Wiley, H. I., Tichá, R. & Espin, C. A. (2007). Literature synthesis on curriculum based measurement in reading. *Journal of Special Education, 41(2)*, 85–120.

Weber, J., Marx, P. & Schneider, W. (2007). Die Prävention von Lese- Rechtschreibschwierigkeiten bei Kindern mit nichtdeutscher Herkunftssprache durch ein Training der phonologischen Bewusstheit. *Zeitschrift für Pädagogische Psychologie, 21(1)*, 65–75.

Weinert, F. E. (2001). Concept of competence. A conceptual classification. In D. S. Rychen & L. H. Salganik (Hrsg.). *Defining and selecting key competencies* (S. 45–66). Seattle: Hogrefe & Huber.

Weinhold, S. (2009). Effekte fachdidaktischer Ansätze auf den Schriftspracherwerb in der Grundschule: Lese- und Rechtschreibleistungen in den Jahrgangsstufen 1–4. *Didaktik Deutsch, 15*, 53–75.

Weis, M., Zehner, F., Sälzer, C., Strohmaier, A., Artelt, C. & Pfost, M. (2016). Lesekompetenz in PISA 2015: Ergebnisse, Veränderungen und Perspektiven. In K. Reiss, C. Sälzer, A. Schiepe-Tiska, E. Klieme & O. Köller (Hrsg.), *PISA 2015: Eine Studie zwischen Kontinuität und Innovation* (S. 249–283). Münster: Waxmann.

Weis, M., Doroganova, A., Hahnel, C., Becker-Mrotzek, M., Lindauer, T., Artelt, C. & Reiss, K. (2019a). Lesekompetenz in PISA 2018 – Ergebnisse in einer digitalen Welt. In K. Reiss, M. Weis, Klieme, E. & O. Köller (Hrsg.), *PISA 2018: Grundbildung im internationalen Vergleich (Kap. 3)*. Münster: Waxmann.

Weis, M., Müller, K., Mang, J., Heine, J.-H., Mahler, N. & Reiss, K. (2019b). Soziale Herkunft, Migrationshintergrund und Lesekompetenz. In K. Reiss, M. Weis, Klieme, E. & O. Köller (Hrsg.), *PISA 2018: Grundbildung im internationalen Vergleich (Kap. 6)*. Münster: Waxmann.

Wendt, H., Gröhlich, C., Guill, K., Scharenberg, K. & Boss, W. (2010). Die Kompetenzen der Schülerinnen und Schüler im Leseverständnis. In W. Bos & C. Gröhlich (Hrsg.), *KESS 8: Kompetenzen und Einstellungen von Schülerinnen und Schülern am Ende der Jahrgangsstufe 8* (S. 21–36). Münster: Waxmann.

Whitehurst, G., Falco, F., Lonigan, C., Fischel, J., DeBaryshe, B., Valdez-Menchaca, M. & Caulfield, M. (1988). Accelerating Language Development Through Picture Book Reading. *Developmental Psychology, 24(4)*, 552–559.

Wigfield, A. & Guthrie, J. T. (1997). Motivation for reading: An overview. *Educational Psychologist, 32*, 57–58.

Wild, K.-P. (2010). Lernstrategien und Lernstile. In D. Rost (Hrsg.), *Handwörterbuch Pädagogische Psychologie* (S. 479–485). Weinheim: Beltz.

Wild, K.-P. & Möller, J. (2009). *Pädagogische Psychologie*. Heidelberg: Springer.

Williams, R. S., Ari, O. & Santamaria, C. N. (2011). Measuring college students' reading comprehension ability using cloze tests. *Journal of Research in Reading, 34(2)*, 215–231.

Wolf, K. M., Schroeders, U. & Kriegbaum, K. (2016). Metaanalyse zur Wirksamkeit einer Förderung der phonologischen Bewusstheit in der deutschen Sprache. *Zeitschrift für Pädagogische Psychologie*, 30, 9–33. https://doi.org/10.1024/1010-0652/a000165.

Ziegler, J. & Goswami, U. (2005). Reading acquisition, developmental dyslexia, and skilled reading across languages: a psycholinguistic grain size theory. *Psychological Bulletin*, 131(1), 3–29.

Stichwortverzeichnis

A

Analphabetismus   70
Autorenlesungen   134

B

Bezugsnormen   90
Bildungsstandards   92

C

Computerbasierte Förderung   141, 154
Curriculum Based Measurement   81

D

Das schaffe ich!   131
Determinanten   34, 94
- Dekodieren   39
- Inferenzbildung   40
- Leseflüssigkeit   40, 117, 140
- Lesestrategien   40
- Phonologische Bewusstheit   127
- Phonologisches Arbeitsgedächtnis   127
- Syntax   126
- Vorläuferfähigkeiten   105
- Vorwissen   31, 39
- Wortschatz   36, 40, 126
Diagnostik
- Künstliche Intelligenz   98
- Testgüte   117
Dialogisches Lesen   124
Digitales Lesen   12, 27, 51
- Diagnostik   111
- Dokumentenmodell   54
- Förderung   149
- Intertextuelle Integration   54
- Kalibrierung   53
- Mode Effect   51
- Multiple Dokumente   54
- RESOLV-Modell   27, 54
- Screen Inferiority Effect   52, 53
- Settings Effect   51
- Sourcing   54, 150
- Text-Überzeugungskonsistenz-Effekt   54

E

Effektstärke   68
Entwicklung   41

F

Familiärer Hintergrund   60
- Prozessmerkmale   60, 61
- Statusmerkmale   60
Fernsehkonsum   61
Fibellehrgang   130
Fuzzy-Trace-Theorie   26, 42

G

Geschichtenerzählen   126
Geschlechtsunterschiede   67

H

Home Literacy Environment   123, 135
Hörbuch   62
Hörverstehen   43

I

IEA   56
IGLU   56
Illiteralität   70
Item-Response-Theorie
- Fähigkeitsparameter   87

K

Klassenbibliothek   135
Kognitiven Grundfertigkeit   36
Kohärenzbildung

- Globale 15, 30
- Lokale 18
Kohäsionsmittel 19
Kompetenzstufen 86
- Kritik 88

L

Large Scale Assessments
- PISA 55
Lautleseverfahren 138
Lehrerexpertise
- Diagnostische Kompetenz 75
Lernregulation
- Strategievermittlung 144
Lernverlaufsdiagnostik 81
Leseanforderung 29
Leseanimation 38, 132
Leseflüssigkeit 143
- Diagnostik 94, 95
- Entwicklung 46
- Guided Oral Reading 139
- Reading While Listening 139, 151
- Repeated Reading 138
Lesemotivation 32, 62, 149
- Extrinsisch 38, 134
- Intrinsisch 36, 38, 160
Lesen. Das Training 139
Lesen macht stark 157
Leseolympiade 136
Lesepaten 133
Lesetandem 150
Lesevorbild 62, 124, 125, 133
Literacy 50
LRS-Therapie 158
- Kieler Leseaufbau 159
- Reuther-Lier 158

M

Matthäus-Effekt 46
Mehrsprachigkeit 63, 64
- Fördermaßnahmen 125
- Zweisprachige Vorlesebücher 125
Migrationshintergrund 63, 93
Modelle
- Component-Modell 70
- Direct and Inferential Mediation Model (DIME) 34, 39, 70
- RESOLV-Modell 27
- Simple-View-Of-Reading 14, 70

O

Oberflächenstruktur 18
OECD 55
Overjustification Effect 134

P

Parsing 19
Peer-Tutoring 150
PIRLS 55
PISA 55, 57
- Diagnostische Kompetenz 75
- Digitales Lesen 52
PISA-Studie
- Migrationshintergrund 59
- Sozialer Gradient 59
Propositionale Struktur 18
Propositionen 19

R

Running Records 98

S

Schulbücherei 135
Selbstregulation 15, 24, 27, 31
- Deklaratives Wissen 24
- Förderung 152, 153, 156
- Lesestrategien 160
- Lesestrategiewissen 25, 40, 62
- PISA 26
- Prozedurale Metakognition 25
Self-Enhancement 37
Semantische Netze 21
Silbenanalytische Methode 131
Situationsmodell 21, 27
- Construction-Integration-Model 21
- Model of Discourse Comprehension 21
Spielekonsole 61

T

Testverfahren
- Informelle 78, 79
- Normwerte 85
- Reading Progress 114
- Standardisierte 78, 82, 83
Testverfahren, informelle
- Lautes Vorlesen 95
- Leises Lesen 97
- Lückentexte 99

- Nacherzählung 101
- Satzbewertungstechnik 100
Testverfahren, standardisierte
- DiLe-D 108
- ELFE 1–6 43, 44, 109
- ELFE-II 97
- FLVT 5–6 86, 104
- HAMLET 3–4 86, 104
- Knuspel–L 43
- Lesen 6–7 104
- Lesen 8–9 104
- LGVT 5–12+ 108
- LONDI-Screening 115
- ProDi-L 110
- Quop 112
- SLRT-II 95
- SLS 2–9 104
- SLS-Berlin 116
- Statistische Grundbegriffe 182
- WLLP-R 105, 107
- WVT 105
Textmerkmale 30
Tiefenstruktur 18, 19

V

Varianzaufklärung 36
Vielleseverfahren 136
Visuelle Worterkennung 17
Vorlesen 125

W

Wortüberlegenheitseffekt 17

Z

Zwei-Wege-Theorie 16

Glossar zu Anwendung psychometrischer Testverfahren

Für die Anwendung von psychometrischen Testverfahren sind verschiedene statistische Grundbegriffe notwendig, die hier so knapp wie möglich charakterisiert werden sollen. Diese werden v. a. dafür benötigt, das Manual der Testverfahren und die durch die Schüler erzielten Ergebnisse verstehen zu können:

Begriff	Erklärung
Mittelwert	Der Mittelwert oder Durchschnitt ist die Summe aller Werte geteilt durch die Anzahl. Mittelwerte werden mit dem Buchstaben *m* gekennzeichnet.
Median	Der Median gibt den Punkt einer Skala an, bei dem 50 % der Werte darunter und die anderen 50 % darüber liegen. Der Median wird mit *md* abgekürzt.
Normalverteilung	Eine Normalverteilung kommt dann zustande, wenn verschiedene, unabhängige Einflussfaktoren additiv zusammenwirken. Praktisch alle kognitiven Merkmale werden von vielen Faktoren beeinflusst, sodass sich sehr häufig eine Normalverteilung ergibt.
Standardabweichung	Die Standardabweichung ist ein Maß für die Streuung der Werte in einer Verteilung. Sofern eine Normalverteilung vorliegt, kann über die Standardabweichung bewertet werden, wie außergewöhnlich ein erreichter Wert ist. Die Abkürzung für die Standardabweichung lautet *s* oder *sd* (für *standard deviation*).
Korrelation	Korrelationen kennzeichnen Zusammenhänge zwischen zwei Variablen. Sie werden mit dem Buchstaben r gekennzeichnet und können zwischen –1 (maximaler negativer Zusammenhang) und +1 (maximaler positiver Zusammenhang) variieren. Ein Wert von 0 bedeutet, dass zwei Variablen nicht zusammenhängen.
Gütekriterien	Gütekriterien dienen dazu, die Qualität von Testverfahren bewerten zu können. Zu ihnen gehören Objektivität, Reliabilität, Validität, Normierung, Testfairness, Ökonomie und viele mehr.
Reliabilität	Die Reliabilität gibt an, wie genau eine Messung, bzw. wie groß der Messfehler ist. Es gibt verschiedene statistische Kennwerte, die ein Maß für die Reliabilität darstellen. Hierzu gehört beispielsweise die Homogenität oder interne Konsistenz. Andere wichtige Kennwerte sind die Paralleltest- und Retestreliabilität. Hierzu werden entweder verschiedene Versionen eines Tests durchgeführt oder der gleiche Test wird in zeitlichem Abstand zweimal durchgeführt. Die Ergebnisse korreliert man miteinander. Je höher diese Korrelation ausfällt (abgekürzt mit r_{tt} für Korrelation$_{\text{Test-Test}}$),

Begriff	Erklärung
	desto stabiler ist das Kriterium und desto genauer misst der Test. Niedrige Retestkorrelationen können damit zusammenhängen, dass ein Test nicht objektiv ist, einen hohen Messfehler aufweist oder das zu messende Merkmal instabil ist. Die Reliabilität eines Verfahrens wird per Konvention als »sehr gut« bezeichnet, wenn sie über .9 liegt. Werte zwischen .8 und .9 gelten als gut und Werte zwischen .7 und .8 als befriedigend. Je niedriger die Reliabilität ist, desto größer werden die Konfidenzintervalle.
Validität	Die Validität gibt an, ob das Testverfahren das Merkmal erfasst, das es zu messen vorgibt. Verschiedene Facetten der Validität können nur durch Expertenurteil bewertet werden. Andere lassen sich in Form von Korrelationen ausdrücken (Abkürzung r_{tc} für Korrelation$_{Test-Kriterium}$). Hierzu gehören die Übereinstimmung mit Außenkriterien, wie z. B. dem Lehrerurteil, oder die prognostische Validität. Werte zwischen .3 und .5 gelten als niedrig, Werte zwischen .5 und .7 als mittel und Werte über .7 als hoch.
Konfidenzintervall	Ein Messergebnis umfasst eine Messungenauigkeit. Basierend auf den Reliabilitätskennwerten lässt sich zu jedem Messwert ein Bereich angeben, innerhalb dessen sich der wahre Wert einer Person mit einer bestimmten Wahrscheinlichkeit bewegt. Die Sicherheitswahrscheinlichkeit wird auch als Konfidenzkoeffizient bezeichnet und häufig auf 90 % festgesetzt. Je niedriger die Reliabilität und je höher der Konfidenzkoeffizient, desto größer ist das Konfidenzintervall.
Normierungs- oder Eichstichprobe	Um die Ergebnisse interpretierbar zu machen, werden üblicherweise Vergleichswerte an einer hinreichend großen Anzahl von Versuchspersonen gewonnen. Diese Stichprobe wird Normierungs- oder Eichstichprobe genannt.
Rohwert	Der Rohwert in einem Test ist die Punktzahl, die ein Mensch erreicht. Meist wird hierfür die Anzahl richtig gelöster Aufgaben aufsummiert.
Normwert	Um die erzielten Punktzahlen vergleichen zu können, werden diese meist in sogenannte Normwerte umgewandelt. Es existieren verschiedene Normwertskalen.